江苏省高校哲学社会科学重点项目"风险社会中刑事犯罪、侦查权和公民权利研究"成果（项目编号：2010ZDIXM007）
江苏高校优势学科建设工程资助项目"公安学"成果
江苏省品牌专业建设工程一期项目侦查学专业成果
江苏警官学院侦查学科研创新团队项目成果

风险社会中犯罪的规制和侦查

韩德明　著

中国人民公安大学出版社

·北　京·

图书在版编目（CIP）数据

风险社会中犯罪的规制和侦查/韩德明著.—北京：中国人民公安大学出版社，2016.8

ISBN 978-7-5653-2694-3

Ⅰ.①风…　Ⅱ.①韩…　Ⅲ.①犯罪学—研究　Ⅳ.①D917

中国版本图书馆 CIP 数据核字（2016）第 206866 号

风险社会中犯罪的规制和侦查

韩德明　著

出版发行：中国人民公安大学出版社
地　　址：北京市西城区木樨地南里
邮政编码：100038
经　　销：新华书店
印　　刷：北京普瑞德印刷厂

版　　次：2016 年 8 月第 1 版
印　　次：2016 年 8 月第 1 次
印　　张：15
开　　本：787 毫米×1092 毫米　1/16
字　　数：246 千字

书　　号：ISBN 978-7-5653-2694-3
定　　价：52.00 元

网　　址：www.cppsup.com.cn　www.porclub.com.cn
电子邮箱：zbs@cppsup.com　zbs@cppsu.edu.cn

营销中心电话：010-83903254
读者服务部电话（门市）：010-83903257
警官读者俱乐部电话（网购、邮购）：010-83903253
公安综合分社电话：010-83901870

目　录

导　论

在当代理论犯罪学话语中，犯罪始终是一个取决于社会形态、文化环境和价值意识形态的现象。通常认为，犯罪的社会环境因素是犯罪原因系统中最基本和最主要的因素。① 即便是倾向于犯罪个体（生物学和心理学）原因研究的犯罪学理论，也不再因循近乎宿命的、早期实证主义的天生犯罪人理论，最终将犯罪的个体原因重点归因为一定社会因素所造成的犯罪人格特质。基因或先天遗传因素构成犯罪原因的理论取向只在特定犯罪个案研究中受到重视，但并不构成对犯罪现象解释的一般化理论，否则犯罪理论就会回到早期实证主义犯罪学的生物学（遗传学）解释歧途。② 当然，放弃个体主义生物学解释路线的犯罪理论，逻辑上也可以返归宿命论唯心主义路线，但是，那毕竟不是一个知识论选择，并不构成现代科学（社会科学）的论说对象。20 世纪逐步发展起来的犯罪心理学也形成了众多解释犯罪现象和犯罪行为的理论学派，不过，在犯罪心理学界较为一致的共识是，犯罪心理的形成除了取决于人的生物属性因素外，也在很大程度上取决于社会客观条件。③ 因此，社会、文化和价值信仰等原因已经构成了解释犯罪学（理论犯罪学）的基本前提，也在客观上表现出解释犯罪现象更为可欲的理论说服力。

---

① 杨燮蛟：《现代犯罪学》，浙江大学出版社 2010 年版，第 233 页。

② 吉登斯指出："早期的实证主义犯罪学受到了后世数代学者的强烈批评。他们主张，任何关于犯罪本质的令人满意的阐释都必须是社会学的，因为犯罪是什么的问题取决于一个社会的社会制度。随着时间的推移，人们的注意力逐渐从我们上文所看到的这些个体主义的犯罪说明，转向强调犯罪和越轨行为所发生的社会和文化背景的社会学理论。"［英］安东尼·吉登斯：《社会学》（第五版），李康译，北京大学出版社 2009 年版，第 653 页。

③ 杨燮蛟：《现代犯罪学》，浙江大学出版社 2010 年版，第 68 页。

将犯罪现象的解释视域从生物学移界到社会学，首先需要对构成犯罪现象之条件的社会形态进行识别和界定。社会形态可以因不同的评价标准而产生多种系谱，不过，生产力—生产关系标准下的游牧社会、农耕社会、工业社会、信息社会的社会形态系谱虽非绝对可靠，却也获得了较大认同。本课题研究的核心对象——风险社会中的犯罪，已经明确了作为犯罪之环境或构成条件的社会形态——风险社会。如果按照生产力—生产关系标准，风险社会或许无法构成一种与其前身——工业社会形态断裂、轮廓清晰的新型社会形态，风险社会是工业社会的深度演绎和发展，并正深入演进到信息社会（网络社会）阶段。风险社会承继了工业社会的基本性质，也蕴含了向信息社会（网络社会）演化的诸多条件。工业社会的财富生产逻辑、信息社会的信息传输和现象呈现逻辑，风险社会或予以承继，或累积趋向势能。如果从时间跨度界定，风险社会处于工业社会的晚期，而当下已经形成并正在纷呈演进的信息社会（网络社会）则是风险社会的一个深度演绎阶段。

本课题的研究目标之一，在于追问风险社会（risk society）秩序中的犯罪原因，揭示风险社会中的犯罪性质，并描述风险社会向深度演进过程中的犯罪演化状况。欲实现这一课题研究目标，必须在深刻揭示风险社会之秩序性质的基础上，对风险社会秩序与犯罪现象进行关联性考察，探究风险社会秩序内生和激发犯罪的根本原因，总结风险社会中的犯罪特征，预测未来社会中的犯罪演化趋向。风险社会是现代化的产物，是现代性进程深度演绎的一个阶段，因此，现代化与犯罪的关系，理论犯罪学关于现代社会中犯罪原因的解释范式，对探究风险社会中的犯罪现象及其原因而言，构成了一种参照、比较、识别和区分的基础理论框架，梳理理论犯罪学关于现代社会中犯罪原因的多种代表性理论学说，对于深刻认识风险社会中的犯罪现象而言，无疑具有重要意义。

立足当下社会历史发展语境回望现代化历程，大致可以将其划分为工业现代化社会和风险社会两个基本阶段，风险社会理论家乌尔里希·贝克将其称作古典工业社会与风险社会两个阶段，① 安东尼·吉登斯称其为简单现代化

---

① ［德］乌尔里希·贝克：《风险社会》，何博闻译，译林出版社2004年版，第2页。

与反思现代化两个阶段。① 理论划分的概念表述虽然有所不同，但均表达了对现代化进程两个历史阶段之性质判断基本一致的理论立场。无论是孕育、催生和激发犯罪的深层原因，还是犯罪的外在形态、危险状态和演变趋向，在现代化进程中的两个不同历史阶段均存在显著差异。如果说长期以来的现代化过程中，刑法规制犯罪或犯罪化的基本准则和评判标准是法益侵害，那么，至风险社会阶段，当大量行为处于一种暂时没有造成危害后果却又蕴含了严重危险，或者该类行为一旦实施将酿成巨大危害或无可挽回的灾难后果之际，以法益侵害论为前提的刑法准则和犯罪化标准的现代刑法，显然已经无法承受规制、防范、追责和抑制犯罪之重，乃至沦为一种滞后于社会危险行为的规则系统。因此，在风险社会语境和秩序中，一种风险刑法理论和学术立场应运而生。

本课题研究目标之二，是在揭示风险社会中犯罪的激发机理、预测风险社会中的犯罪趋向的基础上，探讨风险刑法的基本理论原理，确立犯罪风险化趋势中的刑法范式，以及刑法规制风险化犯罪的基本理论原则、规范确立标准和路线问题。

犯罪的刑法规制所能实现的功能价值只能局限于为社会个体、组织和单位提示禁止性行为规则，以及作为追究行为人责任之依据，并以此实现自由和权利保障，这是刑法这一实体法能够发挥的功能价值，也是作为实体法的刑法的价值局限。在刑事犯罪问题上，规制和警示行为方式和界限固然重要，但是，倘若国家无法有效实现发现、揭示、证实和追诉犯罪行为责任的侦查追诉职能，实体性刑法规范便将只具备发挥警示人们行为自律的规则威慑功效。如果说现代化进程的第一阶段——工业现代化阶段——的侦查追诉功能的发挥，更多地表现为一种事后回溯调查追责的范式，对产生实害和造成法益侵害后果的犯罪行为履行侦查追诉职权，并在很长时段内颇为有效地发挥了追诉和控制犯罪的职权功能，那么，在风险社会阶段，当大量行为尚处于危险隐患阶段、尚没有造成实害，甚至处于一种隐匿不明或抽象存在的状态，国家专门职权机关继续信守和秉持那种事后调查追责的权力理念并实际运作权力，一种可怕和危险的后果将是，大量风险状态、具有高度危险性、高概

---

① ［英］安东尼·吉登斯：《超越左与右——激进政治的未来》，李惠斌、杨雪冬译，社会科学文献出版社 2003 年版，第 84 页。

率造成严重危害后果的行为，要么无人过问，要么逍遥法外，一旦造成实害，追诉和刑罚将失去其根本意义。

本课题研究目标之三，是对多年来的侦查范式内涵性质进行理论总结，并将其界定为调查型（回溯型）侦查范式，结合对风险社会语境中犯罪状况和趋势的描述和理论预测，检视和评价现行侦查范式的局限性。针对当下侦查实践所显现的侦查范式演化变革现象，将现行信息化侦查实践界定为监控型侦查范式。鉴于监控型侦查范式下的侦查权力仅仅局限于共时性发现和监视犯罪的功能价值，笔者以风险社会中的犯罪原因的抽象性和犯罪行为的风险化状态为根据，以风险社会中的犯罪控制和预防要求为立足点，对监控型侦查范式既提出制度设计的改进、完善要求，按照侦查权价值功能从发现和监控犯罪拓展为干预与预防犯罪的根本价值功能目标定位，又提出现代侦查权范式从回溯调查型侦查权范式改革创新为犯罪治理型侦查权范式的理论构想。

信息社会（网络社会）的到来所产生的影响是全方位和革命性的，整个社会结构关系和运行秩序均因此发生了深刻变革，表现出全新面貌。这种社会形态的重大演变和转型，对犯罪现象的影响同样是巨大的。信息社会（网络社会）滋生和激发出新型犯罪，催生和形塑出新型犯罪形态，转变和驱动犯罪的演化趋向。不过，笔者并不认为信息社会（网络社会）不再隶属于风险社会范畴，信息社会（风险社会）并非一种完全可以从风险社会中剥离出来，并可以界定为区别于风险社会的另一种现代化阶段。在笔者看来，信息社会（网络社会）实质上还是风险社会的深度演绎和继续，只是因为网络化、数字化、虚拟化和呈现化等信息秩序关系和征象，为风险社会拓展创造了一个新的秩序关系维度——信息网络维度，进一步从浓缩时空、虚拟交往、快速流转和纷繁呈现等多维向度进一步强化演绎风险社会的根本性质——风险生产。有论者指出，近现代社会是一种"风险性"时代，信息社会则是一种"后风险时代"，风险社会预设了一个距离性的观察，全球信息化时代，知识与行动、观察与运作之间不再有任何距离，知识与行动互相系属。[①] 因此，信息社会（网络社会）依然还是风险社会的一种深度演绎形态，是风险社会的一个新型阶段。在风险社会中，风险生产逻辑在犯罪与侦查领域对社会和个体所表现出的风险威胁影响，就犯罪行为而言，主要表现在犯罪的复杂多元、

---

① 余盛峰：《全球信息秩序下的法律革命》，载《环球法律评论》2013 年第 5 期。

无法预见、潜在隐匿、后果延后以及没有清晰确定的责任主体等多个方面；就侦查而言，这种风险威胁主要表现在权力的缺位或者过度滥用甚至非法行使等方面。进入信息社会（网络社会）阶段，犯罪风险化的一个突出表现是，大量常态犯罪借助了信息网络媒介，虚拟化的信息网络空间与现实社会交错缠绵，并且它本身也是犯罪行为的一种实施场域。信息社会（网络社会）的风险生产逻辑具体体现在侦查权领域，其突出问题是侦查权的信息化运作实施既因为它主要只遵循技术规则操作而逾越法律规范的界限，又因为数据库技术、云计算技术、大数据技术、信息搜索技术、信息监控技术以及信息链接采集和分析研判等信息通信和网络技术的广泛深度应用，对民众传统意义上公民自由权利，尤其是个人信息权、隐私权构成巨大威胁隐患，甚至已经成为一种事实状况。信息化侦查以广泛收集、存储各类相关信息为基础，在这种相关信息的收集过程中，经常涉及乃至广泛采集、获取公民个人信息以及隐私信息。再者，情报分析研判借助数据库技术、云计算技术、网络搜索技术等先进技术，能够在已有信息材料基础上，不断拓展追踪、揭示和获得更多其他公民个人信息甚至隐私信息，这是信息技术的能量，也是侦查权力依附信息网络媒介运作之后对技术规则的依赖和对法律规范的游离与僭越，是给公民个人信息自决权和隐私权所带来的一种新的危险。

本课题研究的目标之四，是探寻和论证一种在信息社会（网络社会）背景下，在信息化侦查权力超出和僭越法律规范，对公民信息权利和隐私权构成威胁与侵害的状况下，制衡和规制侦查权扩张的合理制度，将研究着眼点置于公民信息安全权和隐私权对抗与制约侦查权这一基本关系之上，提出并论证信息安全权和隐私权牵制与约束侦查权的基本制度设计要求。

本课题研究主题包括现代化与犯罪、风险社会中的犯罪激发机理和犯罪趋向、风险刑法的基础理论、现代侦查权的基础范式、风险社会中侦查权范式变革与转型等多个方面，理论语境涉及犯罪社会学、刑法学和侦查学等多个学科领域，追求探究和解释风险社会背景下犯罪与侦查领域的多个问题，突破在单一学科内研究学术专题的常规方式。鉴于犯罪现象极为复杂，没有单一的学科或理论能够解决犯罪现象的全部问题。因此，本课题研究按照一种问题综合学术研究范式,① 在研究方法上将风险社会理论作为理论坐标和理论根据,在研究目标上将规制和侦查犯罪的规范确立与制度建构作为终极追求,在研究路径上将犯罪现象作为一条主线,贯穿于犯罪现象总结描述、犯罪原因深入探究、犯罪规制刑法理论和犯罪侦查权力范式等多个紧密关联问题。本课题研究的基本结论是,风险社会改变了现代化进程中的犯罪原因以及犯罪形态和趋向,风险生产逻辑的深度演绎激发和制造出大量风险行为和风险状态,传统犯罪因为卷入风险秩序既变异出新的形态,也衍生出新的类型,积聚更大的危害能量。大量风险行为因为其具有潜在的危险性或临界危险状态,以法益侵害论为立论基础的现代刑法无法实现其刑法功能,需要确立一种风险刑法理论立场,以规范违反和风险评估双重标准创新风险行为犯罪化的风险刑法理论,以风险防范和安全预防作为建构风险刑法的价值归宿。现代国家奉行的旨在追求自由保障和实质真实价值平衡的调查型侦查权范式,已经无法有效应对和发挥风险社会中的犯罪侦查权能,近年来兴起的以情报主导为核心机制的监控型侦查权范式,按照一种信息化侦查权运行形态,在一定程度上实现了刑事追诉和控制犯罪的目的。但是,监控型侦查权范式对科技、信息通信和网络技术的过度依赖与运用,导致了侦查权力的过度扩张,对社会主体的信息安全造成侵害或严重威胁,并且侦查权能定位仅局限于犯罪追诉。风险社会中的犯罪风险化和风险犯罪化,呼唤一种新型侦查权范式的创立,这种新型范式应当是一种犯罪治理型侦查权范式,它除了保证侦查权固有的犯罪追诉权能外,也要通过侦查权的前置,适度、合理介入引发犯罪的直接原因,拓展出预防、干预和治理犯罪的更佳权能。

---

① 孙廌指出:"在中国的现代化和民主化发展过程中,出现了许多迫切需要解决的重大问题,深刻反映了社会实践对理论综合化的当代需求,也预示了社会科学发展问题领域的开拓方向。这直接推动了以问题为中心的跨学科研究,同时,各个学科也在合作过程中积极借鉴其他学科的分析工具,不再仅仅满足于利用本学科的传统研究方法。通过'问题'实现对学科的综合,并通过这种综合体现出各个学科自身的优势,这应该上升为社会科学研究的一个方法。也许局限于学科自身所设定的范围而不融入整个问题语境和时代背景,将是制约学科发展的一个障碍。"载《浙江学刊》2007 年第 4 期。

一、现代化进程中的犯罪原因：
理论犯罪学答案

现代化概念所表达的是进步和发展，是一个实践人类精神祛魅、理性发展、摆脱专制、科技进步、征服自然、增殖财富的过程。现代性精神和现代化运动承诺了理性、民主、科学、公正、秩序、解放和自由的理想目标，按照这种承诺，犯罪现象本应是一个为现代性精神所消解和为现代化进程所根治的对象，然而，现代化实践并没有带来一幅抑制甚至治愈犯罪顽疾的美好景象，按照路易丝·谢利的总结，近五十年来几乎所有发达国家的犯罪率都在增长，而那些犯罪率稳定或有所下降的国家最近由于少年罪犯参与作案的增多，引发了人们对现代化本身的疑虑和对现代化社会的"恐惧症"。① 按照谢利的看法，现代化是犯罪之源，任何社会在现代化过程中都将陷入犯罪猛增的困境，现代国家普遍出现经济发展与犯罪同步增长的状况。在现代化与犯罪的基本关系问题上，学界普遍一致的观点是，现代化助推了犯罪的增长，犯罪增长是现代化进程中必然付出的代价。

现代化进程何以助推犯罪增长，其内在原因或逻辑理路为何，都是复杂难解的问题。通常认为，社会和经济现代化进程对传统政治体制和经济秩序产生了破坏性、摧毁性作用，改变和分裂了人们对传统社会道德伦理秩序和政治权威的忠诚、信任和恪守。制度变革和社会解组导致部分人群心理和精神的迷思、涣散和沉沦，传统秩序中的众多规范失效，政治重构和经济重组以及经济现代化所创造出的更多巨大财富在不同利益集团之间的分配产生冲

---

① ［美］路易丝·谢利：《犯罪与现代化——工业化与城市化对犯罪的影响》，何秉松译，中信出版社 2002 年版，第 158 页。

突对立，在这种秩序和进程中，更多数量和类型的犯罪由此引发。①

迪尔凯姆曾经将犯罪认为是社会发展的一种动力和条件，是社会为了可能的进步而付出的代价。在他看来，"犯罪不仅使社会产生改革的需要，而且在某些情况下还能直接地为这些改革做准备。犯罪不仅能使一些旧的集体意识、旧的方法改为新的集体意识、新的方法，有时候它还能够引导一些旧的思想方法演变到新的思想方法上去。有些行为，看起来是触动了现时的道德，实际上它已经预定了未来的道德。"②

按照这种逻辑，犯罪或许还是促进社会现代化进程的一种动力，不过，本书的题旨不在讨论犯罪之于现代化的积极意义，而是将主题定位于犯罪与现代化的关系问题，追问现代化以及作为现代化之文化理念和精神家园的现代性何以构成犯罪的原因，它们在推进现代社会发展进程的同时，也因为其理念向度的文化价值性质和实践向度的社会秩序性质滋生出更为严重和突出的犯罪现象。

在现象维度，现代化进程至少在以下方面对犯罪产生了重大而深刻的影响。第一，自工业革命以来，犯罪急剧增长。总体而言，18世纪中叶西方世界开始的工业化和现代化进程所带来的一个突出的社会问题就是犯罪总量的急剧增长。第二，现代化进程改变了犯罪结构，催生了大量新型犯罪。在工业革命之前，西方社会的犯罪现象主要表现为一种以身体暴力形式侵害身体和生命的自然犯罪样态，但是，随着工业化、现代化进程的深入，西方社会的犯罪表现为大量以财产为侵害对象的犯罪形态。福柯在另一种意义上——犯罪的知识和制度生产，尤其是统治技术和法律制度生产——描述了17世纪以后西方社会犯罪形态的演变。福柯指出："人们注意到，实际上，从17世纪末，凶杀案以及一般的人身侵害大幅度减少，对财产的侵犯似乎超过了暴力犯罪；偷窃和诈骗似乎超过了凶杀和斗殴；最贫困阶级的广泛而频繁的偶尔过失被有限但'熟练'的犯罪所取代；17世纪的罪犯是'饱经苦难的人，因饥寒交迫而容易冲动的季节性犯罪'，18世纪的罪犯则是处于社会边缘的'诡计多端'的罪犯……从'群众性犯罪'转向'边际犯罪'，犯罪在某种程

---

① 赵宝成：《现代化对犯罪的影响》，载《吉林大学社会科学学报》2009年第2期。

② ［法］埃米尔·迪尔凯姆：《社会学方法的规则》，胡伟译，华夏出版社1999年版，第57页。

度上成为专业人员的禁地。"① 这种犯罪形态演变的根本原因，在于社会关系，尤其是经济关系发生了重大变革，财富更多且利益制度无法实现所有人的实质平等，甚至带来了更多的利益不平等的矛盾对立。第三，财富增长以一种二律背反逻辑反向助推了犯罪的增长。满足财富需求的经济现代化进程虽然在一定程度上消除了贫困这一犯罪的原始动因，但是，奢侈和过分富裕以及对过分富裕生活的追求反而构成了非暴力犯罪的另一个重要原因，"形成所谓'富裕社会的犯罪问题'，相对不足或相对剥夺论、不同机会论成为对富裕社会犯罪的有力解释"。② 第四，作为现代化进程构成要素的科技发展，既创造出更多犯罪目标或对象，也为犯罪提供了更多的犯罪方法和技术，并且扩大了犯罪的地域范围，出现了大量诸如跨国犯罪、有组织犯罪、洗钱犯罪、网络犯罪和高科技犯罪等借助于现代化技术条件而实施的犯罪形态。

事实上，自第二次世界大战以后，随着现代化进程的深入推进，西方国家的犯罪率出现了急剧上升并维持高位的状况。以美国为例，1963年以后，其犯罪率迅速飙升，直至20世纪80年代中期稍有下降，之后又继续上升，至1991年、1992年，犯罪率达到历史顶峰。③ 在我国，随着我国现代化进程的不断深入，刑事犯罪呈现出高发并不断上升的趋势。1982年，首次"严打"的前一年，公安机关刑事案件立案数为74.9万起，表现出较低的犯罪率状况。当前，我国犯罪率已经大幅提高，这种犯罪状况可以从2000年以来全国公安机关刑事案件立案情况得以反映。2000年，立案3637307起；2001年，立案4457579起；2002年，立案4336712起；2003年，立案4393893起；2004年，立案4718122起；2005年，立案4648401起；2006年，立案4653265起；2007年，立案4807517起；2008年，立案4884960起；2009年，立案5579915起；2010年，立案5969892起；2011年，立案5980457起；2012年，立案6186793起；2013年，立案6192456起；2014年，立案

---

① ［法］米歇尔·福柯：《规训与惩罚》，刘北成、杨远婴译，生活·读书·新知三联书店1999年版，第84页。

② 赵宝成：《现代化对犯罪的影响》，载《吉林大学社会科学学报》2009年第2期。

③ ［美］弗朗西斯·福山：《大分裂：人类本性与社会秩序的重建》，刘榜离等译，中国社会科学出版社2002年版，第36页。

6194523 起。① 2003 年至 2011 年，根据公安机关的统计，我国每万人的刑事立案数由 34.00 起上升到 44.57 起，犯罪年均增长率达到 3.44%。自 2010 年以来，我国刑事犯罪立案总数出现了历史高位态势，也表现出相对稳定不再持续增长的迹象，近五年的刑事立案总数基本上维持在每年 600 万~610 万起。由此可以看出，我国的犯罪率已经维持在一个较高的状态，并且呈现出缓慢上升的态势。近年来，我国刑事案件总量大致保持在每年略高于 600 万起的基本状况，并且表现出一种数量增长速度相对变缓的态势，甚至表现出刑事发案似乎已经达到历史顶峰。这种迹象是否预示着我国刑事犯罪趋势在未来一段时间内将继续维持高位并趋于相对稳定的状况，尚有待进一步统计、观测。

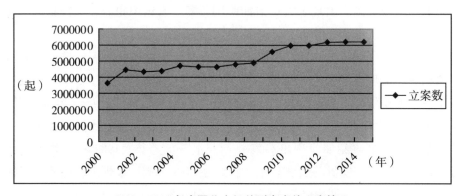

2000—2014 年全国公安机关刑事案件立案情况

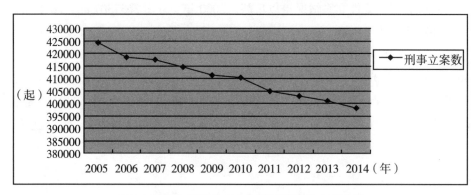

2004—2014 年江苏省公安机关刑事案件立案情况

---

① 公安机关历年来刑事案件立案数据来源于每年出版的《中国法律年鉴》和公安机关统计材料。

近年来，因为多种原因，某些犯罪出现了逐步减少的状况和发案数逐步下降的态势。最能说明问题的一点是，通常所说的"八类案件"（又称"八类严重暴力犯罪案件"），即杀人、纵火、投毒、抢劫、强奸、绑架、爆炸、故意伤害八种多年来最常见也最具影响力和危害性的犯罪案件，根据公安机关的统计，2001 年至 2014 年这 14 年，发案率呈现出逐年下降的总体趋势。2014 年，"八类案件"发案总数较之 2013 年下降了 16%。再如，杀人案件的发案率近年来逐渐下降，2014 年全国发生的命案总数较之 10 年前下降了 50%，涉枪、涉暴犯罪案件连续 14 年下降。这一现象的出现，与公安机关高度重视命案侦破的态度及高破案率所产生的犯罪威慑和抑制功效不无关系。但是，某些案件，如诈骗犯罪，尤其是网络、电信诈骗犯罪案件，出现了急剧增长的严峻态势。2014 年，全国电信诈骗案件立案 40 余万起，近年来几乎以每年 30% 的速度持续增长。仅 2014 年，因网络、电信诈骗给被害人造成的经济损失就高达 107 亿元。当前，电信诈骗犯罪案件不但在数量上呈现增长态势，而且表现出集团化、专业化和技术不断升级翻新的态势，出现了大批职业电信诈骗集团。[①] 信息社会（网络社会）的形成，已经使互联网犯罪成为一个十分突出且较为严重、令社会民众以及公安机关甚为担忧的犯罪现象。2015 年 4 月 25 日，腾讯研究院发布《中国互联网犯罪形势及趋势分析报告（2014）》，报告用翔实的数据分析和评价了中国互联网犯罪的现状、特点及趋势。报告认为，当前我国网络犯罪呈递增、高发态势，网络犯罪发案数居各类刑事案件首位。2014 年，全国公安机关共侦办互联网犯罪案件 15.7 万起，抓获犯罪嫌疑人 27.3 万人，分别比 2013 年增长了 9.03% 和 8.33%。根据案件数量、受害者数量、涉案金额、影响度和知晓度五个指标分析，2014 年中国互联网犯罪的十大类型分别为网络诈骗、网络销售假冒伪劣和违禁品、网络窃取泄露个人信息、网络传播谣言、网络色情、网络攻击、网络赌博、网络侵害知识产权、网络敲诈和网络恐怖主义。[②] 近年来，我国经济犯罪也呈现出逐年增长态势，突出表现在生产销售假冒劣质食品药品犯罪、环境犯罪、

---

① 靳高风：《2014 年中国犯罪形势分析与 2015 年预测》，《中国人民公安大学学报（社会科学版）》2015 年第 2 期。

② 腾讯研究院犯罪研究中心发布《中国互联网犯罪形势及趋势分析报告（2014）》，载 http://www.haokoo.com/internet/3058432.html。

互联网金融犯罪、侵犯知识产权犯罪、制售假币犯罪和走私犯罪等多个方面。①

现代性（modernity）的核心意涵是对理性至上的倡导和宣扬，现代性话语以理性主义、个人主义、世俗主义、民主主义和科学主义为叙事重点。现代化（modernization）作为一种理论思潮，发轫于20世纪60年代，是现代性理论和精神的一种实践形态和实在表征，它是"现代性"话语的一种社会历史实践现象。对此，有学者指出："相对于'现代'和'现代性'，'现代化'是一个晚近的学术概念。这个概念直到20世纪中叶才被提出，但它旋即在风行一时的'现代化理论'中得到了广泛运用。按照一般的看法，'现代化'一词有某种'动态'意蕴，它通常用来描述从前现代社会向现代社会的历史变迁。在一定意义上，可以把'现代性'看作'现代化'所要达成的目标，而把'现代化'看作'现代性'目标的实现或展示过程。"② 现代性精神的涌现旨在对宗教神学世界观进行解咒而摆脱愚昧并迈向新的文明，现代化运动的实践目标旨在根除专制、发展科技、征服自然和创造财富，现代性和现代化两者内在的积极意义以及在社会历史实践中创造的成效无疑是极为显著而重大的。犯罪现象本应是为现代性精神所消弭抑制和为现代化实践所承诺根治的社会毒瘤，现代性和现代化本身就内置了非犯罪原因的价值预设和实践使命。然而，无论是现代性的理论逻辑还是现代化的实践逻辑，或隐含了或异化为现代社会理论家所确认的犯罪原因或实践后果。

现代犯罪社会学理论有关现代性、现代化与犯罪关系的理论流派或理论种类繁多，其中，社会解组论、失范论、相对剥夺论、文化冲突论、理想选择论、紧张论、控制缺陷论、博弈互动论等多种类型，是其中的重要代表。在此简述其中部分影响力较大的理论学说。

（一）理性人假定和行为自由选择

理性是现代性的主旨，并构成了古典犯罪学的前提假定和解释语境，也是解释犯罪原因的逻辑起点，是理性选择犯罪理论的立论基础。在古典犯罪

---

① 靳高风：《2014年中国犯罪形势分析与2015年预测》，载《中国人民公安大学学报（社会科学版）》2015年第2期。

② 张凤阳：《现代性的谱系》，南京大学出版社2004年版，第5页。

学家那里，犯罪与合法行为一样，都是理性人意志自由的行为选择，贝卡利亚正是按照这种现代理性主义逻辑前提将犯罪认定为一种意志自由的理性享乐主义，进而按照这种理论立场为现代刑事法律进行了原则和基本制度定调。在此，理性既是实现秩序和安全的动力之源，却也构成了犯罪的原因。现代主义实现了主体意志自由的行为选择，消解了犯罪的宗教神学意义上的罪孽灵魂，既为犯罪在理论上提供了自由意志行为选择的辩护根据，也在客观上把人带进俗世中追求利益目标的道路，犯罪变成了对收益与代价的计算和权衡。在古典犯罪学理论逻辑中，人作为一种理性动物，其行为选择取决于利益最大化的功利计算，"犯罪被认为是个人自由选择的产物，人们在实施犯罪时首先会估算犯罪的潜在收益和成本。社会对犯罪的理性反应应当是，增加犯罪的成本并减少犯罪的收益"。[①] 这样，犯罪构成了现代理性主义的一个部分，在古典犯罪学理论中，理性主义是犯罪的原因与犯罪是理性行为选择两个命题相互循环解释。理性选择犯罪理论认为，犯罪人选择实施犯罪行为的前提是合理计算和理性权衡犯罪回报与犯罪代价之间的关系。

（二）现代化进程中的失范

理性驱动下的现代社会是发展和进步的，在此假定的基础上，迪尔凯姆区分了机械团结和有机团结两种社会类型，并认为社会秩序状况取决于集体意识，这种集体意识就是对现存社会道德价值的集体认同，进而认为"如果一种行为触犯了强烈而又明确的集体意识，那么这种行为就是犯罪"，[②] 并据此制定法律制度，谴责、限制和惩罚那些对抗集体意识的个体和组织。由于任何社会的集体意识不可能得到所有人的认同，总有一部分人对抗集体意识，那么按照迪尔凯姆的观点，犯罪就是一种规则现象，因为"犯罪不仅存在于某些社会，而且存在于一切社会之中，没有一个社会可以例外"。[③] 在机械团结的社会中，由于集体意识的稳定性，一旦出现对抗这种集体意识的行为，

---

① ［美］沃尔德、伯纳德、斯奈普斯：《理论犯罪学》，方鹏译，中国政法大学出版社 2005 年版，第 11 页。

② ［法］涂尔干：《社会分工论》，渠东译，生活·读书·新知三联书店 2000 年版，第 43 页。

③ ［法］埃米尔·迪尔凯姆：《社会学方法的规则》，胡伟译，华夏出版社 1999 年版，第 53 页。

谴责和惩罚将迅速而至，个体的价值分歧甚至反抗将没有太多空间，这样，机械团结社会中的犯罪也是一种容易抑制的现象，它只不过是一种个体意识与集体意识发生差异甚至悖逆的问题，没有犯罪的社会则是一种病态社会。迪尔凯姆在《社会分工论》中的一个主题，就是一种新型的社会团结随着工业社会的产生而形成。在迪尔凯姆看来，现代工业社会加剧了社会分工和社会分化，迅猛发展和变革的现代社会导致传统生活方式、道德、宗教信仰和生活惯例等，在新的社会秩序下失去关系调整、行为约束和引导的效用，而作为集体意识的新的道德价值体系在新型社会秩序中显得复杂而不明晰。迪尔凯姆把这种令人不安的道德生活境遇称为"失范"（anomie），就是一种作为集体意识的道德价值体系变得复杂多元，旧的生活规则遭受极度冲击和新的生活规则需要重建的秩序状态。在这种失范秩序中，传统社会伦理道德规范失去效用，无力继续引导、调整和约束社会行为，社会价值准则处于重塑阶段，社会成员无法进行社会定位和社会认同，无法适应焕然一新的社会生活秩序，"进而引起人们的不满情绪、挫折感、冲突及越轨"，[①] 最终走向犯罪之路。进而，迪尔凯姆便将催生犯罪增长的深层次社会原因解释为社会急剧变迁所导致的社会规则的削弱乃至崩溃。在迪尔凯姆的思想中，有机社会中的高犯罪率是由伴随着现代化发生的急剧社会变迁所带来的规范缺失或失范状态造成的，其中，法律对社会生活的调整适当性至关重要，不适当的法律调整，将导致犯罪现象的大量产生。[②]

（三）目的理性与形式理性的紧张

现代主义内在并宣扬一系列文化价值系谱：个性精神、功利追求、世俗情趣、平等观念、民主政治、契约伦理等，按照韦伯所界定的现代性之合理化的两个维度，我们可以将现代主义文化价值序列的全部方面归结为目的（实质）合理性和形式（手段）合理性两个基本向度。罗伯特·默顿的"紧张理论"（或结构紧张）（structural strain theory）便是解释目的理性与形式理性紧张结构对犯罪影响的一种代表性思想。默顿认为，一定社会文化都会确

---

① 赵宝成：《现代化对犯罪的影响》，载《吉林大学社会科学学报》2009 年第 2 期。
② ［美］沃尔德、伯纳德、斯奈普斯：《理论犯罪学》，方鹏译，中国政法大学出版社 2005 年版，第 134、141 页。

立和倡导一整套价值目标，与此同时，一定社会也将通过规范、制度等形式规定实现这些价值目标的有效方法和合法手段。默顿所谓的"结构紧张"，是指这样一种社会状态，即社会文化所塑造的人们渴望成功的期望值与社会结构所能提供的获得成功的手段之间产生了一种严重失衡的状态。① 默顿的紧张理论深化了失范理论并更加明确了失范的性质意涵，他将犯罪现象与一定社会中的文化价值目标关联起来，并以美国为例，认为美国社会最根本的价值目标是获取财富，并且形成和确立了一整套获取财富的制度，社会文化倡导遵从获取财富的制度性手段的重要性。但是，遵守这种制度性手段获取财富并从这种制度性手段获得内在满足的毕竟不是社会全体成员，社会所确立并倡导的社会规范与社会现实之间经常发生冲突，一旦获取财富的价值目标被过分强调而遵守制度性手段本身内在的价值被忽视甚至被贬低，那么，一种促动社会成员通过违背制度性手段要求的力量就会发生作用，犯罪产生的根本原因就是追求文化价值目标的目的理性与恪守制度性手段本身的形式理性之间的紧张和对抗。紧张理论最有效的印证是流动人口犯罪，在城市化进程中，流动人口进入城市，因其经济和技能条件有限，身份受到歧视，进而缺乏与城市人口平等实现社会目标的机会，从而可能通过犯罪谋取利益。一些研究结果表明，大规模的人口流动是我国近年来犯罪率持续上升的主要原因。②

（四）主流文化与犯罪亚文化的分裂和冲突

亚文化犯罪理论属于文化冲突犯罪理论的一个分支和亚种。文化冲突犯罪理论将犯罪的原因归结于不同社会集团和个体之间差异性文化规范冲突的结果，多元社会集团遵循差异性文化规范，个体行为遵照不同文化规范，不同文化规范行为相互冲突是导致犯罪的根本原因。科恩等犯罪学习论和亚文化论者除了将犯罪界定为一种文化习得外，更将默顿的社会文化价值目标进行了多元化分解，认为一定社会除了有某类主流文化外，还存在一系列抵制和反抗主流文化价值的亚文化，这种亚文化构成了一定社会中产生犯罪现象

① 参见杨燮蛟：《现代犯罪学》，浙江大学出版社 2010 年版，第 54 页。
② 陈刚、李树、陈屹立：《人口流动对犯罪率的影响研究》，载《中国人口科学》2009 年第 4 期。

的根本原因。犯罪亚文化论者认为，犯罪人主要来自社会底层，社会底层人员由于生活处境和社会地位之故，拒绝接受中产阶级的价值观，并违反和挑衅规范秩序。沃尔特·B. 米勒在解释青少年犯罪现象时指出，下层阶级具有一种与中产阶级截然不同的、单独的、可辨别的文化，这种文化是青少年犯罪的滋生环境。沃尔夫冈和费拉科蒂提出了"暴力亚文化理论"，并更进一步指出"暴力亚文化中预期人们将如何应对轻微冲突或琐碎议论的行为'规范'，是造成大量的杀人犯罪的原因。这些行为受到了社会奖赏和惩罚的支持：那些进行暴力行为的人会受到亚文化成员的赞赏和崇拜；而那些不按照这种规范使用暴力手段解决问题的人，会受到亚文化中其他人的批评或嘲弄"。[①]

（五）国家—社会二元架构下的社会控制缺失

现代性摧毁了公家与市民社会浑然一体的专制统治结构并促成了市民社会的独立性，在国家与社会二元论结构思维中，社会既是独立自主的，也是需要获得服务并加以管理和控制的对象，现代化运动强化了国家角色在推进经济、政治、科技、法律和福利等事业发展领域的主导型地位和功能。吉登斯精要地概括了犯罪控制论的理论内涵："犯罪的发生是犯罪行为的冲动与遏制它的社会控制或无力控制之间不平衡的结果。它对个人犯罪的动机不感兴趣。相反，它假定人的行为是理性的，假如有机会，人人都会有越轨行为。它认为，许多犯罪类型都是'情境决定'的结果，一个人看到有机会就会受到激发而产生动机。"[②] 犯罪控制理论的基本命题假定是：如果听任人们自行其是，他们就会犯罪。按照这种逻辑假定，犯罪控制论者对犯罪原因进行了进一步演绎。20 世纪 80 年代初，面对犯罪日益严重的现象，英美两国的右派现实主义者将犯罪不断攀升的原因归结到道德退化、家庭和社群解体、福利国家和放任教育制度所带来的个人责任的衰微等一系列道德价值混乱和制度缺失等方面。"破窗"理论认为，犯罪取决于环境机会、社会制度缺陷和社会

---

① ［美］沃尔德、伯纳德、斯奈普斯：《理论犯罪学》，方鹏译，中国政法大学出版社 2005 年版，第 134、209 页。

② ［英］安东尼·吉登斯：《社会学》（第五版），李康译，北京大学出版社 2009 年版，第 663 页。

秩序的混乱，"一个街区中只要出现任何社会失序的现象，甚至只要出现一扇破窗，就会鼓励更为严重的犯罪大量滋生"。①

（六）主体与客体的博弈互动

主体的发现和建构以及对客体的界定与分类构成了现代主义的重要向度，在政治层面，代表国家并在权力地位和财富分配领域处于优势地位的社会阶层与处于社会底层的个体之间所体现的关系性质，其实质就是现代主义之主体—客体结构的反讽式表征。符号互动理论家 G. H. 米德将社会界定为自我与他人互动的产物，主体由个人与集体互动构成，这种互动关系体现于诸如语言、社会组织等多种符号，自我与他人的互动是社会的本质。犯罪标签论因循符号互动理论的基本原理，并且更进一步，将犯罪和越轨行为界定为被人贴上犯罪或越轨标签的行为，"一旦有人被贴上犯罪人的标签，这种标签将盖过其他标签，从而别人就会首要地将这个人看作一个犯罪人。由于公众对犯罪人的成见将迫使这样的人扮演犯罪人的角色"。② 在犯罪标签论者看来，在现代社会中，犯罪化根本上就是一个社会弱势个体被那些代表国家法律和秩序的权力掌控者贴上犯罪标签的过程，这种过程的实质，就是把有关传统道德的定义施加在其他人身上。而创造了各类越轨行为范畴的那些标签，表达的就是社会权力的结构。③ 福柯认为，现代主体既是话语建构的产物，同时也是知识话语的一个对象，犯罪概念取决于现代知识形态，本质上是一种内在着技术状况、制度结构等决定要素的知识建构。所谓犯罪和责任认定，根本上则是由法律以外的诸如医学、精神病鉴定学的技术在其他程序中最终建构起来的。④ 如果说福柯对犯罪概念更多地从技术和知识的向度予以揭示，那么，犯罪标签论者更注重贴附标签，代表国家、秩序和法律的上层阶级以及

---

① ［英］安东尼·吉登斯：《社会学》（第五版），李康译，北京大学出版社 2009 年版，第 666 页。

② ［美］沃尔德、伯纳德、斯奈普斯：《理论犯罪学》，方鹏译，中国政法大学出版社 2005 年版，第 134、268~269 页。

③ ［英］安东尼·吉登斯：《社会学》（第五版），李康译，北京大学出版社 2009 年版，第 659 页。

④ ［法］米歇尔·福柯：《不正常的人》，钱翰译，上海人民出版社 2003 年版，第 24~25 页。

他们的社会主流价值和道德序列，因为犯罪的认定是由以警察、法庭和社会矫正机构等代表国家权力的权势阶层完成的，没有任何行为本身是犯罪性质的，所以犯罪只不过是一种内在着权势阶层价值意识形态的文化代码和集体表征，犯罪人几乎都来自社会底层。新犯罪学理论家更为激进，直击现代主义所掩盖的社会不平等：犯罪就是社会下层群体对现代统治权力和政治的反抗。犯罪冲突理论认为，犯罪是一定社会中价值观念、利益结构和社会阶层之间复杂冲突的结果，高度复杂、分化的社会存在多种相互冲突的价值观和利益，一定社会的刑法尽力促进和维护占据政治和经济优势地位的阶层的价值观和利益要求，大体上，当人们违反刑法时，如果拥有的政治和经济权力越多，官方法律实施机构对他施行法律就越困难，反之，被施行刑罚制裁的可能性就越大。

二、现代性语境中的犯罪论：
犯罪人、犯罪本质和刑罚观

现代性语境中的犯罪概念及其性质，既是现代化实践中的一种客观关系现象，也是随着现代西方理性主义知识话语系统演化而不断制造和建构的产物。

（一）犯罪人：意志自由抽象人—危险个体—分裂人

现代西方犯罪学的发展是一个理论范式不断变革的过程，并且与相应时代的哲学思潮保持着密切联系，不同阶段的犯罪学理论关于犯罪人的概念及其性质的界定是各不相同的。在古典犯罪学那里，犯罪人是一类意志自由、根据自己的意愿作出选择而实施了危害行为的人。"在刑法学知识传统中，首先登场的是在理性和自由的宏大背景辉映下，被抹去具体脸孔而加以抽象化、模糊化的抽象人。"[1] 在古典犯罪学理论中，无论是贝卡利亚、边沁、费尔巴哈，还是康德、黑格尔，其笔下的犯罪人都是一种抽象人，与一般常人并无本质不同，都是意志自由并自主作出行为选择的理性人，以致贝卡利亚在其《论犯罪与刑罚》一书中郑重宣告现代刑事法律的基本原则和基本制度要求之际，几乎没有对犯罪的原因（无论个体的还是社会的）进行太多追问，仅仅指出犯罪是对社会的危害以及经济条件和不良法律会导致犯罪，至于犯罪的本质，则是随着年代和地点的变化而无须赘述的。[2] 显然，古典犯罪学关于犯

---

① 周光权：《刑法学的向度》，中国政法大学出版社 2004 年版，第 21 页。
② ［意］贝卡利亚：《论犯罪与刑罚》，黄风译，中国大百科全书出版社 1993 年版，第 6 页。

罪人的定性无疑是现代理性主义知识型——理性主义形而上学的一个表达方式，是现代理性主义宏大叙事的一种具体功能效果。实证主义对形而上学的挑战和颠覆性影响波及了犯罪学，以龙勃罗梭、菲利为代表的犯罪实证学派抛弃了古典犯罪学的抽象理性人假定，开展了一场实质为"天生犯罪人论"的犯罪生物学（病理学）研究，彻底否定犯罪人的自由意志论，将犯罪的原因最终归结为个体的一种生物特性。菲利弘扬了犯罪实证学派，他彻底否定自由意志概念，认为犯罪不是自由意志行为选择的结果，而是遗传和社会环境影响的结果。菲利指出："犯罪人犯罪并非出于自愿：一个人要成为罪犯，就必须使自己永久地或暂时地置身于这样一种人的无知和精神状态，并生活在从内部到外部促使他走向犯罪的那种因果关系链条的环境中。"[1] 这样，犯罪实证学派就将犯罪研究的重心由抽象性意志自由的一般人置换为具有危险性的个体，并且将犯罪原因由个体的生物特质置换为社会的客观环境。这种重心置换无疑为作为现代统治技术的刑事立法和司法实践奠定了可操作性基础，并为现代犯罪学关于解释犯罪现象及其原因的各种犯罪学派打下了基础。后结构主义大师福柯关于权力与知识关系的知识型和话语理论研究所揭示的要点，是将权力界定为一种知识，知识是一类话语，人是现代知识话语的一种建构。[2] 这种权力—知识话语理论在后来的理论犯罪学流派中得到了积极响应。自菲利以后的犯罪学理论，不再按照那种大而化之的抽象意志自由行为选择理论解释犯罪现象和追问犯罪原因，而是系统拓展和深化了犯罪实证学派的理论视野。失范论、紧张论、漂移论、学习论、冲突论、互动论、控制论、环境论、基因论等多种理论学派，无疑正是洞悉了犯罪人本质的复杂性和非决定性而转向一种犯罪人理论的新秩序。多种理论犯罪学派的竞立，标志着犯罪人既不再是一个抽象化的意志自由的理性人，也不再是一种取决于生物遗传的危险个体，现代知识序列的多样性和现代政治法律制度实践的复杂性决定了犯罪人已然成为一种知识话语和权力话语建构的复杂人，是一种取决于强势政治法律意识形态和林立学派各种理论言说方式和话语类型的分

---

① ［意］菲利：《实证派犯罪学》，郭建安译，中国政法大学出版社 1987 年版，第 9 页。

② ［法］米歇尔·福柯：《规训与惩罚》，刘北成、杨远婴译，生活·读书·新知三联书店 1999 年版，第 29~30 页。

裂人。需要指出的是，在现代性话语秩序中，无论是将犯罪人抽象为意志独立和行为自由选择的理性人，还是界定为具有生物遗传原因、社会环境原因或两者兼具的危险人，抑或是通过多种现代理论犯罪学学派按照各自的完备性学说和技术对犯罪人分别进行话语建构，现代犯罪学中的犯罪人只有一个——个体，单位、组织甚至社会和国家均不在现代理论犯罪学话语的建构对象之列。

（二）犯罪本质：法益侵害论

近代以前的专制社会无所谓权利，只有统治者的权威、地位和利益，因此，刑罚的目的在于通过对犯罪人实施血腥、无节制、令人恐怖的手段而制造威慑效应，最终实现政治权威和统治地位的稳固。透过这种报应性的暴力化刑罚仪式，我们可以推定，近代以前的刑罚并没有假定乃至确认什么权利，存在的只有统治者的利益，因而近代以前的犯罪本质无疑被认定为是对统治秩序的挑战和威胁。

犯罪本质的法益侵害论思想最初在贝卡利亚的《论犯罪与刑罚》中显现出端倪和影子，按照贝氏的说法，"如果刑罚超过了保护既存的公共利益这一需要，它本质上就是不公正的。"[①] 衡量犯罪的真正标尺是犯罪对社会的危害，即对公共利益的侵害。尽管此处的"危害"并非为一个实证法范畴内的概念，甚至有其法外意蕴，但是，此处的"危害"一词已然与专制社会的政治利益划清了界限，其含义无疑是指社会（包括社会个体）利益和好处。功利主义鼻祖边沁将犯罪化的根据界定为法外的功利原则。他认为，所谓犯罪，是指根据功利原则，一切基于可以产生或者可能产生某种罪恶的理由被人们认为应该禁止的行为。[②] 应当指出，贝卡利亚和边沁所指出的犯罪化根据——危害或功利损害——虽然摆脱了政治权威性质，但它们均外在于法，危害或功利损害的对象无疑是一种利益，但是，这种利益直到费尔巴哈，才被界定为实证法所确定的权利。有论者指出："与贝卡利亚的危害概念不同，费尔巴哈权

---

① ［意］贝卡利亚：《论犯罪与刑罚》，黄风译，中国大百科全书出版社 1993 年版，第 10 页。

② ［英］边沁：《立法理论》，李贵方等译，中国人民公安大学出版社 2004 年版，第 286~287 页。

利侵害说中的权利，完全是一个实证法上的概念，某种利益只有经由实证法的认可才能够获得成为'权利'的资格。如此一来，成立犯罪的标准或者说犯罪化的根据便全然来源于实证法，而与外在的政治或道德因素无关。"① 由此可见，在费尔巴哈那里，所谓犯罪，根本上是一类侵害了由实证法确定为权利的利益的行为。现代刑法关于犯罪概念及其性质的界定，长期以来立足于国家与个体二元对立的逻辑前提之上，"其价值取向在于对个体权利的保障，法益概念主要围绕个体权利构建；在责任形式上，它强调规范意义的主观责任与个人责任，认为责任的本质是行为人基于自由意志选择违法行为而应当承担受谴责的责任。这种以权利保障为导向的刑法在解决风险问题时容易遭受挫败，无法识别和容纳现代风险"。② 现代性的重要维度之一是现代法治，现代法治的一项重要功绩是创设和确认了作为现代社会主体的公民权利。合法利益是现代法律中权利形态的物质利益基础，实在法确认权利的形态，并通过程序法规定社会主体在权利遭受侵害后实现权利救济和恢复的路径，是现代法律维护和实现社会主体合法物质利益的根本形式。按照德国刑法学家克劳斯·罗克辛的观点，"法益是在以个人及其自由发展为目标进行建设的社会整体制度范围内，有益于个人及其自由发展的，或者有益于这个制度本身功能的一种现实或者目标设定"。③ 在刑法学理论上，法益侵害论是一种主导型观点，这意味着，犯罪行为的本质在于，"行为在造成法益侵害或者引起危险时，才给予否定性评价，以凸显被侵害的法益（结果）自身的重要性"。④ 法益侵害论的理论基础是一种现代性所确认的世俗主义的生活秩序观，认定所有秩序的意义都存在于客观现实的生活关系之中，人的存在根本上是一种生活秩序关系，不是那种虚幻无形的观念或信仰问题，与生活之间形成重要关联的物质利益是生活秩序的中心，并且可以通过法律加以确认、保护而形成法秩序。法秩序根本上是一种物质利益秩序，其所确认和保护的对象就是那些与人们生活秩序密切关联的客观存在，即法益，它是静态而确定的，

---

① 劳东燕：《形势政策与刑罚体系关系之考察》，载《比较法研究》2012 年第 2 期。

② 劳东燕：《公共政策与风险社会的刑法》，载《中国社会科学》2007 年第 3 期。

③ ［德］克劳斯·罗克辛：《德国刑法学·总论》（第 1 卷），王世洲译，法律出版社2005 年版，第 15 页。

④ 周光权：《刑法学的向度》，中国政法大学出版社 2004 年版，第 193 页。

并且是可以判断甚至可以计算的。法益侵害论是一种刑法客观主义理论立场，据此，法益侵害论确立了只有当行为在客观上造成了对法益的侵害结果或危险状态之时才给予否定性评价的标准，实害或危险是认定行为违法的前提和判据，并且通常需要附加行为人的主观罪过。法益侵害论将刑法功能界定为对个别利益侵害的实际防止，法益是与个人生活密切关联而具体的利益，犯罪本质是对生活利益的侵害或危险，这样，违法性的实质内容就是对于法所保护的生活秩序的实质侵害和威胁，并且在道德、伦理和文化意义上具有可谴责性。

（三）刑罚观：报应性正义

报应性正义的刑罚观所表达的是对犯罪的否定性惩罚态度和道德立场，它贯穿于人类刑罚史，但在不同的历史时期具有不同的报应惩罚方式及其所预设的具体价值假定前提，它取决于不同历史时期权力与知识的关系性质。古希腊、古罗马时期的刑罚方式主要是流放犯罪人，剥夺其城邦市民生活的资格和权利，这种刑罚方式假定了城邦政治生活成员资格的至上性地位，也取决于当时的惩罚制度缺乏更多惩罚罪犯的知识和技术的支持，惩罚权力的兑现缺乏足够的知识支撑。中世纪的刑罚形式突出表现为酷刑，这种酷刑的内在逻辑是兑现和宣告王权的神圣，犯罪是对统治的威胁和挑战，因此，酷刑经常被选择在大庭广众之下施行，其本质是仪式化地兑现王权的威严和不可动摇，并且发挥酷刑的广场化、政治仪式化威慑效应。至现代社会，报应正义观依然主导着刑罚制度，但是，惩罚权力的施行和运作获得了现代知识和技术的支撑，逐步形成了一套系统、细致、复杂而规范的刑罚体系。报应正义在现代刑罚制度上的落实要求是罪刑相当，其预设逻辑前提是法益侵害与过错责任的平衡一致。法益侵害论要求刑罚必须与犯罪侵害程度相对应，危害后果是现代报应正义的核心标准。责任主义强调犯罪意图在犯罪构成上的必要性，在认定犯罪时，不仅要求有客观上的犯罪行为，而且要求犯罪人在主观上具有过错，即故意或过失态度。建立于法益侵害论和责任主义基础上的报应性正义刑罚，既将刑罚与作为犯罪结果的实害联系起来，也将刑罚与犯罪人主观意志联系起来，从而使这种报应性正义刑罚观既与作为现代法治的罪刑法定原则相一致，也"表现出传统刑法面对犯罪所采用的被动和消极态度",① 同时还将犯罪主体限定于自然人个体，单位、组织、社会、国家均不是刑罚权的对象。应当指出的是，报应性正义观主导下的现代刑罚制度近乎完全地排除了功利主义的影响，刑罚仅仅与作为过去的犯罪事实及其实害发生关联，限制了刑罚对未来的关怀。除了引进包含了时间因素的徒刑以及作为监禁和教育改造的监狱制度外，功利主义在现代刑罚制度中影响甚微。

---

① 王立志：《风险社会中的刑罚范式之转换——以隐私权刑法保护切入》，载《政法论坛》2010 年第 2 期。

三、理论语境：
风险社会理论述要

（一）风险社会的演进逻辑

风险社会理论是一个回应晚期现代性状态及其趋势的社会理论，由德国社会理论家乌尔里希·贝克于20世纪80年代中期针对科技发展的负效应而提出，经众多社会理论家的积极响应，理论视野由对科技负效应问题的探讨转向追问现代主义的立论前提和现代性危机的根源所在，并将论域拓展至现代化进程的政治、经济、文化等众多领域，尤其关注科技、环境、生态、气候、健康、金融、核能等表征或反映现代化后果的突出问题。按照乌尔里希·贝克的风险社会理论，"现代性正从古典工业社会的轮廓中脱颖而出，正在形成一种崭新的形式——（工业的）'风险社会'（Risk Society）"。[1] 如果从社会演化史意义上对现代社会进行阶段性划分，我们已经经历的现代化过程可以称为现代工业社会（传统工业社会，第一现代性）。从20世纪80年代

---

① ［德］乌尔里希·贝克：《风险社会》，何博闻译，译林出版社2004年版，第2页。

开始，西方国家已逐渐步入风险社会阶段（第二现代性）。① 贝克将现代性划分为两个阶段的根据，是它们的各自秩序内在的逻辑差异。贝克指出："'工业社会'或阶级社会的概念，是围绕着社会生产的财富是如何通过社会中不平等的然而又是'合法的'方式实行分配这样的问题进行思考。它与新的风险社会的范式相重叠，后者要解决的是与前者相类似然而又是极为不同的问题。在发达的现代性中系统地产生的风险，如何能够避免、减弱、改造或者疏导？"② 现代主义的深度演绎和现代化进程的不断深入在科技、经济、政治、法律、文化、教育等多个向度所取得的巨大成就无与伦比，然而，在取得巨大成就的同时，也带来了诸如环境污染、生态破坏、气候变化、冰川消退、土地沙化、耕地锐减、核泄漏、金融危机等突出问题，这些突出问题的存在已然足以危及人类的生存安全和现代化秩序的延续。"系统而言，从社会演化史的角度来看，或早或晚，在现代化的连续进程中，'财富—分配'社会的社会问题和冲突开始和'风险—分配'社会的相应因素结合起来。"③ 在贝克看来，"在古典工业社会中，财富生产的'逻辑'统治着风险生产的'逻辑'，而在风险社会中，这种关系就颠倒了过来。在对现代化进程的反思中，生产力丧失了其清白无辜。从技术—经济'进步'的力量中增加的财富，日益为风险生产的阴影所笼罩。"④ 我们可以对贝克有关现代化阶段的划分及其各自运行逻辑作出简要界定：迄今为止的现代化进程（现代社会）包括古典工业社会（传统的现代化）和风险社会两个阶段，两个阶段的各自运行逻辑以及

---

① 贝克区分使用了"现代性"和"世界风险社会"两个概念，他将"现代性"界定为"第一次工业现代性"，将"世界风险社会"界定为"第二次反思现代性"。在贝克的相关论述中，"现代性"与"世界风险社会"的历史阶段分界时间大致在 20 世纪 80 年代初期，不过，贝克指出，在两者之间"划出一条界限的想法显得很天真甚至是矛盾的"。［德］乌尔里希·贝克：《再谈风险社会：理论、政治与研究计划》，载［英］芭芭拉·亚当、［德］乌尔里希·贝克、［英］约斯特·房·龙编著：《风险社会及其超越：社会学理论的关键议题》，赵延东、马缨译，北京出版社 2005 年版，第 320 页。

② ［德］乌尔里希·贝克：《风险社会》，何博闻译，译林出版社 2004 年版，第 16 页。

③ ［德］乌尔里希·贝克：《风险社会》，何博闻译，译林出版社 2004 年版，第 16~17 页。

④ ［德］乌尔里希·贝克：《风险社会》，何博闻译，译林出版社 2004 年版，第 6~7 页。

内在的核心问题分别是"财富—生产—分配"问题和"风险—生产—分配"问题。风险概念的原初含义是指以航海遭遇礁石和风暴等后果为代表的自然危险和灾害，及至近代，风险概念的含义在统计学、保险学等领域被界定为可以计算的危害事件发生的可能性或概率。以贝克、吉登斯、卢曼为代表的风险社会理论家对风险概念的界定彻底改变了它的原初含义。贝克从技术与生态环境之关系切入，将风险界定为技术对环境的作用和影响而给人类造成的威胁，继而不断扩张风险概念的解读语境，最终将其纳入反思现代性理论，将风险概念作为一种描述现代性对人类存在所带来的深远影响而予以意义普遍化。

（二）风险概念及其性质

风险社会理论对风险概念的界定超越了对风险概念的传统理解。对风险概念的界定，贝克从生态环境与技术的关系切入，把风险首先定义为技术对环境产生的威胁，然后不断扩张演绎该概念的适用范围，使之与反思现代性理论关联起来，焦点指向现代性对人类的影响。[①] 贝克指出："风险是指自然终结和传统终结的概念。或者换句话说，在自然和传统失去它们的无限效力并依赖于人决定的地方，才谈得上风险。"[②] "风险的概念直接与反思性现代化的概念相关。风险可以被界定为系统地处理现代化自身引致的危险和不安全感的方式。风险，与早期的危险相对，是与现代化的威胁力量以及现代化引致的怀疑的全球化的一些后果。它们在政治上是反思性的。"[③] 因此，风险不同于灾害，风险是对灾害的预期。在传统意义上，诸如地震、洪水、火灾等自然事件和诸如遭遇犯罪、失业、破产等社会事件，相对于个体命运或行为选择而言，既可以称为灾害，也可以界定为风险或危险。但是，风险社会理论对风险概念的界定是在后现代性、后传统性意义上进行的，在传统社会和工业现代化阶段，风险主要是指作为外部风险的自然灾害，而在风险社会

---

① 杨雪冬：《全球化、风险社会与复合治理》，载《马克思主义与现实》2004 年第 4 期。

② ［德］乌尔里希·贝克、约翰内斯·威尔姆斯：《自由与资本主义》，路国林译，浙江人民出版社 2001 年版，第 119 页。

③ ［德］乌尔里希·贝克：《风险社会》，何博闻译，译林出版社 2004 年版，第 19 页。

（自反性现代化）阶段，风险源自于、衍生于并不断生产和附着于依然有效的、由作为工具理性的技术—经济发展逻辑所驱动的工业现代化进程之中。这种现代化进程内在并不断增殖的风险，根本上是一种决策风险，是决策者进行方案制定和行为选择的一种可能性有害后果的预期遭遇和降临，并且这种风险已经并不断"渗透到日常生活、社会体系、政治结构的各个环节，引发社会运行逻辑的转变，使得传统的现代社会正走向'风险社会'"。①

以贝克为代表的风险社会理论根本上是对深度现代性的内在危机进行的深刻反思，与此同时，风险社会理论也是针对学术思想界的一股重大思潮——后现代主义而提出的一种兼具实在论和建构论的社会理论立场。贝克的理论立场既描述了现代化进程自我背反和风险生产的危险现实，也表达了如何摆脱困境、重构现代主义进而有限引导和纠正现代化方向的构思。现代化运动的深入演进，人类通过技术—资本的联姻，对自然世界和社会的改造与建构取得巨大成就。工业文明在带来巨大物质财富的同时，也造成全球变暖、森林退缩、物种锐减、土地沙化、冰川融化、环境污染、热带风暴、能源枯竭甚至出现大范围蔓延性疾病等一系列后果。社会关系秩序正处于高度复杂性阶段，社会成为超级复杂的巨大系统，以至于没有什么单一的力量能够控制，甚至无法预见其演化发展方向。科技迅猛发展，一些尖端、新型技术不断发明和诞生，它们在研究和应用过程中，无论技术本身还是其所创造、生产出的产品，其安全性无法评价，潜在危害性后果也无法预见。例如，纳米技术、转基因食品、核能利用、巨型人类工程等技术和系统的不可评价问题正处于激烈争论之中。

人类步入全球化时代，尤其是信息网络技术的发展，信息社会（网络社会）的逐步形成，个体行为的影响力或后果经常不再是区域性的，而完全有可能是全球性的，如以"9·11"事件为代表的恐怖主义。在处境方面，个体面临着各种各样的风险，这些风险不会局限于特定的时空，如婚姻选择、职业选择、教育选择等，风险程度已经远非传统社会那般确定和可控。正是基于这种现代化发展秩序的现实状况和风险性质，贝克才以一种实在论论调界定了现代性的内在缺陷和现代化的自我背反命运。但是，贝克并不像后现代

① 李艳红、张培富：《风险社会中的专家体制：困境与出路》，载《山西大学学报》2010年第1期。

主义者那样，将这种自反性现代化结局看作一种人类自身无法摆脱的命运，并将现代性所预设的一切基础予以摧毁，将现代性所承诺的一切使命和目标均视为一场"乌托邦"幻想。贝克指出："风险不同于毁灭，它们不涉及已经发生的损害。不然的话，所有的保险公司都会破产。但风险确实有一种毁灭的威胁。风险话语开始于我们对安全和发展信仰的信任终结之处，停止于潜在灾难变成现实之时。因此，风险概念反映了一个位于安全与毁灭之间的特定中间地带，在这里，对风险威胁的感知决定着人们的思想和行动。""这种独特的状态可称为'不再—但还没有'，不再有信任（安全），但还没有毁灭（灾难）——正是风险概念所要表达的，也使它成为一种公共参照框架。"①风险社会理论与后现代主义关于现代性的命运认识在思想立场上完全不同，后者认为，现代性即将终结，人类社会进入混沌状态并走向灭亡；前者则认为，现代性没有终结，人类已步入"第二现代性"阶段。与贝克理论立场相近的安东尼·吉登斯（Anthony Giddens）指出："我们不是生活在一个'超越现代'的世界。第二现代性是指现代制度事实上逐渐成为全球性的，与此同时，日常生活正在摆脱传统和习惯的束缚。旧的工业社会正在消失，取而代之的是一个'风险社会'。后现代主义者视为混沌或缺乏模式的东西，在贝克看来是风险或不确定性。全球秩序的首要特征就是对于风险的监管。"②贝克的这种兼容实在论和建构论的思想立场，表明其认为风险虽然是人类行为和制度，尤其是科学行为和制度的产物，但是又不是宿命论的。人类在面对风险秩序时并非为一个实证主义视野中的观察者，而是一个风险的制造者，也是一个风险的预测和治理者。这表现出贝克在现代性问题上的积极立场，即现代性的完善和重塑。

近年来，风险社会理论得到了我国学界的积极响应。关于风险社会理论中的风险性质，我国有论者将其概括界定为以下几个方面：不可感知性、整体性、不确定性、建构性、平等性、全球性、自反性。③ 也有论者总结为以下

① ［德］乌尔里希·贝克：《再谈风险社会：理论、政治与研究计划》，载［英］芭芭拉·亚当、［德］乌尔里希·贝克、［英］约斯特·房·龙编著：《风险社会及其超越：社会学理论的关键议题》，赵延东、马缨译，北京出版社2005年版，第322页。

② ［英］安东尼·吉登斯：《社会学》（第五版），北京大学出版社2009年版，第93页。

③ 赵延东：《解读"风险社会"理论》，载《自然辩证法研究》2007年第6期。

几个方面：客观存在与主观认知的结合体；风险来源人类行为与自然的相互作用；积极效果与消极效果的结合体（机遇与危险并存）；可计算性和不可计算性兼具；时间上指向未来，空间上不断扩展。①

在《再谈风险社会：理论、政治与研究计划》一文中，贝克对风险的性质进行了较为深刻的阐释。吉登斯在其《现代性的后果》一书中，对风险的性质也有许多精到揭示。贝克和吉登斯有关风险性质的揭示和阐释之核心精神，我们可以作如下归结:② （1）风险概念介于安全与毁灭的中间地带。风险确实有一种毁灭的威胁，但区别于毁灭，风险作为一种话语开始于对安全和发展的信任，终结于灾难变成现实，因此，风险是一种客观威胁与文化认知相互解释的话语形态。（2）风险指向未来。吉登斯指出，"我们越是想拓殖未来，未来便越可能给我们带来意外"。③ 人们当下的经验和行动不再由过去决定，而是由那些如果人们一意孤行将可能发生的未来景象或后果所决定。（3）风险穿透事实和价值两个范畴。风险即便能够计算，也是一种"数学化道德"型的计算，因为风险总是直接或间接地与文化定义和生活是否可容忍的标准有关，风险陈述具有一种跨学科话语性质，在这种话语秩序中，汇集了技术知识、文化理解以及规范要求等多种成分。现代工业和科学活动所生产的风险是实在的，同时，有关这种实在性风险的知识又与历史、文化符号以及知识的社会结构之间存在紧密联系，不同的知识状况、文化类型和价值意识形态对待风险的定义和处置存在明显的差异性，因此，风险也是一种基于差异性知识、历史文化和价值意识形态的建构。（4）风险是一种主导现代性的控制逻辑的"未预料后果"（贝克语）。风险内在于现代性的控制逻辑之中，或者说，这种控制逻辑本身就是一种风险逻辑，现代性总是将风险作为

① 杨雪冬：《全球化、风险社会与复合治理》，载《马克思主义与现实》2004 年第 4 期。

② 以下关于风险之性质总结的基本方面详见［德］乌尔里希·贝克：《再谈风险社会：理论、政治与研究计划》，载［英］芭芭拉·亚当、［德］乌尔里希·贝克、［英］约斯特·房·龙编著：《风险社会及其超越：社会学理论的关键议题》，赵延东、马缨译，北京出版社 2005 年版，第 322~338 页。另参见［英］安东尼·吉登斯：《现代性的后果》，田禾译，译林出版社 2000 年版，第 109~118 页。

③ ［英］安东尼·吉登斯：《生活在后传统社会中》，载［德］乌尔里希·贝克、［英］安东尼·吉登斯、［英］斯各特·拉什：《自反性现代化》，赵文书译，商务印书馆 2001 年版，第 75 页。

一种外在化对象进行控制，而这种控制逻辑经常成为更大的不确定性和危险的来源，因而风险实质上就是一种"人为制造的不确定性"（吉登斯语）。(5) 风险既是知识的产物，也是受无意识或非知识力量影响的状态。贝克指出："科学越成功，就越反射出其自身的确定性方面的局限，它们更多地成为反思性的人为不确定性的源泉。"① 知识的增长恰恰是新风险的发源地，知识既意味着新技术领域的产生，也意味着强化和扩大了人们对风险性质和类别的认识程度。无意识或非知识意味着在不确定性语境中作出决定，没有知识能够确定的结果恰恰是风险社会中人类大量行动的巨大诱惑力量和驱动力量。(6) 风险是"全球本土化的"（glocal）。风险不再有本土性和全球性之分，由于后现代社会逐渐形成的脱域机制决定了人类行为与事件之关系的非在场化状况，风险经常具有全球性影响，环境、资源、技术风险再也不受地域控制，应对风险的机制本身也变得具有全球化影响。在另一种空间意义上，风险对所有社会、所有阶层和所有个体均产生影响，风险是非个人性的，风险带来了"他人的终结"（贝克语）。(7)"有组织地不负责任"是风险责任归咎的基本逻辑或反逻辑。一方面，随着技术发展所带来的更多的不确定性，人们对技术的控制能力逐渐减弱，在工业社会中能够计算的风险，在风险社会变得无法计算和预测，科学家对自己的行为后果更加无法精确预见，他们不再是可以完全信赖的角色；另一方面，在风险社会阶段，技术开发应用和投资决策权并不掌握在政府和议会手中，它们完全由企业和技术机构自主决策，人类生产和发展演变为一项没有确定结果的实验和冒险，政府不再是全能的社会控制力量。这就带来一系列风险归责疑问："谁将决定产品的危害性或风险的危害？该负责任的是产生风险的人，还是从风险中受益的人，或者是代理机构？包含哪些关于起因、范围、参与者等的知识或非知识的因素？'证据'将呈现于谁？拿什么作为足够的证据？如果有危险和损害，谁决定对受害者的赔偿？谁决定以适当形式对未来加以控制和管理？"结论只能是："风险不是任何人的责任。"②

---

① ［德］乌尔里希·贝克：《风险社会政治学》，刘宁宁、沈天霄编译，载《马克思主义与现实》2005 年第 3 期。

② ［德］乌尔里希·贝克：《风险社会政治学》，刘宁宁、沈天霄编译，载《马克思主义与现实》2005 年第 3 期。

风险的复杂性既分布于多个领域之中，也表现为它以多种形态潜隐。由于风险概念的界定根本上是在对现代性的自反性逻辑进行揭示和现代化进程给人类社会及自然所带来的潜在危险影响的思路中完成的，因而对风险类别的确认和划分，也必须按照这种思路进行。

吉登斯总结了现代社会在风险环境上区别于前现代社会的特点：来自现代性的反思性的威胁和危险；来自战争工业化的人类暴力的威胁；来自个人之无意义的威胁，其源于将现代性的反思性运用于自身。① 进而，吉登斯列数了现代世界中的风险类型：（1）核战争的可能性。包括其他对人类具有毁灭性潜在可能的大规模战争，大规模破坏性武器的发明和生产等。（2）具有全球化影响力或较大区域性影响的突发事件，如全球化劳动分工的变化对择业的影响、恐怖主义等。（3）因人类知识对物质环境的介入和作用所制造的人化环境或社会化自然而带来的风险，如环境污染、生态破坏、物种灭绝、核电站事故等。（4）制度化风险环境的发展和演变对人们生活机会的影响，如金融危机、企业犯罪、官员腐败、集权政治的借尸还魂等。（5）风险意识的强化本身附着和加深的风险，知识的增长所带来的不确定性的增加。知识和技术本来是作为现代性控制逻辑的支撑资源而被定位的，但是，知识和技术的本质恰恰是给本来没有问题的世界提出了更多问题，解决更多问题需要更多的知识和技术，而更多的知识和技术所带来的恰恰是一个更加复杂而不确定的局面，诚如我国学者所指出："事实上，人对自然的占有不仅没有消除其不可预见性，反而恰恰加强和放大了自然的不可预见性及其破坏性，一个'野性的自然'通过技术风险与技术灾难示威般地站立在人类面前。"② （6）大量风险事件的经历（经验）对公众风险意识的影响本身所隐含的风险，如高铁事故导致人们对旅行方式的选择而对铁路运营所造成的影响，恐怖主义对投资信心和环境选择所产生的影响，权力寻租对合法经营的影响等。（7）对专业知识局限性的意识的强化以及对专家信任度的衰减，表现为专家替代外行冒险行事，并且经常隐瞒和歪曲风险的真实性质。

---

① ［英］安东尼·吉登斯：《现代性的后果》，田禾译，译林出版社2000年版，第89页。

② 张成岗：《技术风险的现代性反思》，载《华东师范大学学报》2007年第4期。

四、犯罪与风险：
风险社会中犯罪性质的演变

关于犯罪现象，从不同的视角可以作出不同的性质判断。在事后结果评价意义上，犯罪是一种实害和危害结果。在行为状态的潜在影响意义上，犯罪是一种危险或威胁。在犯罪人对其犯罪行为后果的预期意义上，犯罪是犯罪目的实现与逃避刑罚的侥幸性博弈。在行为经济学分析领域，将其界定为犯罪成本与犯罪收益的计算预期，因此，假定犯罪是一种理性选择的行为决策，那么，犯罪人对行为的选择本身便是一种风险决策。

犯罪问题与风险社会理论的联系切入点在于，并非要从现实后果意义上将犯罪理解为一种实害或一种危害性行为，而应从未来预期意义上将潜在的犯罪威胁或危险理解为风险，并且要求将犯罪现象与深度现代性秩序进行关联性认识，尤其要与犯罪的风险化趋势进行关联性考察。德国风险刑法理论学者乌尔里希·齐白指出："与当代风险社会密切相关的技术上、经济上与政治上的变化催生出新形式的复杂犯罪，这些复杂犯罪的新形式特别是在恐怖主义、有组织犯罪和经济犯罪领域构成重大风险。"[①] 至风险社会阶段，一方面，大量常规犯罪因为邂逅风险社会秩序，开始蓄积风险潜能，传统常规犯罪因为风险社会秩序和环境因素的激发和助推，危害性后果将更为严重和危险；另一方面，风险社会秩序的演进，大量新型犯罪不断产生，恐怖主义、有组织犯罪、环境犯罪、网络犯罪、金融犯罪、生命科技犯罪、跨国犯罪等，既是风险社会的产物，又是构成风险社会秩序的重要一维。尤其需要指出的

---

① ［德］乌尔里希·齐白：《全球风险社会与信息社会中的刑法：二十一世纪刑法模式的转换》，周遵友、江溯等译，中国法制出版社 2012 年版，第 162 页。

是，这些犯罪形态的一个共性是犯罪的风险化。

风险是现代化的意外和次级后果，它通常包括自然风险、技术风险、制度风险、政策和决策风险以及个人行为风险等类型，[①]其本质均为人为风险，即便是自然风险，也因为人化自然的性质而混杂着人为因素和成分。需要指出的是，一方面，并非所有引发风险或内在风险的行为均为犯罪行为或应当予以犯罪化，这些行为甚至不存在承担法律责任的问题。例如，核电站泄漏，如果不是因为责任事故，人们不会按照犯罪概念或法律责任思维对国家核电站政策制定、决策、建设行为等进行理解、认定和追责。另一方面，风险社会阶段，大量犯罪也并非均可以归属于风险社会理论中风险概念范畴，尽管这些犯罪行为相对其危害对象而言具有危险或威胁性质，但它们依然只是常规意义上的危险，这种危险性不需要借助风险社会理论进行理解和界定。普通自然犯罪行为，只属于刑法学意义上的具有社会危害性甚至具有导致实害发生可能性意义上的危险或威胁，并非风险社会理论意义上的风险，这类具有危险性或风险性的犯罪行为并非仅仅出现在现代发达社会，而是已在人类历史上存在了很久。常规自然犯罪的发生，诸如仇杀、盗窃、抢劫、强奸、绑架等犯罪，倘若在促成条件方面不存在风险社会秩序因素的嵌入或发酵情形，或者这类犯罪行为并未助推风险秩序的加重和进一步强化，则不应纳入风险社会理论视野。

并非所有刑事犯罪都应当和有必要归入风险概念名下，我们也不能按照另一种思维，将风险社会中的大量风险事件归入犯罪范畴，这种二分法思维并不适合讨论犯罪与风险的理论关系。在实践直观视野内，我们可以将诸如恐怖主义、环境污染、破坏计算机信息系统、飞行安全事故、传染病大规模传播、破坏性采矿、生产销售有毒有害食品、操纵证券交易价格、滥用金融衍生品制度牟取暴利、生产销售假药等多种已经列入刑法规制的犯罪行为与风险概念关联起来。在抽象理论视野内，我们或许应该将诸如无节制的土地征用和开发、灭绝性捕捞渔业资源、金融衍生品制度的扩张性建立、生物基因技术对生命进化不可逆性破坏、大数据和云端技术获取个人信息、反伦理游戏软件的开发和传播等多种风险性人类实践逐步纳入刑法规制范围。据此

---

① 杨雪冬：《全球化、风险社会与复合治理》，载《马克思主义与现实》2004 年第 4 期。

我们发现，风险与犯罪在刑法实践中已经发生了或正在发生着关联和衔接，在刑法理论上存在将大量风险行为和事件纳入刑法规制范围的话语空间和前景。但是，并非所有犯罪均须纳入风险概念予以认识，也并非所有风险性人类实践均须犯罪化。在另一种意义上，风险不同于探索，尽管人类诸多探索行为，诸如科技探索行为内在着风险，但是，风险行为并非必然带来危害，有时也是一种机会。考夫曼指出："在现代多元的风险社会中，人类必须放胆行事，不能老是在事前依照既定的规范或固定的自然概念，来确知他的行为是否正确，亦即，人类必须冒险行事。"[①]

探讨犯罪与风险的基本理论关系，可以按照两个向度进行。其一，在风险社会理论语境中，犯罪性质将怎样演化和嬗变？或者说，犯罪将在何种意义上具有风险意涵或犯罪即成为一种风险？我们将根据何种依据和标准将犯罪界定为风险？这是一个对犯罪行为进行风险界定的问题。其二，风险社会中的多样性风险哪些可以归入犯罪范畴？或者说，哪些风险可以认定其犯罪性质？将风险列入刑法规制对象范围的理论根据何在？这些问题的提出，实际上触及了一个刑法（犯罪）理论与风险社会理论的基本理论关系问题，即刑法理论应当与风险社会理论建立怎样的理论关系？其中的根本问题在于——哪些风险社会理论语境中的风险行为应当予以刑法规制或犯罪化？对于以上两个问题，我国学者结合近年来国内刑法学界有关刑法理论与风险社会理论关系探讨的情况，指出了其中存在的一个突出问题，即我国刑法学者泛化了风险社会理论中的"风险"种类范围，将那些具有社会危害性（尤其是具有造成实害可能性）的"危险"（风险）行为理解为风险社会理论语境中的"风险"现象，并指出，"我们不能把自古就有且今天仍然存在的'实害发生可能性'这种社会危害性意义上的'风险'与'风险社会'中的'风险'混为一谈，更不能把传统的'风险'说成是贝克教授提出的概念"。[②] 按照这种思维，该论者认为刑法学界目前所论述的应当犯罪化或通过刑法规制的各类风险中除了"环境风险"外，均与贝克的风险社会理论没有关系。对

---

① ［德］阿图尔·考夫曼：《法律哲学》，刘幸义等译，法律出版社 2004 年版，第426 页。

② 夏勇：《"风险社会"中的"风险"辨析——刑法学研究中"风险"误区之澄清》，载《中外法学》2012 年第 2 期。

此，笔者认为，贝克是风险社会理论的创立人，不过，贝克提出风险社会理论的中心视角是现代技术发展的负面效应和自反性逻辑，因此，贝克理论语境中的风险概念以技术风险为逻辑基点，其表现形式主要是环境灾难，因而贝克理论下的风险概念相对狭隘，偏重于强调技术风险或环境风险。但是，这并不意味着贝克风险社会理论中的风险仅仅限于技术和环境问题，在贝克的论述逻辑中，风险实质上是一种现代化的负面后果，凡是因为现代化进程而激发和衍生出来的一切人类安全威胁，均属于贝克理论中的风险范畴，这种风险的类别和方位并不仅仅限于技术风险和环境风险两类为贝克所重点关注的风险形态，凡是因为现代化的财富生产逻辑所内生或引发的各类威胁和安全隐患，均在风险范畴之列。基于这种理论立场，风险便不应当仅仅限于诸如核泄漏、环境污染、转基因技术等为贝克所明确列举的类别和范围，那些完全应当归因于现代性的深度演绎和现代化的高歌猛进所引发、制造和生产的各类风险，将遍布技术、环境、经济、金融、政治、文化、网络等多维关系领域，甚至可以将风险概念与非传统安全概念①等同起来。按照这种理路，我国刑法学界部分学者当下所讨论的风险概念并没有完全脱离贝克风险社会理论的论述逻辑，只不过在有关风险概念的认识上，过于狭隘地理解了贝克理论中的风险概念范畴，并没有将贝克理论中的风险概念理解为因为现代化的自反性逻辑所造成和带来的一种秩序与关系状态，这种秩序和关系状态具体到行为领域，并不仅仅限于环境领域，只要是因为现代化进程的自反性逻辑所内生、激发和助推的一切具有危险性的行为，理论上均应该得到刑法理论的密切关注。

刑法理论该如何关注、借鉴和吸收风险社会理论，尤其是风险社会理论意义上的风险行为如何获得刑法学上的意义，是一个需要深入探讨的重要问题。犯罪是一类行为，行为只在社会关系秩序中具有意义，同类行为也因社

---

① 我国学者概括了非传统安全的五大类型：一是人类为了可持续发展而产生的安全问题，包括环境安全、资源安全、全球生态问题以及传染性疾病的控制和预防；二是人类社会活动中个体国家或个体社会失控失序而对国际秩序、地区安全乃至国际稳定所造成的威胁，包括经济安全、社会安全、人权、难民等问题；三是跨国界的有组织犯罪，如贩卖人口、毒品走私等；四是非国家行为体对现有国际秩序的挑战和冲击，如恐怖主义；五是由于科技发展以及全球化所产生的安全脆弱性问题，如网络安全、信息安全以及基因工程安全等。朱峰：《"非传统安全"解析》，载《中国社会科学》2004 年第 4 期。

会关系秩序的差异而在性质上完全不同。新型社会关系作为一种结构，也将孕育和催生出更多新奇行为，这是行为与关系之间的一种彼此互动和双向诠释关系。安东尼·吉登斯在探讨后传统社会中行为的意义、性质及其影响问题上，在个人行为与全球化关系问题上，提出了一个解释社会学理论观点："日常决策与全球性后果之间的这种不断增强的特殊关系，以及全球化秩序反过来对个人生活所产生的影响，共同构成了新议程中的关键主题。"① 因循这种思路，根据风险社会理论所界定的"风险"的性质，有必要对风险社会中的犯罪的风险化意涵进行下列理论界定和分析。

第一，在一般意义上，犯罪作为一种危害性或危险性行为，对于作为犯罪行为之对象的社会个体以及社会公共秩序而言，是一种风险状态或风险预期，它对人们的安全生活和公共秩序在严格与绝对意义上必然构成危险性影响。犯罪所固有的这种风险性质并非只为风险社会所专有，在任何社会阶段，诸如杀人、抢劫、强奸、盗窃等自然犯罪均内在这种风险属性，它类似于自然危险和危害，并不源自风险社会的独有逻辑——风险是知识、技术和现代化制度发展的产物，该类自然犯罪因为现代化秩序及有关因素的作用和助推，其风险性发生突变和倍增。一个显见不争的境况是，当今社会，犯罪对人们生活和心理所造成的影响史无前例。以住宅盗窃犯罪为例，我国台湾地区学者在其关于住宅盗窃的研究文献中指出："住宅窃盗本质上是属于一种'非面对性'（Non-Confrontation）的犯罪，即犯罪人与被害人于犯罪时几乎不会接触。但自被害人的角度观察，在各类犯罪类型中，却又是以住宅窃盗所产生的危害性与恐惧性最大；因住宅窃盗犯系以破坏门锁，趁被害人暂时离家之际，侵入象征'精神堡垒'的住宅内行窃；对被害人而言，除了造成财物损失外，隐私遭到不法侵入更是莫大的影响。"② 我国台湾地区另一位学者指出，窃盗案件"对社会治安的影响，除造成财产的损失及生活的不便，亦造成多数民众心理上的恐惧与不安。一件看似平常的小窃案，却是民众心中沉重的

---

① ［英］安东尼·吉登斯：《生活在后传统社会中》，载［德］乌尔里希·贝克、［英］安东尼·吉登斯、［英］斯各特·拉什：《自反性现代化》，赵文书译，商务印书馆2001年版，第74页。

② 林灿璋、廖有禄、陈瑞基：《连续住宅窃盗犯的作案手法与空间行为模式之实证剖析》，载台湾地区《警学丛刊》2011年第41卷第5期。

负担,一般民众对窃盗的感受,不仅害怕成为盗窃犯罪的被害客体,且随时有陷于被害之恐惧之中"。① 该学者的研究文献表明,住宅窃盗犯罪不仅严重影响被害人的安全感,而且对被害人的住宅安全措施选择和安装、社区邻里关系处理、居住社区选择等均产生了重要影响。弗朗西斯·福山对现代社会高犯罪率的危险后果提出了以下观点:高犯罪率可以从其他方面使遵纪守法、服从规范的成员变得不相信他人,影响人们在许多层面的相互合作,导致信任危机,危害社会团结,这种因高犯罪率而造成的危害性影响在社会生活的许多方面表现出来或产生效果,具体表现在多个方面——媒体对高犯罪率的过度渲染加剧了个人的犬儒主义,② 影响了家庭、学校对未成年人的教育过程和方式,促使政府和警方按照"破窗理论"所揭示的犯罪与环境秩序的关系而强化社区警务和问题导向警务,使大量中产阶层选择安全社区居住或离开城市中心选择郊外居住,导致大量社区采取一系列安全设施建设和安全设备安装等现象。③

不再需要引用更多资料我们就可以提出问题:如果说犯罪现象天然地内在风险,那么为什么只是到今天这个时代,犯罪对人类心灵状态、生活方式、社会关系、安全意识、政府控制犯罪模式等,产生如此重大的影响?答案不在于犯罪本身,诸如盗窃、故意杀人、抢劫、强奸、绑架等自然犯罪现象的存在,或许会从远古延续到遥远的未来,但是,同样的犯罪行为,只是在嵌入和遭遇这个后现代性社会或风险社会,才引发了如此多的问题,而这些问题的核心要旨在于,我们为何生活得如此不安?安全感为何已经既成为大众话语,也成为学理研究中的一个话题或术语?答案显然只能在风险社会理论

---

① 黄赞松:《居家环境与住宅窃盗被害之研究》,载台湾地区《警学丛刊》2011年第41卷第5期。

② 犬儒主义本为公元前3世纪希腊哲学的一个流派,宣扬人类友爱、追求德行、鄙视财富、追求自由、提倡简朴生活方式等人生境界和社会理想,由于其创始人狄奥根尼决心像狗一样生活,居住在一只埋葬死人的瓮里,从而该种哲学思想被称作犬儒主义。后来,犬儒主义演变为一种玩世不恭的日常生活态度。参见〔英〕罗素:《西方哲学史》(上卷),何兆武、李约瑟译,商务印书馆1963年版,第291~296页。福山此处使用"犬儒主义"一词,是指人们对高犯罪率状况的一种恐惧绝望心理以及对社会制度缺陷和国家对犯罪控制不力的一种不分青红皂白的攻击和谩骂。

③ 〔美〕弗朗西斯·福山:《大分裂:人类本性与社会秩序的重建》,刘榜离等译,中国社会科学出版社2002年版,第157~162页。

中寻找，或者在这种我们已经身临其境的后现代秩序中反思性探究。至于这个问题的真正答案，在此我们预先简略勾勒其线条轮廓：正是因为现代性的成就之各方面——社会分化、合理化、城市化、规训化、世俗化、多元化、陌生化、控制和驯化、碎片化①——的不断深入和彼此作用，决定了传统和常规意义上的犯罪卷入一个无比湍急、复杂难解的风险社会关系秩序旋涡，导致大量司空见惯或与人类历史一样悠久的犯罪行为对人类的心灵、行为和存在状态所施加的影响与产生的效应而言，渐渐嬗变为一类威胁和风险。或者，我们该用吉登斯的话语对常态自然犯罪演变为风险的深层次原因进行最为便捷而抽象的回答："后果严重的危险与我们个人生活有一定距离。虽然它们实际上可能是紧迫的，但在大多数日常生活中，它们看上去是遥远的。然而，我们的日常行为完全受各种人为不确定性的影响。在个人或集体以及全球的意义上，有序反思的知识积累创造了开放和未定的未来，和过去一样，我们必须一边前进，一边为迎接未来而'准备'。在我们这样做时，我们影响着变化了的进程，但是对它们进行全面控制的机会逐渐地在我们手上溜走了。"②这意味着，传统自然犯罪，一旦漂移或穿越到当下这种后现代社会的风险秩序中，将生发和增殖出风险性质。

第二，在风险社会中，大量犯罪行为以一种"脱域"机制的作用机理实施，以时间上的"虚化"和空间上的"缺场"形态完成、潜伏或悬置，相对于不确定的社会个体或组织而言，构成一种如影随形和随时"在场"的风险。网络银行账户及存款可以被窃取，信用卡易于被盗刷，QQ 系统、网络邮箱及隐私文件可以被侵入、浏览乃至传播扩散，网络赌博，黑客攻击，电信诈骗，职业盗窃犯乘坐班机前往千里之外进行盗窃后迅速返回原地，将毒品秘密通过物流运送而毒贩在境外策划和控制，加了有害添加剂的食品生产者与被害人之间的隔离以及被害人的离散状态，分公司、子公司污染环境无涉于母公司的责任承担，金融衍生品制度的泛滥和贪婪滥用导致金融危机并引发实体经济的萧条乃至崩溃……大量犯罪形态挣脱了时间的束缚和空间的掣肘。风

---

① 参见大卫·莱昂关于现代性成就的论述。［加］莱昂：《后现代性》，郭为桂译，吉林人民出版社 2004 年版，第 38~60 页。

② ［英］安东尼·吉登斯：《超越左与右——激进政治的未来》，李惠斌、杨雪冬译，社会科学文献出版社 2003 年版，第 83 页。

险社会中，"脱域"构成了主体间关系的基本机制，在这种机制中，主体间关系突破常规的直面接触状态，以一种"缺场"形态完成或处理事务或关系。"脱域"机制借助于符号系统和专家系统运行，资源和动力源自信任，符号系统和专家系统是一种媒介——社会关系的中介和整合力量。当作为"脱域"机制之动力资源的信任因符号系统和专家系统不再作为媒介按照内在目的和预定功能发挥作用时，大量危险性犯罪行为产生。例如，大量集资诈骗犯罪均属于这种性质。应当认为，以上犯罪行为（理论上无法穷尽列举）只在风险社会中出现和发生，并且与风险行为两者等同或可以概念互换。以上犯罪行为的风险性意涵，在前文关于风险性质的界定中已经进行了较为详细的论述，在此要借助传媒中介理论更进一步加以辅助解释。以网络犯罪为例，直到晚期现代性和风险社会时代才诞生和发展的网络这种新传媒形式，本质上是以数字编码形式表现的符号系统，其内在目的或固有逻辑是传导信息，然而，本质为数字化代码的网络作为符号代码的一种特定类型，依然无法逾越符号代码的本质要求，它是中性的，可以承担道德教化的角色，也可以成为传递邪恶的媒介。卢曼指出："和语言本身一样，代码仍然是抽象的，这是因为它没有确立一个顺序，按照这个顺序关于主题的沟通可以依次发生。此外，它不可能跟潜在主题周围的边界毫不相干。它界定可以在这种特殊代码范围内被研究的可能性主题的条件，并界定这个问题：即到什么范围，这种'可能性条件'同时取得一种调节的功能，给予沟通过程大致的方向。"① 道理很简单，语言可以用于交流，也可以用来撒谎，但它们均遵循相同的语法代码原则，如果说语言的内在目的完全是真诚交流，那它将无法完成其衍生功能——欺骗。再如货币，作为金钱代码，其内在目的预设是作为商品交换的价格形式，但是，随着证券市场以及其金融衍生品制度的泛滥创设，金钱代码已然逾越出其作为商品交换价格代码的内在目的，以金融衍生品制度为形式的虚拟经济滋生出自身的目的——数字化暴利。按照这种传媒中介理论，我们就可以解释：为什么有网络犯罪——数字化信息传导目的向非法目的和利益信息传导的衍生和异化；为什么时空不再是犯罪行为实施的障碍——先进的通信网络本身便虚拟了时空，快捷的交通形式作为媒介兼容于运送罪犯；为什么企

---

① ［德］卢曼：《权力》，瞿铁鹏译，上海世纪出版集团2005年版，第42页。

业犯罪——合法经营利润与不法经营利润都是利润并构成传媒中介的整合对象；至于金融犯罪，则更可以从货币哲学中获得答案——货币作为金钱的数字化代码经常挣扎着返回自身——数字化。之所以认定以上犯罪行为的风险性质，是基于风险社会理论一系列已然脍炙人口的断言命题：风险是一种主导现代性的控制逻辑的"未预料后果"；风险是"全球本土化的"；风险是知识和技术的产物；风险时代的生活方式也是风险的孕育和分配形式。

第三，风险社会阶段，犯罪借助先进和新型技术、多样化新型物品和材料、互联网、发达便捷的通信和交通工具实施，形态多样而诱惑力倍增的犯罪对象和犯罪机会构成了犯罪的充沛条件，提高了犯罪成功的概率，指数式地放大了犯罪能量、危害后果或危险状态，无疑也极大地提高了犯罪对个体和社会安全的风险程度。风险社会是一种多元化复杂性秩序。作为人化自然或自然化社会之现代性财富生产领域的诸多生产和经济行为，诸如污染环境、过度采矿、排放有毒有害气体、泛滥开发及非法征用土地、猎杀珍稀动物和滥采滥伐珍稀植物等犯罪行为的风险性，既是当代的，也是代际的，甚至是人类未来的永恒性风险。在此，复杂多元的风险社会关系秩序既构成犯罪环境，也成为激发、催生和助推多种犯罪产生的条件。美国著名犯罪学家埃德温·萨瑟兰指出："犯罪行为取决于两种因素的结合：一是适宜于犯罪的一切条件的存在，二是个人赋予这些条件存在的意义。"[1] 这一论断实际上揭示了犯罪产生的一个基本原理——客观条件（社会环境及其关系秩序性质）对犯罪产生的决定性意义和影响，犯罪也是社会条件的产物。按照这种原理，风险社会的复杂多元秩序关系，尤其是作为一种发达社会之构成因素的先进技术、新型材料、网络化以及财富生产的新兴领域和方式等，恰恰容易成为实施犯罪所借助的条件，或者将犯罪行为（关系）内敛其中并相伴而行，或者本身即为一种新型犯罪行为。首先，技术的发展既便利和促进某些犯罪目标的实现，也加大了犯罪能量和影响。技术只在理论范畴才是中性的，实践范畴中的技术则兼具积极和消极（有益和危害）双重属性。在犯罪学界看来，"一种知识或技术越是成熟、越是普及，其被用于犯罪的可能性也越高；同

---

[1]　Edwin H. Sutherland & Donald R. Cresey, Principles of Criminology, J. B. Lippincott Co., 1947, p. 60.

样，被犯罪所使用的知识或技术的等级越高，可能造成的社会危害就越大"。①
当前，在技术与犯罪的关系问题上，技术要么被运用于常规犯罪形态，要么
构成一种新型犯罪形态的核心要素。技术与常规犯罪形态的联姻，所激发和
升级的是犯罪能量、破坏力和危险程度。对于以新型技术作为构成要素的新
型犯罪形态而言，正是因为技术要素，其危险性程度势必已经体现出风险化
意涵。其次，异常丰富的财富产品、材料和新型财富形态，既倍加诱发犯罪
动机，也为实现犯罪目的提供了更多的可能性。一种因为犯罪对象的丰富性
而在一定程度上促就的内在更多犯罪的整体社会秩序，无疑也是一种风险秩
序。或许可以用"犯罪爆炸"这一概念描述当今时代的犯罪状况，不可否认
的是，人类的今天较之历史上的任何时期，也是一个犯罪更多的社会。最后，
信息网络技术的日益发达，为传统犯罪提供一种新的媒介、工具或方法，更
为新型犯罪提供实施空间，或以多种信息、数字编码形式制造大量新型犯罪。
信息传递的无形性、迅疾性和全球性特点，致使以计算机和网络媒介形式完
成或发生于网络虚拟世界中的犯罪可控性弱化，危险（危害）性加重，影响
范围扩大。

第四，技术对未知领域的执着冒险式探索，制度对日益多元复杂之社会
关系的确认，规制的偏差或缺漏的必然性，政策和决策对阶段性、局部性实
践行动方向和方式的误判和决断，导致技术行为、政策决策行为均以不同的
性质构成社会风险的重要来源，并且其中大量行为即犯罪行为或具备理论犯
罪学意义上的犯罪行为之本质。技术行为风险化并向犯罪化演变表现为两种
基本情形。其一，出于技术探索之目的而造成未曾预见的技术风险和威胁状
况。以转基因食品为例，转基因食品的技术优势是提高产量，解决粮食短缺
问题，增加食物种类。但是，人们至今无法确定或在以下问题上达成一致：
转基因食品是否存在损害人类健康的潜在危险？转基因作物对食物链和生态
环境是否会造成破坏性影响？以生命科技犯罪为例，有论者指出："生命科技
犯罪的本质在于对统治阶级生命伦理秩序的侵犯和挑战。"② 新技术的研究、
探索与应用，要么意味着对既有秩序的破坏，要么意味着对伦理规范的挑战，
这类破坏秩序和挑战伦理的技术探索在今天这个史无前例的时代无疑是层出

---

① 肖剑鸣等：《犯罪演化论》，北京大学出版社 2005 年版，第 229 页。
② 熊永明：《现代生命科技犯罪及其刑法规制》，法律出版社 2012 年版，第 47 页。

不穷和不断翻新的。其二，恶意运用技术实施犯罪行为或者滥用技术造成危险状况。当前，运用技术实施犯罪或者滥用技术造成风险性犯罪状态的问题尤为突出。以生命科技领域运用技术实施犯罪或滥用技术构成犯罪为考察对象，就存在诸如滥用基因技术、人类辅助生殖、非法获取人类器官和移植、非法人体试验、人类性别转换、非法生育控制等多种情形。以 DNA 技术为例，通过重组 DNA 技术，便有可能制造出危害人类的细菌、病毒、非人非兽、其他动植物等恶性物种。决策行为导致风险情势的原因大致包括两个类型：一是决策知识或技术的匮乏（或者是知识和技术的过剩而无法正确选择）；二是决策事项遭遇复杂性环境的骤变而无法按照预设目标实施运作或者造成非预期后果。不可否认的是，决策风险总是与知识、技术和专家紧密关联。

第五，恐怖主义并非仅以其特定恐怖事端的制造而向民众和国家宣示风险，恐怖主义意识形态的泛起、组织的发展以及制造恐怖行动的立场或倾向性本身就因循一种风险警示和威胁逻辑，恐怖主义本质上就具有风险状态生产和维续功能。恐怖主义的风险性首先表现在恐怖行动实施的时间、方式、目标和对象难以准确预测和防范，一种随时可能发生的暴力行动总是保持着危险随时降临的状态。其次，恐怖行动对国家、社会和民众所造成的稳定秩序和安全感的丧失和锐减，使社会和民众陷入一种更为混乱与不安的非正常状态之中。最后，某些将要发生或计划实施的恐怖行动宣告，对社会和民众而言，本身就是一种安全风险状态。传统的恐怖主义通常局限于没有建立国家的民族地区，其恐怖行动、恐怖威胁所制造的风险情势一般也局限于民族国家或特定地区，是地方性的。与传统恐怖主义所不同的是，当下恐怖主义（吉登斯称其为新式恐怖主义）"则具有全球性的企图，想要扭转世界权力的趋势"。这种新式恐怖主义在组织结构上，"是高度去中心化的。在各地方支部的层面上有高度的自主性，不一定需要来自中心的明确导向，就可以复制这些支部"。另外，"旧式恐怖主义的目标比较有限，因此所使用的暴力一般也比较有限。而新式恐怖主义就其预备使用的手段而言，似乎更为残酷"。[1] 可以断定的是，当下恐怖主义（新式恐

---

① ［英］安东尼·吉登斯：《社会学》（第五版），李康译，北京大学出版社 2009 年版，第 730~731 页。

怖主义）较之旧式恐怖主义的恐怖威胁等风险性更大。因为恐怖组织追求目标向世界权力和国际秩序的跨越演变，这种风险性在威胁地域范围上更广；因为恐怖组织在组织形式上的去中心化和弥散化，恐怖行动的多发性更高，恐怖组织的生命力更强；因为互联网等新型媒介、化学武器等新型武器以及更多先进技术成果设施目标的增多，恐怖行动的危害能量、袭击目标等急剧上升和扩大。以致可以认为，恐怖主义构成了风险社会的一个基本秩序维度。

五、激发机理：
风险社会中的犯罪原因

  贝克提出风险社会理论的切入点是生态环境与技术的关系，最初将风险界定为技术对环境的威胁，然后不断扩大演绎风险概念的适用范围，最终纳入反思现代性理论，从而使风险成为一个具有普遍性意义的反思社会学理论概念。按照贝克的经典定义，"风险可以被界定为系统地处理现代化自身引致的危险和不安全感的方式。风险，与早期的危险相对应，是现代化的威胁力量以及现代化引致的怀疑的全球化相关的一些后果"。[①] 主导现代社会发展的财富生产逻辑逐渐演变为一种风险生产逻辑。风险社会理论所直面的是现代化的后果，其理论旨趣在于深度追问为现代性精神所驱动的现代化、全球化进程对人类安全造成现实危害和潜在威胁的深层次原因。对这种深层次原因的追问的基本结论是，人类对社会条件和自然的深度干预。风险是人为的，是人类对社会发展不断推进和对自然环境进行全方位干预的一种秩序状态。按照吉登斯的看法，"人为风险是人类对社会生活条件和自然干预的结果。它带来的不确定（以及机会）在很大程度上是全新的。无法用旧的方法来解决这些问题，同时它们也不符合启蒙运动开列的知识越多、控制越强的药方。更准确地说，它们今天引发的各种反应常常既是破坏性控制和修补，也是控制不断增强的无尽过程"。[②] 今天，核风险、环境生态气候风险、化学产品风

  [①] ［德］乌尔里希·贝克：《风险社会》，何博闻译，译林出版社2004年版，第19页。

  [②] ［英］安东尼·吉登斯：《超越左与右——激进政治的未来》，李惠斌、杨雪冬译，社会科学文献出版社2003年版，第4页。

险、生物基因技术风险、金融风险、全球网络化风险等问题已经十分突出，它们完全不同于传统社会中自然风险和人为风险的性质，而是深度现代化和加速全球化进程的产物。

犯罪是一种社会行为，也是一种极端化的社会关系形态。现代理论犯罪学的基本结论就是，犯罪与社会秩序性质和文化形态密切关联。应当认为，现代理论犯罪学关于犯罪原因的解释对于风险社会中的犯罪而言，在一定层面和许多角度依然有效。如果说为"财富生产"逻辑所支配的工业现代化秩序中的诸多因素滋生和激发了犯罪的高发状态，那么，今天我们置身其中的这个风险社会不但没有完全悖逆或脱离现代化与犯罪之关系的基本支配逻辑，并且按照一种"自反性现代化"（reflexive modernization）路线增殖和衍生出一种新的支配逻辑——"风险生产"逻辑，这种"风险生产"逻辑以一种新的机理和动能对犯罪现象产生重大影响。实质上，风险社会作为现代化进程的一个"自反性"阶段，以上两种逻辑同时发生作用。因此，立足于工业现代化秩序性质之基础而创立的多种理论犯罪学学说关于风险社会阶段犯罪现象的解释依然具有一定的理论张力。不过，风险社会秩序与传统意义上的工业现代化秩序在性质上已经发生了重大嬗变，对风险社会秩序滋生和激发犯罪的机理进行探究，是本书的一项重要研究内容。客观上，风险社会作为一种以风险生产逻辑主导的新型社会秩序形态，与财富生产逻辑主导的传统现代化历程在根本性质上存在重大差异，因此，现有理论犯罪学关于犯罪原因的解释视域和根据，或需要扩张，或需要重构，或需要进一步演绎。以风险生产逻辑主导的风险社会秩序对犯罪现象的激发机理，我们需要深入探究并系统阐释。

犯罪因社会类型不同而变化，迪尔凯姆对此早有论说。不过，迪尔凯姆将犯罪变化的原因归结为社会变化所带来的法律和道德这类"集体感情"变化的结果——作为"集体感情"的法律和道德的过大改变所招致的能量强烈的反对——的论断，[①] 在今天看来，其显然简化了犯罪与法律和道德之间的复杂关系，也局限了催生犯罪现象之原因的多样性。现代社会中的犯罪原因极其复杂，社会现代化进程不但没有减少犯罪现象，甚至自 20 世纪 60 年代中

---

① ［法］埃米尔·迪尔凯姆：《社会学方法的规则》，胡伟译，华夏出版社 1999 年版，第 56 页。

期以后，犯罪现象日益严重，犯罪至今仍维持在高发状态。宣称现代化制造犯罪或引发高犯罪率的理论观点没有意义，因为除了部分自然犯罪可以按照近乎永恒的道德判断进行犯罪性评价外，大量犯罪均属于法定犯罪性质，犯罪化标准取决于新型社会的价值判断和规范性实践选择。因此，简单谈论现代社会相对于传统社会对犯罪的催生或抑制功效，因比较的对象和环境条件两个方面均过于复杂且表现得完全不同，从而很难得出令人信服的结论。

面对犯罪现象，正确的思维或许是，现代性精神或现代化进程的哪些因素或何种关系促成或制造犯罪从而造成犯罪高发态势？现代理论犯罪学致力于回答这个问题，但答案多样且争论不休。失范理论、冲突理论、理性选择理论、亚文化理论、标签理论、破窗理论等，均从不同视角对犯罪原因作出了相对完备的界说。其实，理论犯罪学完备性学说的多元性，本身就说明犯罪原因的复杂性，这种复杂性根本上是由现代社会关系秩序的性质所决定的。由于现代化的本质是关系的多元性和秩序的复杂性，从而在这种意义上，我们才可以说，现代社会也是一种犯罪高发的社会。不过，这样过早地下结论可能存在问题，因为现代化进程本身就是一种追求对自然进行改造以及对社会条件进行创造和控制的进程，对犯罪问题，按照现代化逻辑，就是社会控制。按照这种理论，现代社会中的犯罪高发态势，本来是可以通过社会控制逻辑予以遏制的，但是，一种反事实效果是，社会控制论并没有解决这个问题。对于这种现代主义路线下的社会控制论的根本问题所在，利奥塔尔的诊断可谓精到而深刻："如果承认社会是一个系统，那么对系统的控制就要求精细地确定它的初始状态，这种确定是无法实现的，所以这种控制不可能是有效的。"① 社会越是发达、多元和开放，构成社会系统的因素便越多，社会控制论便因其无法掌握全部、至少大部分决定性初始条件而越难实现其预定目标。

风险社会理论所揭示的深度现代性阶段的社会秩序表现出日益复杂的性质，这种复杂性本质是无法控制的，其后果则是如影随形的风险威胁。吉登斯指出："生活不可避免地会与危险相伴，这些威胁不仅远离个人的能力，而且也远离更大的团体甚至国家的控制；更有甚者，这些危险对千百万人乃至

---

① ［法］利奥塔尔：《后现代状态——关于知识的报告》，车槿山译，生活·读书·新知三联书店1997年版，第119页。

整个人类来说都可能是高强度的和威胁生命的……现在我们大家正在经历的全球性风险的巨大后果，是现代性脱离控制、难以驾驭的关键。"① 按照这种理论，风险社会的超复杂性秩序对犯罪的影响后果，是催生更多的新型犯罪，并且这些犯罪很难再按照传统型或常规性控制对策予以有效遏制。

（一）财富生产逻辑的普遍化和极限化，驱动和诱惑生产经营行为模式和对象的"风险性—犯罪性"选择

风险社会通过两种逻辑驱动，一是工业现代化的财富生产逻辑继续有效作用，二是财富生产逻辑在推进现代化进程不断深入的同时，一种"自反性现代化"效果开始逐步显现。在贝克看来，工业现代化是一种自主性现代化，但是，因决策所产生的风险不断增殖并被合法化；在风险社会阶段，社会决策依然按照工业现代化逻辑进行，但是，不断增殖自身的风险以一种潜在副作用的性能开始反向对抗现代化进程。贝克进而指出："风险社会不是政治争论中可以选择或拒斥的选项。它出现在对其自身的影响和威胁视而不见、充耳不闻的自主性现代化过程延续性中。后者暗中积累并产生威胁，对现代社会的根基产生异议并最终破坏现代社会的根基。"②

财富生产和利益追求的普遍化和极限化逻辑对犯罪的催生功效突出表现在以下几个方面。首先，部分生产经营行为模式与风险—犯罪行为模式之间已经无法严格划分界限。由于逐利驱动和竞争压力，生产经营行为要么在技术上彻底改进，要么完全选择新技术模式。生产技术的改进在一种"技术改进引发新的技术问题"的逻辑悖论中带来技术风险的新形态，新型技术的产生也意味着新型风险的形成，关于技术的技术的逻辑实际上也是一种风险增殖逻辑。经营模式的创新所带来的经常是一种缺乏规范性依据或介于合法与非法之间的状况，我国刑法上"非法经营罪"的设立正是对某些尚无法确定其经营模式的创新性与合规范性张力而保持的一种立罪开放型结构（当然也

---

① ［英］安东尼·吉登斯：《现代性的后果》，田禾译，译林出版社 2000 年版，第 115 页。

② ［德］乌尔里希·贝克：《再造政治：自反性现代化理论初探》，载［德］乌尔里希·贝克、［英］安东尼·吉登斯、［英］斯各特·拉什：《自反性现代化》，赵文书译，商务印书馆 2001 年版，第 9 页。

因其易受政策性、地方利益保护的绑架而备受诟病）。其次，受生产经营对象选择和资源发掘的"末世情结"驱动，大量攫取和资源耗竭性危害行为不断产生。土地、资本、劳动力等常规资源种类，在风险社会阶段不断成为非常规、极端化和耗竭性行为的攫取对象。继土地、资本、劳动力等传统资源相继被掠夺殆尽之后，信息又开始作为一种新的资源形态而成为生产经营的争夺对象。今天，当信息这种"消除不确定性的量"和"负熵"已经成为生产经营发掘和掠夺的资源之际，违反安全规范、威胁社会安全的生产经营行为大量产生，犯罪通过信息垄断、信息窃取、信息出售、信息不对称等方式实施，垄断生命安全和健康技术、窃取商业秘密、出售和非法提供个人或单位信息、封锁生产和产品安全信息等犯罪行为或应当犯罪化的行为，都是以信息这种新型资源（或许是人类的最后资源）为对象或媒介而实施的。就产品生产领域的安全信息封锁而言，信息犯罪的本质是不对称，凯斯·R.孙斯坦指出："信息不对称可能导致一个'柠檬'问题，那就是危险的产品将安全的产品逐出了市场。"[①] 需要指出的是，值此风险社会时代，信息尽管已经成为一种新型资源争夺对象，但是，对土地、资本、劳动力等传统资源的掠夺并非已经终结，而是表现为一种极限化掠夺和榨取方式：消费式征用最后的土地，以金融衍生品制度将货币和资本还原为数字本身，以及对劳动力的终身非连续性"脱技能化"掠夺。任何新型技术发明和任何新知识的生产，都将导致原有知识和技能的彻底无效，个人知识和技能的连续性增长和强化失去意义。再次，风险本身构成营利资源条件或通过转嫁风险责任或转移风险对象实现利益。孙斯坦指出，利益集团会通过多种形式将风险作为一种资源加以利用，某些公司会通过宣传对手产品的风险性以激起公众恐惧而实现自己的目的，一些说客会通过政府机构、新闻媒体、非营利性组织等部门转移人们的视线或牵引人们的目光投向某些方面而实现其利益目的。[②] 最后，风险生产者还经常转移风险对象，有毒化工企业向偏远落后地区转移已成趋势，或者，不断向新兴风险产业转战，通过规避法律或利用规范漏洞逃避法律规制

---

① ［美］凯斯·R.孙斯坦：《风险与理性——安全、法律及环境》，师帅译，中国政法大学出版社 2005 年版，第 322 页。

② ［美］凯斯·R.孙斯坦：《风险与理性——安全、法律及环境》，师帅译，中国政法大学出版社 2005 年版，第 113 页。

或转嫁风险责任。

（二）风险逻辑对犯罪原因的离散、分解、隐匿和现代社会的控制逻辑与机制无法触及引发或构成犯罪的全部因素

风险逻辑本质上是深度现代化的自反性（reflexivity），并在遭遇开放的、加速全球化和网络虚拟化的社会关系秩序中而增殖复杂性。自反性的强化和复杂性的加剧至少带来了三个问题。其一，行为选择模式和方案目标决策将涉及更多的关系领域，而恰当的行为选择和方案决策必须占有充分信息，但是，复杂性既是信息的泛滥，也是信息的匮乏，最终，没有单一的原因（信息）能够构成行为选择和目标决策的充分必要条件，行为决策恰恰依赖更多信息。在后现代秩序中，大量犯罪经常是因为情境差异而瞬间激发的，也经常为抽象型社会规范原因所牵引和诱发。药家鑫故意杀人没有诸如仇恨、图财之类的常态动因，交通肇事处罚制度、金钱赔偿数额、个人社会身份、独生子女的社会利害和道德认知结构，以及车牌号那个数字符号的可识别性社会控制功能……构成了复杂而抽象的犯罪原因。犯罪原因的构成因素多元化，没有单一的原因，多种复杂因素抽象性地激发了犯意。其二，现代性的工具理性话语逻辑（控制逻辑、主体—客体逻辑、技术理性逻辑）恰恰趋向于拒绝复杂性，所有意外事件的出现，必须被定义为既有逻辑所统摄或能够解释的一个偶然事件，这样，工业现代化逻辑在生产风险的同时，却又无法完全占有甚至排斥那些可能滋生风险的新信息，从而风险事件的发生尽管是生产逻辑的宿命后果，却又是意外的和突发的。在风险社会中，大量犯罪原因已经不可能清晰归因和精确列述。在抽象层面上，无论是社会宏观因素还是个体生理—心理因素，犯罪原因将是多元的。在直接的犯罪目的问题上，不再能够按照传统的主观意图逻辑进行追问，行为结果和实害经常是非预期的、意外的、潜在的、衍生的和无法计算的。其三，现代性秩序中，每一种社会控制模式均基于某种媒介（话语型）有效性前提假定，并且将控制者（施控者）——控制方法和条件（信息传导和反馈装置）——受控对象（受控者）的控制链条视为有效的控制模型。社会学家戴维·波普诺指出，犯罪社会控制理论假定，人是利己的和反社会的，人之所以犯罪，在于他认为以前社会未能教会其必要的行为约束和自我控制，社会控制理论并不认为社会中不同的群体对法律和道德有不同的理解，而是认为每一个人对法律和道德规范都

有着清晰的判断与利害观念，人能意识到自己的行为是否犯罪，社会控制理论还对社会阶层、经济地位和文化等环境因素作为犯罪成因的影响进行了否定，并在经验和实证层面得到了有力验证。① 然而，至后现代社会——风险社会，无论是作为社会控制模式的媒介有效性前提预设，还是作为控制模型装置本身的有效性假定，均发生了问题。始于 2011 年 8 月 6 日的英国骚乱事件，完全暴露了现代性思维逻辑中的社会控制的彻底失败。为什么如此多的民众走上街头集体抗法而烧、砸、抢、盗？英国《每日邮报》2011 年 8 月 11 日的一篇报道称，英国是世界上人均监控探头安装最多的国家，共计 420 万个，是中国人均安装探头的 1.5 倍（英国人口不足 6000 万），占全球探头安装总数的 20%，平均每 14 个英国人就摊到 1 个探头。据估计，英国民众每天被监视探头捕捉的次数为人均 300 次。② 然而，骚乱还是发生了，其暴力程度、破坏力和影响力均十分严重。按理说，英国是一个十分重视社会监控并且监控机制最为完善的国家，社会监控思想鼻祖边沁所发明的"全景敞视监狱"（panopticon），以及从这种罪犯监控建筑设计方案理论升华出的"全景敞视主义"（panopticism），在英国社会控制实践中深入骨髓。③ 英国不但是现代警察制度和现代警务理念的发源地，还是当代最新警务理念和模式——情报主导警务（Intelligence-Led Policing）的发源地，其犯罪社会控制从理念到技术装置系统均领先于世界，"国家情报模式"在该国已明文入法。④ 如此情境中，何以大量民众会在无数探头监控下烧、砸、抢、掠？具有反讽意味的是，监控录像何以最终沦为逮捕 3000 名暴徒的事后取证工具而无法成为防范、抑制犯罪发生的威慑力量？⑤ 边沁早就在理论上倡导将这种"全景敞视主义"在社会纪律训练的各类组织和环节推行，如兵营、学校和工厂等，以实现全景

① ［美］戴维·波普诺：《社会学》（第十一版），李强等译，中国人民大学出版社 2007 年版，第 240 页。

② 徐澄：《英探头总数是中国的 1.5 倍 每 78 个英国承认有 1 人被监视》，载 http：//qnck. cyol. com/content/2009-08/15/content_ 2806415. htm。

③ ［法］米歇尔·福柯：《规训与惩罚》，刘北成、杨远婴译，生活·读书·新知三联书店 1999 年版，第 224~228 页。

④ ［英］杰瑞·莱特克里菲：《情报主导警务》，崔嵩译，中国人民公安大学出版社 2010 年版，第 4 页。

⑤ 佚名：《英国警方公布闹事者照片 监控摄像头立功》，载 http://www.chinacom. cn/international.txt/2011-08/14/content_23206523.htm。

敞视式社会监控机制的"无所不在，时刻警醒，毫无时空的中断而遍布整个社会"。① 按照福柯的"规训"（punish）思想，这种"全景敞视主义"所带来的是一种"规训社会"，"这是一个从封闭的规训、某种社会'隔离区'扩展到一种无限普遍化的'全景敞视主义'机制的运动。其原因不在于权力的规训方式取代其他方式，而在于它渗透到其他方式中，有时是破坏后者，但它成为后者之间的中介，把它们联系起来，扩展了它们，尤其是使权力的效能能够抵达最细小、最偏僻的因素。它确保了权力关系细致入微的散布"。② 其实，一种有效的社会监控不可能仅仅通过监控者—监控器—监控对象之间的直线式结构完成，必须将监控装置扩散、推广到社会关系的任何环节，并且监控者与被监控者之间、被监控者相互之间必须形成一种信息互馈的"主体间性"（intersubjectivity）关系。然而，在无限复杂的风险秩序时代，仅仅将社会控制目标期待于监控探头之上，其功能无疑只是"全景敞视主义"的最原始部分。这种仅仅依赖监视探头的犯罪控制装置的根本欠缺，在于它没有将"全景敞视主义"全面而深刻地予以贯彻。在福柯看来，物理性、机械化的"全景敞视"式监控的根本缺陷，在于它误判了权力的作用结构，对权力进行了一种等级化、炫耀式——上层控制下层——的预设，福柯指出："权力关系不是在人群的上方，而是在其结构之中恰当地与这些人群的其他功能衔接……与之相适应的是匿名的权力手段。这些手段涵盖了整个人群。它们作为等级监视手段，严密地不断进行登记、评估和分类。总之，用一种秘密地把自己的对象客观化的权力取代那种表现在权力行使者的显赫之中的权力；形成一套关于这些人的个人知识体系，而不是调动展示君权的炫耀符号。"③ 监控探头所监视的是暴徒街头行为，在诸如家庭教育、学校教育、社区管制、特定人群管教、黑帮控制、就业帮助、福利管理等一系列监控"规训"环节均缺乏相应"探头"装置的情况下，尤其是在一个社会严重不公、社会底层与上层分化、社会碎片化和价值多元化日渐严重的环境中，复杂性、多层次

① ［法］米歇尔·福柯：《规训与惩罚》，刘北成、杨远婴译，生活·读书·新知三联书店1999年版，第234~235页。

② ［法］米歇尔·福柯：《规训与惩罚》，刘北成、杨远婴译，生活·读书·新知三联书店1999年版，第242页。

③ ［法］米歇尔·福柯：《规训与惩罚》，刘北成、杨远婴译，生活·读书·新知三联书店1999年版，第246~247页。

社会情境所需要的，是无数性质各异的多形式监控"探头"，电子探头的具象性与多元化社会情境的抽象性之间显然无法链接。吉登斯早就鲜明地指出："只有在个人自由权利与社会公正相结合的社会，才有可能实现好的结果。在这种社会秩序中，不平等状况并不悬殊，所有人都有机会过上充实而满意的生活。如果自由和平等之间并未取得平衡，如果许多人发现自己的生活远未达到自我实现的程度，越轨行为就可能朝破坏社会的方向发展。"① 显然，监控探头作为一种物理仪器无法摄取社会公正这个抽象性世界中的任何"影像"，除了要为风险逻辑所加剧的社会不公找寻抑制乃至根除路径，也应当对民众的"规训"方法寻求一种全新的系统方案。

（三）风险社会的脱域机制或以时空虚拟、穿越、浓缩方式扩大犯罪后果，或以行为规范资源缺场、枯竭状态放纵危害性行为

犯罪的危害性和危险性取决于构成犯罪事件若干核心要素：时间、空间、行为、方法、技术和对象。吉登斯使用了"脱域"概念（disembeding），用于描述现代社会中行为与情境之作用关系以及由此引发的后果之性质，并将其界定为现代秩序（风险秩序）之基本动力机制。"所谓脱域，我指的是社会关系从彼此互动的地域性关联中，从通过对不确定的时间的无限穿越而被重构的关联中'脱离出来'。"② "脱域"概念本质上是指现代社会中个体行为与环境、事件或后果的时空关系。在前现代社会，行为与环境、事件或后果的关系通常表现为行为（包括行为人）与"现场"（scene）的共时和同步状态，作为社会生活的地域性活动受"在场"（presence）机制支配，行为及其后果都是"在场"的。随着现代性的深度演绎，社会生活逐渐受"缺场"（absence）机制支配，行为与现场、后果分离，时间与空间分离。③ "脱域"理论揭示了现代社会，尤其是后工业社会（后现代社会）中行为与事件、现

① ［英］安东尼·吉登斯：《社会学》（第五版），李康译，北京大学出版社 2009 年版，第 688 页。

② ［英］安东尼·吉登斯：《现代性的后果》，田禾译，译林出版社 2000 年版，第 18 页。

③ ［英］安东尼·吉登斯：《现代性的后果》，田禾译，译林出版社 2000 年版，第 16 页。

场、对象和结果之间的时空隔离和抽象关系，意味着行为与现场、对象和结果之间并不必然存在直观而在场的作用方式与因果关系。造成现代性关系之脱域性质日益深化的根本原因，在于科技进步所带来的交通、通信、网络等技术的发展以及社会分化的加速。全球化进程及其制度建构既内在要求也有力地助长了脱域机制的深度演化，尤其是互联网时代的到来，既压缩了时间，也虚拟了空间。在前现代社会中，犯罪行为、现场、对象和结果通常发生于特定的地域性范围，凝固于确定的时空结构。风险秩序改变了传统犯罪和自然犯罪的时空结构，也加剧了犯罪的危害性后果，个体化的行为经常以"脱域"机制完成并具有"脱域性"影响，这种"脱域性"影响既表现在犯罪后果不仅仅局限于限定的时空范围和特定犯罪对象，也表现在犯罪行为在时间和空间上的错位以及抽象性方面。一个在传统意义上被理解为地域性的特定犯罪，在风险社会、后现代秩序中，经常远离犯罪对象或者犯罪结果发生地，也经常超越地域性影响，甚至具有全球性意涵。今天，毒奶粉生产者与被害人从未照面；电信诈骗犯罪通过使用任意显号软件、VOIP 电话等技术，电话号码显示是国内某个单位而诈骗犯却身在国外；多人在不同国家的多个电脑终端同时参与网络赌博，网络犯罪匿名化；"9·11"恐怖袭击景象如同身临其境；挪威枪击案让全球几乎同时感受到欧洲极右势力的危险性……诸如此类的犯罪现象，无不证明"脱域性"已经成为驱动或制造犯罪事件的一种显著因素。

关于风险社会中犯罪行为与后果的脱域性质，除了要对犯罪现象在物理时空向度予以认识，还应当从社会——规范向度进行判断和阐释。弗朗西斯·福山将犯罪与一种被其称作"社会资本"的条件因素进行了关联性研究，所谓"社会资本"，福山将其定义为："一个群体成员共有的一套非正式的、允许他们之间进行合作的价值观或准则。"[①] 福山所指的"社会资本"，并非刑法之类的法律规范，而是一类促进合作行为的非正式规范，犯罪就是对社区道德准则和社区规范的违背与反叛；或者，作为"社会资本"的规范资源，在一个个危害性行为发生的场合，却表现出缺场或匮乏状况。有关犯罪学实证研究资料显示，在美国，盗窃、抢劫等犯罪在传统社区的发案率低于新建

---

① ［美］弗朗西斯·福山：《大分裂：人类本性与社会秩序的重建》，刘榜离等译，中国社会科学出版社 2002 年版，第 18 页。

社区的发案率，这说明，犯罪与社区的结构和性质密切相关。社区结构和性质不仅要从建筑物结构、安全设施、社区区域位置等方面加以认识，还应当从社区居民成员层次以及素质、社区居民的价值观以及相互关系、社区文化等抽象性维度加以理解。风险社会的脱域机制在社区结构的抽象性维度上的突出表现，在于这种社区中个体与社区的疏离性和割裂化，制造出一种陌生人社会或社区效应，人与人之间的信任度逐渐降低，共享的价值准则和社区伦理规范逐渐消失，不同社区在成员价值观、社区文化等方面表现出极大的差异性和多样性。社区的多层分化和离散，导致社区规范性资源既极为丰富，却又是千差万别且相互区隔分裂，恰恰因社区规范资源的多元分化颠覆和解构了社区规范资源的一统性、显明性和有效性。社区规范资源的这种多元分化状况，决定了特定犯罪行为相对于各类社区规范资源而言，是游离而脱域的。外来人口犯罪就是犯罪行为脱域于社区资源的一个典型注解。外来人口犯罪既有社会不平等、机会不平等、财富悬殊化以及犯罪个体的特定原因等方面因素，更在于外来人口与其所临时介入的社会规范资源之间没有关联而完全脱域。不断自我加速是现代化的一种固有性征，也是造成规范资源脱域或缺场的原因。

（四）现代制度向制度自身的不断回归对白领犯罪、企业犯罪和职业（职务）犯罪①的孕育和豢养

现代制度在保持追求社会公平正义、保障个人自由和权利、利益等外在目的的同时，也渐渐表现出一种追求发挥制度本身价值的内在价值而不断内向异化的趋势，日益为制度主体的自身目的实现和利益追求服务，也日益为科技的不断科技化自我价值实现的意义追求所挟持。总之，深度现代性阶段的制度正在向制度本身还原。可以将现代制度的这种演化趋向界定为自我服务或内向回馈。当前，即便是以社会公平和正义为设计目标的大量制度，也无法避免沦为一部分人财富追求目标的辅助设施，沦为职业性犯罪的自我服务器和合法保护色。熊彼特就有"经济模式是逻辑的母体"的著名论断，他把资本主义界定为一个"按照纯粹经济的模型"塑造出来的社会，"它的地

---

① 此处的职业犯罪非指以犯罪为业及犯罪的职业（专业）化，而是指某些合法性社会职业（如某些科技职业、证券行业）异化为犯罪职业或其间犯罪高发。

基、桥梁和瞭望台完全是用经济材料做成的"。① 按照哲学媒介理论，货币、权力、真理、科学技术、信息和网络技术等媒介，均为一类"普遍化的交往媒介"（general communicative media），② 这类普遍化交往媒介既是社会交往行为的中介，也是制度系统构成的一种话语范式。如果说制度构成了行为的语法，那么，普遍化交往媒介则又是制度本身的语法。普遍化交往媒介的一个根本性能在于，它使主体对客观自然世界和社会生活世界的介入方式不再是直接的，"它表达了一个传媒本体论观点以及传媒之间的关系，即我们主体不是与任何'物自体'打交道，而是只跟传媒发生关系，而传媒之间完全是自成体系、内部循环的，即一种传媒不断为另一种更一般化的传媒所差别化和内在化"。③ 现代性是加速生产和不断分化各类普遍化交往媒介的母体和动力之源，货币、权力、科学技术、信息等普遍化传媒统摄了社会关系的主要领域和制度体系的各主要构成方面，尤为重要的是，普遍化交往传媒承担了传递特定交往领域（社会行为领域）的信息传递功能。卢曼指出："交往媒介的功能在于传播简化的复杂性。"④

在普遍化交往媒介理论上追问现代制度对犯罪的滋生、保护和豢养之功效，首先，要认清作为交往媒介的现代制度的自我服务性质。类似于某种方言的动听美妙，只有当每一个交流言语或表演言语越是地道标准，其悦耳美感才越能发挥得淋漓尽致。在此，发音和语句技巧不再追求对其所表述对象之意义的准确性，而是说话本身。现代制度日渐显现出这种性质和演化趋势。以现代科技制度为例，尤其是科技制度中的技术规则，它是科技领域的核心交往媒介。通常认为，科技的目标在于探索未知，科学的生命在于无条件地

---

① ［美］熊彼特：《资本主义、社会主义和民主主义》，绛枫译，商务印书馆 1979 年版，第 154、192 页。

② 所谓"普遍化交往媒介"，笔者以为，它本质上是一种话语系统。在话语系统上理解"普遍化交往媒介"，意味着它是某些社会行为有效性的前提预设和统一语法，它的功能在于为同类社会关系和相应行为的有效性提供保证，也整合同类关系和行为而形成一种稳定系统。参见［德］卢曼：《权力》，瞿铁鹏译，上海世纪出版集团 2005 年版，第 4 页。

③ 孙和平：《"风险社会"的传媒哲学阐释——兼论"应急响应机制"的新传媒视域》，载《哲学研究》2009 年第 4 期。

④ ［德］卢曼：《权力》，瞿铁鹏译，上海世纪出版集团 2005 年版，第 12 页。

追求真理，思想与学术自由等构成了现代科技制度的主导理念和话语前提预设，也是一种"科技中性论"和"价值无涉论"论调。这种技术工具论立论认为技术是中性的，技术的价值取决于应用技术的主体和目的，与技术本身无关，因此技术研究与技术应用应当隔离，技术研究不在政策和法律规制的范围。这种技术工具论立论的制度后果，一是促成技术规制的终端责任制——法律只规定产品责任——的诞生；二是法律对技术秘密进行保护——以甘冒风险态度（如健康技术）掩盖技术真相；三是异化为政治—权威技术和专家按照技术利益和自身利益垄断技术政策与技术决策。① 然而，在这类理念主导下的现代科技制度所带来的除了如愿以偿的科技成就外，还有诸如核污染事件、有毒化工产业大范围环境污染事件、不可逆生命基因技术对生命进化进程的破坏和威胁等非预期后果。更为严重的是，科技活动还内生甚至诱发出学术造假、学术剽窃、捏造数据等丑闻。因此，当代科技哲学家法伊尔阿本德说："科学获得了至上的统治权是因为它过去的一些成功导致了一些防止对手东山再起的制度上的措施。简言之，科学今天的优势并不是因为它的相对优点，而是因为情况被操纵得有利于它，这样说没有什么不对。"② 科技渐渐自我内在化并只追求自身的目的而发展演化，是一个危险的趋势，也是风险源的主要制造者之一。法律对技术研究不但不作限制性规制，其无涉思想自由和技术创新一直被定位为一种价值信条，甚至通过法律和政策对技术研究的自主性、不受干涉和自由探索加以保护，几乎所有国家有关技术研究和发展的政策与法律都是促进性、保障性的。然而，现代科技的发展所呈现出的一个基本状况是，技术研究和技术应用的交替性与同步式状态，技术研究与技术应用两者之间并不存在绝对清晰的先后次序或阶段区隔，研究本身即被应用着或应用本身便正处于研究状态。问题的关键在于，即便技术探索研究应当是自由的，技术应用却不只是创造成果，它也经常酿成灾难。

其次，普遍化交往媒介的传递功能最终将以极限化方式进行发挥，一旦这种功能的极限化发挥受阻，即因为普遍化交往媒介在不断遭遇差异性、偶

---

① 刘铁光：《风险社会中技术规范基础的范式转换》，载《现代法学》2011 年第 4 期。

② ［美］法伊尔阿本德：《自由社会中的科学》，兰征译，上海译文出版社 2005 年版，第 124 页。

然性事件而导致交往行为所依赖的信息受阻，人们将放弃对普遍化交往媒介的信赖和遵守，风险事件将骤然突发——骆驼因最后一根稻草而被压垮。风险事件以及作为风险事件的犯罪事件的突发，与作为现代性所培育并不断增殖的普遍化交往传媒之信息传递功能的极限化发挥之间存在必然联系。无论在直观视角还是抽象层面，大量犯罪总是与利益关联，这种关联性在人类历史上一贯如此。不过，直到现代社会，恰恰是现代制度的完备性——作为一类交往媒介的自主化装置及其与其他媒介之间日益强化的壁垒之故，犯罪逐渐嬗变为一类预期性风险事件并随时突发。现代制度体系不仅是针对特定交往预期或实现外在目的规范性架构，对这类制度规范的遵循本身也是一种目的（价值）——内在目的（价值）。然而，现代化进程对财富生产逻辑的过分依赖，决定了货币这种普遍化交往媒介几乎统摄了所有现代社会交往领域和制度系统，所有制度类型——甚至像权力、科学等一般化传媒——几乎都成为货币媒介的特定语法。这种以货币作为一切现代普遍化媒介的最终结果表现为多种形态。以金融犯罪为例，金融制度作为一种中介货币行为的主要交往媒介，随着现代化进程的深入，渐渐不再仅仅追求其外在价值——充当商品等价物的货币的管理与资本的储备、投放和回笼，而是将追求目标反向内化为服务自身：金融制度只为金融本身的目的——资本的内循环和自我增值，并产生出一种作为虚拟资本运作制度的金融衍生品制度。近年来，金融危机的爆发，根本上就是美国金融衍生品制度泛滥和自我服务的一个结果。当所有的金融衍生品均已沦为疯狂赚钱的机器，某些偶然性事件阻塞了国际投行对金融衍生制度的判断，抛空各类权证、期货、股指期货和股票所带来的结果必然是金融体系的混乱乃至崩溃。2015年中国股市的连续暴跌，与某些利益集团利用我国股指期货的制度漏洞疯狂作空股指期货获取高额利润存在重要关联，以致管理层于2015年7月6日出台限制期货交易量政策。以职务犯罪（白领犯罪）为例，作为履行公务、执行法律以及具有较高社会地位和身份的人员，他们的犯罪行为本来不应该与其所置身其中的制度系统相关联，因为在犯罪社会阶层论视域中，犯罪本应是社会下层的专利，并非权势阶层的选择。1939年，萨瑟兰在美国社会学协会年会上首次提出了"白领犯罪"概念并将其界定为"由具有体面身份和较高社会地位的人在其职业活动中实施的犯罪行为"，① 这种定义本身就内在犯罪本为下层阶级专利的潜台词。国家法律、职业伦理规范以及身份荣誉的社会期待等，本来应该构成其行为选择模式，然而，由于货币（金钱）在现代社会越来越成为一切制度（包括法律和职业伦理规范）的普遍化媒介。官员、企业家、银行家、社会名流等对约束自身行为之职业规范之本质的深入洞悉，逐渐使他们成为职业规范的"内奸"，职业规范不再成为一类行为准则，而成为一类遭受怀疑、阳奉阴违甚至反面利用的对象，对职业规范的本质洞悉反向构成了职务犯罪、白领犯罪的职业犯罪技术素质。齐格蒙特·鲍曼指出："'高层'的违法行为是很难从日常'普通'的公司交易这一密集网络中厘清区分的。""界定不清的'高层'犯罪还很难侦破。这些犯罪人多半是圈内的人。他们沆瀣一气，相互勾结，定下攻守同盟，往往极尽能事对潜在的告密者采取盯梢、封嘴或灭口的措施。要侦破这些犯罪行为，就必须具有极高的法律和金融素养。而局外人，尤其是未受训练的外行，简直是无法识破。"② 在 2008 年金融危机中，那些华尔街金融专家本来应当运用自己掌握的金融专业理论、知识乃至别人无法获取的金融信息为防范金融风险、稳定金融市场服务，但是，这些金融专家尽管拥有有关金融机构和金融产品的信息优势，本来应当向市场提供真实的信用评级和提示风险信息，却在利益驱动下给予一些次级债券较高的信用评级，从而向市场传达了错误虚假的风险信息，助推了危机的爆发。但是，这些金融专家却并未因此担责，抗辩法律追责的理由居然是那个满世界涂抹的"言论自由"。③ 官员为什么腐败？政法委书记为什么受贿？学术为什么造假？企业家为什么造假账？银行官员为什么挪用、侵占巨额资金？并非仅仅是制度缺陷问题，或是个人道德沉沦问题。问题的根本所在，是货币已经成为一切制度的普遍化媒介，并向数字本身还原。另外，制度本身的过于完善也是一个需要深刻追问的问题。一种以货币为中介的制度体系由于过于完善，以致不再兼容偶然性信息，已然成为一种利益和财富，是遮羞布、挡箭牌和保护

① ［美］E. H. 萨瑟兰：《白领犯罪》，赵宝成等译，中国大百科全书出版社 2008 年版，第 7 页。

② ［英］齐格蒙特·鲍曼：《现代化——人类的后果》，郭国良、徐建华译，商务印书馆 2001 年版，第 120 页。

③ 管斌：《金融法的风险逻辑》，法律出版社 2015 年版，第 40~41 页。

色。以企业犯罪为例，利用职务进行犯罪，如买空卖空、假报资产负债表、操纵股票市场、贪污、诈骗、诈取、受贿、偷交漏交个人所得税、出卖经济情报、污染环境等，企业经营行为与犯罪行为已然浑然一体。现代公司制度确定了公司的有限责任，然而，这种制度的完备性和责任的有限性，致使现代公司制度最终向制度本身还原，公司制度嬗变为一种非法经营的资源和利用条件。对于 2008 年以来爆发金融危机的原因，美国犯罪学者亨利·N. 蓬特尔等人，在强调了金融政策的缺陷、违法行为、贪婪、极端不负责任以及民众的集体性无知等因素以外，进一步指出了以麦道夫旁氏诈骗以及美国国际集团、雷曼兄弟公司和贝尔斯登公司等金融大鳄之行为的制度实质："这些公司的资产负债表充斥着含有次级房贷的暴跌证券，都被它们的竞争对手购得，或者是被联邦政府用纳税人的巨额资金保释出来。对于绝大多数观望者来说，这些公司的行为代表了错综复杂的、晦涩难懂的商业惯例，这种商业惯例很难被人理解并用音符表现出来——因此，这些行为的犯罪内容很容易被人忽视。"① 现代制度的完善程度通过系统性、专业性、复杂性和多样性表现出来，它使局外人和非专业人士无法了解其内容和性质，无法判断业内人之行为的合法与犯罪界限。对业内人士而言，这种完善性制度构成了一种类似于胶囊外壳的保护层，它们充分利用制度与外部环境的隔离和绝缘功能，专业化地实施表面合法而实质犯罪的行为。以我国金融立法所规定的责任制度为例，无论是《中国银行法》、《银行业监督管理法》、《保险法》还是《证券法》，有关责任承担的规定，基本上都表现为以行政责任为主、以刑事责任和民事责任为辅，刑事法律很少作为追究金融、证券和保险机构法律责任的路径，而且有关民事责任的规定基本上都要求相对方（利益受损方、诉求方）承担举证责任。但是，对于专业性很强的金融行为和制度，相对方通常都是无力承担举证责任的。②

---

① ［美］亨利·N. 蓬特尔、威廉·K. 布莱克、吉尔伯特·盖斯：《忽视极端的犯罪率：理论、实践及全球经济崩溃》，蔡雅奇译，载《中国刑事法杂志》2011 年第 1 期。
② 管斌：《金融法的风险逻辑》，法律出版社 2015 年版，第 38 页。

（五）技术风险在环境（生态）、公共安全和健康领域的犯罪性潜伏

科学和技术构成了现代社会另一种普遍化交往媒介，并成为世界图像的构造者，是人化自然的动力源。本来，科学和技术根本上是按照一种因果逻辑和实验方法进行假说、验证、发现以及对自然世界发生作用。科学和技术的发展驱动力并不仅仅源自研究和发现的乐趣，至现代化阶段，探究和改造世界和实现财富越来越成为其重要目的。科学和技术自认为是遵循因果逻辑的，而且追求理论与实践相结合。另外，承诺了真理并在事实上彻底改造了自然的科学研究与技术探索也被赋予了思想和学术自由的社会特权。然而，科学与技术共同体规范深度演化和自我演绎的结果，首先表现为科学和技术不再仅仅满足于理论与实在一致的最初目标，"如今，科学在超实在论与虚构性之间摇摆不定。一方面，科学坚持一种极端的实在论，即理论与实在相适应，遵循科学上参照准确化的传统要求。另一方面，科学日益为模拟方法服务，日益虚拟化。理论不再是被发现的，而是被假设、构造出来的……虚构的因素，发现新模型的因素，以及科研共同体对假设环节的坚持，起着越来越重要的作用。"① 这意味着，科学的假设和论证过程以及技术的发现与运用过程已然不再是一种纯粹的理论——实在关系结构，科学和技术已经经常假设和虚拟其对象，所谓的实在也已经不再是一种自然意义上的实在，科学和技术的模型假定与建构已经经常不再依据或意向客观"自然"，相反，"自然"已经成为"人造自然"或"次级自然"，它们是科学和技术的产物，又构成了科技的新的对象。② 其次，当科学与技术依然求助于因果逻辑和严格验证进行合法性辩护之际，由于作为对象——自然——的人造性质以及科技自身模型假定与建构的虚拟性和想象力，导致的结果恰恰是风险的增加。贝克指出："参照科学精确性的标准，可能被判定为风险的范围被减到最小，风险

---

① ［德］彼得·科斯洛夫斯基：《后现代文化：技术发展的社会文化后果》，毛怡红译，中央编译出版社 1999 年版，第 44~45 页。

② 吉登斯指出："人化环境或'社会化自然'这一范畴，指的是人类与物质环境之间的变化了的关系的性质。根据这个范畴，各种生态危险产生于人类知识体系所引起的自然变化。"［英］安东尼·吉登斯：《现代性的后果》，田禾译，译林出版社 2000 年版，第111 页。

经过科学的特许暗中在增加。坦率地说，坚持科学分析的纯洁性导致对空气、食物、水体、土壤、植物、动物和人的污染。我们因而得出一个结论，在严格的科学实践与其助长和容忍的对生活的威胁之间，存在一种隐秘关系。"①按照科学和技术的自身立场和标准，它们只依据因果逻辑和严格证明而不承诺承担任何自然和社会后果，然而，"自然"已经成为"人造次级自然"，"社会"也以成为"自然"的构成要素，在后工业时代，"自然"与"社会"的浑然一体，以致不再存在纯粹而可以不负责任的科技，科技甚至已经成为以因果逻辑、严格验证、抽象模型和精确数字掩盖下的政治、伦理、经济和法律实践的一个构成部分，从而使科技行为经常突变为一种风险事件。最后，科学研究自由的自我合法化和深度自我演绎，要么面对着限制性伦理规范的阙如，要么回避既有伦理的约束，致使众多科技行为和成果内在无限风险。转基因食品是否危及健康？人类胚胎是否可以克隆？核电技术怎样承诺公共安全？垃圾发电的废气排放标准是否合理？疫苗的后遗症如何确保避免？巨型水电站建设是否破坏生态？病毒实验与大规模疾病传播有无关联？越是先进的网络技术是否意味着越容易获取个人信息？……在风险社会中，我们越来越依赖于技术及其产品，对技术及其产品的日益依赖，却又无法控制甚至判断技术及其产品的性能和后果，甚至技术的标准能否确立、产品的性能后果能否界定都成了难题。"疯牛病的案例凸显了贝克最强有力的观点：在风险社会中，迫于我们对后果概念化的集体无能为力，对概率的计算已经坍塌。英国政府征召的科学家不能估计出食用可能感染疯牛病的牛肉导致克雅氏病的确切概率。"②诸如此类的问题，几乎都不在犯罪化和刑法规制的范围，但是一旦这类科技行为和工程技术真正酿成了严重危害后果，其犯罪性无须争辩，但无法归责。以化工产品为例，我们已经意识到，将大量化学合成物投向或排入自然环境，很可能会给我们自身和我们的下一代带来危险。许多化学合成物似乎并没有危害，但是我们暂时并没有足够方法保证化学合成物的

---

① [德] 乌尔里希·贝克：《风险社会》，何博闻译，译林出版社2004年版，第73页。

② [英] 约斯特·房·龙：《人工智能复制时代的虚拟风险》，载 [英] 芭芭拉·亚当、[德] 乌尔里希·贝克、[英] 约斯特·房·龙：《风险社会及其超越：社会学理论的关键议题》，赵延东、马缨等译，北京出版社2005年版，第264页。

永久安全性，即使那些常用的化工产品，以氟利昂（CFC）为例，使用了 50 年以后，我们最终确定这种化合物破坏了臭氧层。某些激素干扰化合物在被使用 20 年以后，人们才发现它们对人体健康所潜伏的危害性。化合物的这种风险逻辑表面上是一种时间差潜伏性逻辑，深究下去，根本上则是科技本性与生命、自然系统之间的理解鸿沟。我们可以也应该发展技术，但是，我们无法协同解决科技本性认识与自然、生命系统理解之间的差距和契合关系。

在风险社会阶段，科技行为及其成果正不断遭遇这种选择，一方面，科技继续进行以统计数据和实验结论为根据的合法性辩护；另一方面，限制科技行为的伦理规范资源渐渐枯竭，无法评价、导引和限制科技行为。对于高举学术自由旗号的科学家和工程师而言，他们甚至要求伦理必须适应科学并为其让道，那些法学家、社会学家和伦理学家则苍白无力地主张："学术并非只是真理的探求与资讯的传布，其所有的作为和不作为，均对共同事务负有道德—政治上的责任。"[①] 但是，这种责任的根据也只能诉诸生命健康、环境安全、现存秩序和人类尊严这类抽象辞藻。用考夫曼的话说，科技正在也需要冒险行事。贝克则认为，科技及专家共同体正在有组织地不负责任。这样，科技共同体游戏规则的不断自行演绎和增殖，导致它经常与作为"自然"的实在无关联，以严格的试验标准和数据按照计算概率将偶然性风险排除在外，并在不受伦理约束的放逐中，制造着一个个内在犯罪性的危害风险事件。

---

① ［德］阿图尔·考夫曼：《法律哲学》，刘幸义等译，法律出版社 2004 年版，第 435 页。

六、犯罪态势：
风险社会中的犯罪趋向

风险社会阶段，刑事犯罪呈现出以下态势和趋向：

（一）现代性脱域机制不断加剧犯罪的危险性（危害性）和影响力

吉登斯用"脱域"（disembeding）概念表达风险社会的秩序性质，在这种秩序中，"社会关系从彼此互动的地域性关联中，从通过对不确定的时间的无限穿越而被重构的关联中'脱离出来'"。① 脱域本质上是一种把社会关系从具体情境中分离出来的机制，它或者表现为个体行为的影响超越地域限制而经常具有更为宽阔的空间意义乃至全球影响，或者表现为风险威胁与实害经常不限于特定个体而具有普遍性和广泛性。犯罪的危险性、危害性程度决定于构成犯罪事件系统的多种因素，如犯罪方法选择、犯罪知识运用、犯罪工具选择、犯罪对象选择、犯罪实施场所（物理空间或网络虚拟空间）选择等，或者它们的交互结合。在风险社会阶段，知识呈现出指数式增长和爆炸状态，技术工具和商品的丰富程度无以复加，社会关系领域的多元化和复杂性前所未有，先进、快速的交通工具和通信工具突破了人类行为的地域性限制，互联网为人类提供了一种新型虚拟实在世界中的生活，全球化秩序中的人类活动突破了民族国家的疆界限制。这些现代化成就和关系秩序，既是风险社会阶段人类存在的一种条件和状态，也是犯罪所借助的条件或附着其上的一种

① ［英］安东尼·吉登斯：《现代性的后果》，田禾译，译林出版社2000年版，第18页。

关系秩序，它们作为犯罪条件、犯罪作用方式或作用对象，实质为现代社会中的一类脱域机制要素或为脱域机制本身。在风险社会阶段，大量犯罪通过脱域机制产生危及社会、国家乃至全球性的危害或风险。

不必以"9·11"事件说明这种风险社会中的犯罪危害性质及其影响力，就我国近年来发生的毒奶粉、瘦肉精、地沟油、校园袭击、集资诈骗、电信诈骗、非法侵入计算机系统、利用网络非法吸收公众存款和集资诈骗等案件而言，或者在危害对象上表现出脱域性，或者在犯罪意图与侵害对象的因果关联性上表现出脱域性，或者在犯罪方法上表现出脱域性，或者在案件与案件之间的关联性上表现出脱域性。再如，环境污染案件（如铬渣非法堆放），其脱域性不只在地域性意义上予以表现，也在代际安全和正义意义上延伸。尤为突出的一个脱域化犯罪现象是网络犯罪，有论者指出："网络的超时空特性使网络犯罪不再受制于时间、地点，网络空间的超时空性也使网络犯罪具有无限延展的可能性，进而犯罪的社会危害性在理论上能够无限传导和复制下去，一个微不足道的举动就可能在瞬间释放出巨大的危害能量。"① 将网络作为一种犯罪媒介或者把网络本身作为一种犯罪对象，其穿越时空并积聚和迸发巨大犯罪能量的特征，无疑是风险社会中犯罪脱域化征象的一个典型形态和突出问题。② 犯罪以脱域机制实施所带来的是犯罪危险性程度或危害性后果的加剧，脱域机制是犯罪能量的一个加权系数。另外，脱域机制还以一种心理形式——犯罪风险或安全风险意识——强化了犯罪影响，按照吉登斯的看法，脱域机制不但改变风险的客观分配，而且"改变风险的经验或对风险观念的理解"。③ 风险（犯罪）不但是一种危及安全的预期，也是人们理解和处理风险（犯罪）的一种态度和方式。"安全感"概念不只是一个学术理论

---

① 于志刚：《网络犯罪与中国刑法应对》，载《中国社会科学》2010年第3期。

② 以震惊全国的"e租宝"非法吸收公众存款和集资诈骗犯罪案件为例，"e租宝"全称为"金易融（北京）网络科技有限公司"，是钰诚集团全资子公司，注册资本金1亿元，自2014年7月上线，平台主打A2P的模式，6款产品都是融资租赁债权转让，预期年化收益率在9.0%到14.2%之间不等，期限分为3个月、6个月和12个月，赎回方式分T+2和T+10两种。网贷之家的数据也显示，截至2014年12月8日，e租宝总成交量745.68亿元，总投资人数90.95万人，非法吸收公众存款和集资诈骗总额高达703.97亿元。

③ ［英］安东尼·吉登斯：《现代性的后果》，田禾译，译林出版社2000年版，第18页。

概念，也是当下民众安全意识状态的一种描述概念，或许没有那个时代如风险社会这样，人们对安全（犯罪）问题如此关注并深感不安。

（二）技术发展和信息化进程强化和助推犯罪的隐蔽性和匿名化

现代技术自我演绎的纵深发展以及通过电子通信和互联网所助推的信息化进程，为犯罪的隐蔽性和多样性提供了条件、空间与可能性方式。技术发展与犯罪的关联根本上存在两种关系：其一，某些技术被借用为犯罪方法；其二，特定技术本身蜕变或异化为一类犯罪行为。将先进技术运用于犯罪的现象易于理解，在此不作赘述。对技术向犯罪蜕变或异化问题，因其为后现代社会（风险社会）所特有并内在特殊逻辑，在此需略作说明。克隆人类胚胎应否认定其犯罪性？机器人一旦成为杀手，是否应追究制造者的刑事责任？减肥药的安全标准如何确定？转基因植物虽然用于动物饲料，倘若危及人类健康，如何认定转基因技术运用后果的法律责任？疫苗的潜伏性危害如何鉴定并在法律上如何定性？这类问题根本上是个技术风险问题，却也与犯罪之间存在某种潜在联系，甚至紧密关联。技术发展到今天的一个疑难问题是，技术不再是一个为技术工具论者所鼓吹的中性行为，因存在技术应用目的和应用技术主体问题，从技术工具论已经为技术批判论所取代，后者认为没有抽象中性的技术，技术只存在于应用之中，从而主张既应该对技术应用进行规制，也应该对技术研究进行规制。[①] 技术研究规制的理论根据在于，一方面，技术发展所必然表现出的两个特征——紧密结合性和复杂相关性——的操作逻辑相互矛盾。紧密结合性通过技术与技术的相互关联衔接表现，为实现技术链接，应聚合技术系统；复杂相关性表现为技术系统以非预期方式交互作用，为减少复杂性，应分离技术系统。[②] 在这种意义上，先进尖端技术既是技术系统的综合应用，又需要通过从技术系统中分离而出以确保技术的有效性和准确性。尖端先进技术恰恰是一个复杂性、矛盾性、非确定性系统，从而该种技术也意味着更大的风险威胁。另一方面，技术发展的终极逻辑是技术的自我演绎，是关于技术的技术，它脱离了应用目的的限定和掣肘，而

---

① 刘铁光：《风险社会中技术规制基础的范式转换》，载《现代法学》2011 年第 4 期。

② 张成岗：《技术风险的现代性反思》，载《华东师范大学学报》2007 年第 4 期。

一旦置身应用情境，风险无以复加。导致浙江温岭高铁事故以及上海地铁追尾事故的指挥调度软件同出一家，是否追究刑事责任没有结论，因为技术如何规制也没有结论。在风险社会中，缺乏应用责任规则和研究发展方向规制的技术，在理论上已经应当进行犯罪化展望。当前，部分技术的犯罪性是隐蔽的，技术在常规意义上成为犯罪借用的方法和工具的同时，部分脱离善良研发方向引导和应用责任规制的技术，事实上已经内在危险性，或者正在积聚着危害性量能。

信息化和互联网既是一种犯罪脱域化机制，也是犯罪匿名化存在的一种媒介。互联网并不只是一种平行于实在世界的虚拟世界，而是一种新型实在世界。网络（信息）社会的形成，网络世界开始主导现实世界，意味着人类生产生活空间从限定于现实世界逐步漂移至网络世界，并且在现实世界与网络世界两维穿梭和交替进行。网络行为不再仅为虚拟行为，网络世界中的关系也具有实在意义，其现实性意义日益彰显，网络行为不再仅限于接受道德评判，行为人也应对其行为承担法律责任。"随着网络空间的技术性代际转换，网络自身巨大的社会价值和经济价值既是网络违法、犯罪活动的发酵剂，也是它们的侵害对象。"[①] 在"互联网 2.0"时代，几乎所有人均可以成为网络公民，他们是网络参与主体，但是，与实在世界的身份性质不同，网络公民绝大部分是匿名的，这种匿名性既是网络世界中网民交流和处理事务的方式，也是通过网络媒介进行刑事犯罪的基本特征之一。当前，网络犯罪近乎无所不能且日新月异：黑客攻击、僵尸木马侵入、盗窃网络虚拟财产和网络银行、网络诈骗、网络赌博、恶意人肉搜索、制造传播网络谣言、传播淫秽信息、非法侵入计算机系统、云端非法获取个人信息、网络恐怖主义等，种类极其繁多。网络媒介为犯罪的匿名性状态提供了条件，随着网络世界对人类生产生活的影响不断扩大，网络犯罪无论是数量还是手段均将日益增多，匿名性网络犯罪也深化了人类安全的风险状态。网络犯罪的脱域性不限于犯罪人隔空行为或远程控制，无数网民也在不自觉和无意识中匿名化"参与"与"协助"网络犯罪。"当大量计算机感染病毒，由一个僵尸主控机所控制，

---

① 于志刚：《网络犯罪与中国刑法应对》，载《中国社会科学》2010 年第 3 期。

被病毒感染电脑的个人所有者于是成为犯罪计划里不知情的帮凶。"① 当前，信息社会（网络社会）已经进入大数据和云计算时代，网络犯罪在技术维度已经演进到以数据窃取并整合处理的阶段。"在大数据环境下，数据的集中和数据量的增大给产业链中的数据安全带来新的威胁，数据开始成为主要的攻击对象，网络向围绕数据处理的数据网络转向。"② 当前，一些不法分子瞄准无数个分散的网络终端内在的诸多表面上并无明显价值的个人信息，以及云端之上的海量用户聚合数据，按照一种"一云多端"的数据来源和数据运算结构，运用云端和大数据技术进行数据处理与数据价值深度挖掘，转手卖给某些企业或网络犯罪团伙，获取巨额收益。然而，信息安全技术依然遵循的技术现代化根本属性之一，就是自反性，网络信息技术的飞速发展，所带来的一个自反性后果，就是现有的信息安全手段并不能满足和保证大数据云计算时代的信息安全要求。

（三）大量危险性行为不断挑战法律规制的界限或者完全处于无规制状态

风险秩序根本上是一种无法完全掌控或难以预见的秩序，导致这种秩序状态的根本原因，正如贝克所言，"过去已经无力决定现在，其作为决定现在的经验和行动的原因的地位已经被未来所取代，也就是说，被一些尚不存在的、建构的和虚构的东西所取代"。③ 因此，风险社会就表现为一种由未来的可能性所牵引和导向的社会秩序性质，在这种秩序中，经验和知识并不能掌控未来，甚至会参与未来风险的制造或生产，而无意识（知识欠缺）和信息的弥散性、不确定性才是风险的真正来源或构成要素。当前，危及公共安全秩序、环境安全、技术（产品安全）、生产经营安全、证券期货交易安全、金融安全、公共权力运作安全等领域的因素日益增多，这类因素即便尚没有对

① ［澳］皮特·戈拉博斯基：《2004—2014 年网络犯罪的演进》，吴雨桐译，载《河南警察学院学报》2015 年第 3 期。

② 于志刚、李源粒：《大数据时代数据犯罪的制裁思路》，载《中国社会科学》2014 年第 10 期。

③ ［德］乌尔里希·贝克：《再谈风险社会：理论、政治与研究计划》，载［英］芭芭拉·亚当、［德］乌尔里希·贝克、［英］约斯特·房·龙：《风险社会及其超越：社会学理论的关键议题》，赵延东、马缨等译，北京出版社 2005 年版，第 325 页。

个体或单位法益造成实际侵害，也以高度可能性造成大范围或多人数法益因制度性或规范性障碍或失效而处于临界被侵害或高危状态。从根本上说，这类抽象危险性行为侵犯的不是特定对象的具体法益，而是一类安全规范的稳定性和有效性。

在风险社会中，抽象危险性行为并不必然造成实害性后果，但是，这类行为一旦酿成后果，其危害性将是极其严重的。抽象危险行为的大量存在，根本上是由晚期现代性的发展方式所内生的，它们附着于现代化的成果之中。由利益导向、技术助推、资本支撑的现代化进程发展到今天，人类行为不仅向自然深度介入，而且向人类自身设计建构的社会条件——制度和规范性系统挑战。诸如此类的抽象危险行为已然不胜枚举，环境污染企业向国家废水、废物排放标准和监管制度挑战，证券内幕交易向证券交易监管制度挑战，生产销售有毒有害产品向产品安全管理制度挑战，而危险技术研发、金融衍生品非法交易、危险药品研制、变异经营模式等行为，则失去了作为安全规范的挑战对象，它们直接将公共安全、金融安全或公共权力作为威胁对象。风险社会中大量抽象危险性行为存在的根本原因，在于知识既繁多又匮乏。风险社会中的知识呈现出这样一种状态：对于实现某个利益目标的技术而言，相关知识是丰富而充沛的；但是，恰恰因为相关知识的繁多，导致人们无法充分确定哪种知识（信息）能够确保技术运用的有效性和安全性。与此同时，技术行为、经济行为乃至后现代社会中的生活行为（如酒驾），不断从既有社会行为结构模式中挣脱而出或不断衍生出新型模式，它们或欠缺有效性安全规范的约束和规制，或将日常生活的若干元素叠加归并入行为模式（酒驾就是酒精+机动车辆＝公共杀伤力），并且这类行为的作用对象又是一个"自然人化"或"社会自然化"的深度现代化环境或对象，最终将在事实上酿成何种后果，人们无法完全控制，甚至难以预见。

（四）全球化进程滋生和助推了有组织跨国界犯罪趋势

晚期现代性阶段的脱域性秩序发展进程在全球化维度予以形象表征并获得深度演绎。全球化借助先进交通技术、电子通信技术、互联网和跨国公司的经营模式而推进，其实质是人们生活状态和个体行为的意义超越了民族国家边境桎梏。全球化是风险社会的一个表征维度，也是风险制造或风险扩张的一种态势和秩序状态。在全球治理论者看来，有组织犯罪的全球化蔓延的助推条件有两个，一是民族国家（专制国家）社会控制力的瓦解，二是经济全球化为从事犯罪活动获得高额非法暴利提供了市场管制区域性差异条件下的非法贸易差价。全球治理论者指出："如果'冷战'结束推动了有组织犯罪，那么跨国犯罪组织的兴起同样可被理解为一种长期趋势的反映，尤其是不断增长的经济和社会全球化趋势。正如全球化经济给企业提供了新的机遇，它同样为犯罪企业带来了新的机遇。但它更加复杂：跨国有组织犯罪的增长是对成功和失败——对全球化机遇和不平等，对全球贸易和金融体系带来的不法活动的新机会，对许多国家政府和市场提供基本需求的失败——的回应。"①

有组织犯罪并非为风险社会阶段的特有现象，其由来已久，但是，至风险社会阶段，有组织犯罪无论是在组织方式、规模程度、犯罪方法、犯罪利益数额还是在犯罪影响力等方面均发生了突变。在网络社会理论家曼纽尔·卡斯特看来，跨国犯罪增加的主要原因，以经济全球化与通信和交通技术的快速发展为条件。卡斯特进一步指出，对于跨国运营的犯罪组织而言，它们的犯罪策略主要为两种，一是将管理和生产基地设在风险较低地区，以便有效控制保证安全；二是以需求旺盛而富裕的差别市场为目标，以便索求更高的价格。② 针对这种犯罪全球化趋势，卡斯特指出："世界上的犯罪活动与黑社会组织，也已迈向全球化与信息化，并提供了极端精神活动与禁忌欲望的刺激工具，以及我们社会需要的任何形式之非法贸易，从精密武器到人体无所不包。"③ 以 2011 年广东警方联手境外警方破获的"5·13"特大跨国跨境电信诈骗案为例，全案抓获 174 名犯罪嫌疑人，捣毁 24 个诈骗窝点，诈骗活动涉及国内 24 个省份和台湾地区以及菲律宾、泰国、越南、印尼等国家，仅广东省内涉案金额就高达 1.2 亿余元。该犯罪组织设立诈骗电话机房、开卡团伙、转账水房、车手团伙等部门，通过程序化方式拨打电话，并借助各国

---

① ［美］菲尔·威廉姆斯、格里高利·布丹-奥哈勇：《全球治理、跨国有组织犯罪和洗钱》，载［英］戴维·赫尔德等编：《治理全球化——权力、权威与全球治理》，曹荣湘等译，社会科学文献出版社 2004 年版，第 169~170 页。

② ［美］曼纽尔·卡斯特：《千年终结》，夏铸久等译，社会科学文献出版社 2006 年版，第 154 页。

③ ［美］曼纽尔·卡斯特：《网络社会的崛起》，夏铸久等译，社会科学文献出版社 2003 年版，第 2 页。

在电信主叫管理制度上的差异性漏洞使用电话改号软件通过互联网进行诈骗活动。[①] 该犯罪组织表现出组织程度的严密性、规模性，在犯罪地域上表现出跨国跨境性和隐蔽性，在犯罪方法上表现出对话预先编程、借助互联网服务系统和电信管理技术漏洞、开设银行账户并洗钱等多种专业化犯罪手段的运用。在这种电信诈骗犯罪案件中，电话、网络、跨国界地域、身份证（伪造）、银行卡、对话程序、网络服务器等，构成了表征风险社会秩序性质的微量元素，信任经常是联结这些微量元素的黏合剂，它也是风险社会中大量风险或犯罪依附或借助的条件。当前，毒品犯罪、武器走私、核原料走私、人体器官走私、组织越境、洗钱、黑客学校、以合法公司形式掩护犯罪交易等有组织犯罪活动已经成为一种暴利产业，它们摧毁了现代民族国家的控制体系，正对后现代风险社会非传统安全秩序的型构发挥着重要功效。

（五）网络犯罪的虚拟演绎和抽象异化不断向纵深发展

信息社会（网络社会）已经成为一个现实的社会形态，互联网不仅抽象构成了一个虚拟的新型世界，而且这个虚拟的互联网世界与实在社会相互交叉和多样性融合，甚至实在社会正逐步被网络虚拟社会所逐渐牵引并融入其中。在信息社会（网络社会）与风险社会的关系问题上，信息社会（网络社会）并非一种区别于或者完全脱离风险社会的另一种社会形态，笔者持信息社会（网络社会）依然是风险社会的一个阶段，是风险社会的网络化、虚拟化演绎和纵深发展的观点，是风险社会的网络化演绎和信息化呈现出的一种现象。理由是，信息社会（网络社会）的运行逻辑依然是风险生产，网络作为一种以电子通信和互联网技术为实质内涵的事物，依然还是一种技术。当然，信息社会（网络社会）区别于风险社会第一阶段的某些特征和重要性质还是显著而深刻的。在表现特征方面，信息社会（网络社会）主要为网络化、数字化和虚拟化；在根本性质方面，信息社会（网络社会）则是一种呈现性（presentation）社会——一切事物均为或即将成为信息而予以或自行呈现。不同于现代工业社会——风险社会的第一阶段，其根本性质是一种反思性（reflection）社会——基于知识对世界真相和社会关系的反思和揭示。信息社会

---

① 邓新建、曾祥龙、刘晓鹏：《特大电信诈骗"专业"程度令人震惊》，载《法制日报》·2011年10月12日。

（网络社会）的呈现性意涵，在于知识和文化不再主要作为再现（揭示）而是被体验的一种知识和文化现象。与风险社会抑或现代化一样，信息社会（网络社会）也深刻内在自反性（reflexivity），"信息社会的巨大矛盾是：以最高的知识与理性为生产要素所生产出来的东西，其无心之果竟是极端的（也是信息性的）、非理性的充斥与超载"。① 亦即，借助知识、信息和理性，并通过互联网演绎、呈现、揭示、创造的世界，最终表现为更为多元、复杂的不可控秩序。

信息和网络媒介日益"无所不能"却又背反着它那以知识、理性为主旨和主导的秩序与性能，网络犯罪就是异化于那种知识和理性的背反之物和"充斥和超载"之物。当前，可以列数的网络犯罪类型至少包括恶意软件攻击、僵尸软件潜伏、网络支付诈骗、网络走私、网络贩毒、网络贩卖人体器官、网络赌博、网络组织卖淫、网络传播淫秽视频信息、网络转移非法资金和洗钱、虚拟货币盗窃、个人信息和国家机密盗窃、网络知识产权犯罪、网络造谣与诽谤、网络恐怖主义等。当前，人类生活的方方面面已经都可以通过互联网涉及和实现，欧洲网络犯罪研究中心于 2014 年 9 月 29 日发布的《网络有组织犯罪威胁评估》报告将互联网界定为一个集通信、贸易、社交、情感交流和犯罪于一体的平台。就危害程度而言，根据有关机构的研究评估，截至 2013 年年初，估计每天有 15 万网络病毒传播和攻击。按照世界经济论坛的统计，在未来 10 年中，预计将近 10% 的重要信息基础设施将被毁坏并造成 2500 亿美元损害；按照 Symantec② 的预测，全球网络犯罪受害者的经济损失在 2900 亿欧元左右，而网络犯罪的每年收益可达到 7500 亿欧元。③ 在我国，当前一个极为突出的网络犯罪现象，即电信网络诈骗犯罪每年近乎以 30% 的幅度快速增长，主要表现为网络诈骗、电话诈骗、短信诈骗三种形态，发案总数已经达到全部刑事犯罪发案总数的近 1/4，侵财数额超过了全部普通

---

① ［英］斯各特·拉什：《信息批判》，杨德睿译，北京大学出版社 2009 年版，第 124 页。

② Symantec（赛门铁克）是美国一家信息安全领域全球领先的解决方案提供商，为企业、个人用户和服务供应商提供广泛的内容和网络安全软件及硬件的解决方案，可以帮助个人和企业确保信息的安全性、可用性和完整性。

③ 王云才：《网络有组织犯罪——欧洲网络犯罪中心报告解读与启示》，载《中国人民公安大学学报（社会科学版）》2015 年第 1 期。

刑事犯罪（经济犯罪案件除外）的总数，并且呈现出日趋严重的态势。于志刚教授对网络犯罪多年研究进行总结，将网络在犯罪中的地位划分为犯罪对象、犯罪工具和犯罪空间三个历史阶段。第一阶段——犯罪对象：以个人挑战和攻击计算机系统为标准化犯罪形式。第二阶段——犯罪工具：传统犯罪借助网络进行，是一种传统犯罪+互联网犯罪形态。第三阶段——犯罪空间：网络空间成为犯罪空间，成为一个全新的犯罪场域。[①] 当信息化进程进入大数据和云端时代，计算机网络犯罪又开始还原并综合网络犯罪三阶段的全部性质，既将云端作为一种攻击对象，导致危害无以计数的云端用户；又以云端技术作为犯罪工具，将大量常规犯罪借助云端技术予以实施；还将云端作为一个全新的犯罪空间和场域，将网络犯罪演绎到难以想象的状况。信息社会（网络社会）中信息网络技术的加速升级和网络空间形态的快速转变，既在改造传统的社会结构，也在抽离和俘获传统社会构成要素及其运行秩序，形塑着人类社会的一种新型面貌，乃至人本身即将成为一种网络人。信息社会（网络社会）中的犯罪也与工业化时代的犯罪无论在犯罪技术、存在形态、影响范围以及威胁或危害对象等诸多方面，均表现出一种完全不同的面貌。倘若要总结信息社会（网络社会）中犯罪的根本性质，或许我们只能将其大致界定为一种与信息网络技术阶段和网络空间形态契合的风险状态和危害事件。信息社会（网络社会）为风险社会中的犯罪延伸增添了网络之维，将犯罪形态演绎到一种只有真正出现了后果才可以进行理解和评价的无法预先想象的状况。

---

① 于志刚、郭旨龙：《网络刑法的逻辑与经验》，中国法制出版社 2015 年版，第 8~12 页。

七、风险与犯罪：
风险的犯罪化和刑法规制

风险社会理论将现代性控制逻辑的"意外后果"界定为风险的根本属性，因为风险社会理论中的风险含义区别于与现代性无关的自然灾害或人为危险。按照这种思路，风险总是与现代性的控制逻辑和自反性必然关联的，风险依附、伴随、潜隐和衍生于人对自然的干预、介入和作用以及对人类社会的改造和创新，并最终实现"自然的终结"和"传统的终结"，风险是人类"自然终结"和"传统终结"进程中的一种关系状态。

怎样确认风险的犯罪意涵及其性质？这是一个关涉风险犯罪化的根本问题。对于像恐怖主义、环境污染、破坏计算机信息系统、飞行安全事故、大规模传播传染病源、破坏性采矿、生产销售有毒有害食品、操纵证券交易价格、滥用金融衍生品制度牟取暴利等风险行为，其犯罪性质已经获得刑法确认和入罪化。然而，对于像核泄漏、人类胚胎干细胞繁殖技术、转基因食品、新物种创造技术、有毒化学品实验和制造技术、食品添加剂生产和销售、滥发理财产品、云计算技术收集信息①、垃圾焚化炉发电、洋垃圾进口、智能机器人制造、风险投资、金融衍生品制度创立及交易、土地开发征用等风险性行为、技术、决策或制度，倘若它们在创造财富之余也内在威胁人类安全的风险，我们又该在何种意义上解读和界定其非犯罪意涵？显见不争的是，所有风险都是犯罪的命题逻辑无法成立，那么应该按照何种原则和标准对风险的犯罪性质进行认定？如何将风险行为犯罪化？因为我们提出的命题是风险的犯罪意涵，这意味着至少有一部分甚至很大一部分风险具有犯罪属性，或至少与犯罪紧密关联，并需要通过刑法予以规制。

对以上问题的深究，首先有必要廓清风险与犯罪的界限。刑法学上的犯罪是一种行为，它造成后果（结果犯），或构成高概率危害结果的发生（危险犯），或违反法规政策（严格责任犯）。风险社会理论中的风险是一种行为、秩序或制度状况的可能性结果，内在一种"如果一意孤行"——"那么灭顶之灾降临"的逻辑，风险一旦兑现为事实，风险就不再是风险，而是事故、灾难或灭亡。犯罪仅指涉行为，行为主体仅限于自然人和单位；风险则关涉行为、秩序（关系状态）和制度，主体或范畴则表现出多元性、间接性、隐匿性和抽象性。

（一）风险犯罪化的理论语境格栅

提出风险的犯罪意涵这一命题，意味着风险具有犯罪属性，或至少与犯

---

① 云计算的技术本质是大规模并行计算、分布式数据处理和虚拟化技术的综合，实现路径是计算能力、存储能力和大规模网络带宽的"瓶颈"问题得以解决后，各种终端的互联彻底实现全球性社会网络化，并构成社会、组织、生产、生活变革的根本决定力量。云计算与物联网一起，已经成为美国、欧盟、日本、韩国等新一轮国家和地区发展的核心战略方向之一。云计算发展战略在美国得到特别的重视，我国发改委和工信部也已于2010年10月出台了《关于做好云计算服务创新发展试点示范工作的通知》。然而，对云计算的发展战略选择问题，在我国引发了一部分专业人士的安全质疑，他们的主要担忧在于："美国将云计算、物联网列为国家发展战略，其宗旨和目的，依然是从全球化的大背景下，利用 IT 技术深度嵌入战略基础设施的机会，利用数据资源跨边界快速流动的机会，最大限度地预留'后门'，为控制、威胁别国的政治、经济和社会生活的各类数据资源保留足够的余地，从而获得未来信息社会的垄断性、独占性和先导性的话语权。"段永朝：《瞄准笛卡尔：信息技术思想困境的根源——云计算的"台词"与"潜台词"》，载《读书》2011 年第 2 期。

罪紧密关联。把风险与犯罪关联起来，至少存在以下障碍。

首先，风险概念源自风险社会理论，刑法学上最为接近的概念是危险犯，将风险概念移植到刑法理论中存在语境壁垒。按照风险社会理论创始人乌尔里希·贝克的观点，风险是一种毁灭的威胁，它开始于我们对安全和发展信仰的信任终结之处，停止于潜在的灾难变成现实之时，它位于安全与毁灭之间特定的中间地带。① 在本质意义上，风险概念是一个表述现代性发展和控制逻辑开始失效并造成危险状态的概念。刑法学上与风险概念最为接近的是危险概念，所谓危险，是指行为人实施的行为足以造成危害结果发生的危险状态。刑法学上的危险意涵是行为足以造成危害但实害尚未发生。风险社会理论上的风险所表述的是风险尚未酿成灾难。由此可见，两个概念在基本词义上存在相近和相同之处。但是，在概念的外延上，风险社会理论上的风险概念与刑法学上的危险概念并不吻合，按照陈兴良教授的观点，对比风险社会的风险与风险刑法的风险，即可发现它们是两种完全不同的风险。风险社会的风险是后工业社会的技术风险，这种风险具有不可预知性与不可控制性，根本不可能纳入刑法调整的范围。② 社会理论上的风险概念与刑法学上的危险概念，存在一个需要整合两种理论话语体系的言说对象一致性的理论鸿沟。

其次，犯罪限定于自然人和单位的行为，罪责由确定的行为主体——自然人和单位承担，按照现代刑法的责任主义原则，认定犯罪不仅要求有客观上的行为，而且要求具备可将行为归咎于行为人的主观上的故意或过失态度，犯罪是行为主体与其主观意志状态的统一。③ 风险经常不限于行为并区别于自然人和单位的行为，制度系统、政治政策、管理决策、经济秩序、人化自然环境进程、科技发展方向选择等都可能成为风险秩序状态或风险的来源，尽管它们也是人类行为的产物并且通过组织行为、个体行为组织、实施、制定、选择或拟制，但是它们没有单一而明确的主体，缺乏形象直观的行为，责任分配因循"有组织的不负责任"逻辑而无法确定的责任主体。因此，以上风

---

① ［英］约斯特·房·龙：《人工智能复制时代的虚拟风险》，载［英］芭芭拉·亚当、［德］乌尔里希·贝克、［英］约斯特·房·龙编著：《风险社会及其超越：社会学理论的关键议题》，赵延东、马缨译，北京出版社 2005 年版，第 267 页。

② 陈兴良：《风险刑法理论的法教义学批判》，载《中外法学》2014 年第 1 期。

③ 王立志：《风险社会中的刑罚范式之转换——以隐私权刑法保护切入》，载《政法论坛》2010 年第 2 期。

险类型因主体的抽象化、间接性、隐匿性和行为的非直观性与单一性而无法按照现代刑法的罪责逻辑予以犯罪化，亦即抽象性风险行为不是犯罪化的对象。

最后，法益侵害论主导了现代刑法学关于犯罪本质的界定，认为犯罪是侵害法益的行为。按照德国刑法学家哈斯墨尔的观点，"用刑罚威胁来禁止一种行为，而这种禁止不能以法益作为根据，那么这种禁止就可能是国家的错误。"① 在法益侵害论中，对犯罪的认定必须明确犯罪行为所侵害的法益。然而，风险与确定的法益之间经常不存在非常清晰的因果逻辑，风险并未造成实害，而是可能造成法益侵害的高度危险状态。况且，法益在风险社会中的界定正遭遇多种障碍。贝克指出："很多被推上法庭的冲突的主题和案例失去了自身的社会明晰性。"② 在风险秩序中，个体遭遇侵害的法益，将经常表现为迟延性、政治化、离散性、潜隐性甚至代际性等多种状况。其一，法益的迟延性。社会进程的快速变奏或新型利益关系领域的不断产生和拓展尚未为步履蹒跚的法律规范所确认。例如，在这个信息化进程历时已久的今天，我国直到2009年《刑法修正案（七）》才将个人信息安全纳入刑法保护范围。然而，个人信息到底是一种什么权利以及其范围如何确定，至今尚无定论。其二，法益的政治化。权益在一种权力话语中易于被偷换概念，这种概念偷换经常取决于政治、社会优势地位者的一套权力话语技术。齐格蒙特·鲍曼指出："掠夺全部国家的资源被美其名曰'促进自由贸易'；剥夺全部家庭和社区的生计被美其名曰'消肿缩编'、'合理化重组'。"③ 这样，风险的犯罪属性经常难以按照法益侵害说逻辑进行认定揭示，它的定性经常取决于政治权力话语。其三，法益的离散性。毒奶粉案件所造成的危害涉及成千上万的婴儿，对被害个体而言，法益仅限于特定婴儿的生命健康权，多个个体的生命健康权难以构成一个权益整体。大量环境污染案件、网络病毒案件、电信诈骗案件、网络诈骗案件等，法益侵害均呈现出这种离散性状态。对此，吉

---

① ［德］克劳斯·罗克辛：《刑法的任务不是法益保护吗》，樊文译，载《刑事法评论》（第19卷），中国政法大学出版社2006年版，第158页。

② ［德］乌尔里希·贝克：《风险社会》，何博闻译，译林出版社2004年版，第242页。

③ ［英］齐格蒙特·鲍曼：《全球化——人类的后果》，郭国良、徐建华译，商务印书馆2001年版，第120页。

登斯在论述企业犯罪在侵害权益上的社会心理效应时指出："企业犯罪的受害者经常并不认为自己是受害者。这是因为在'传统'犯罪中，受害者与违法者之间的距离要近得多——遭到了背后袭击你还浑然不知，这是很困难的！在企业犯罪的情况中，受害者与犯罪者之间的时空距离要远得多，受害者可能意识不到自己已经被伤害，或者可能不知道如何去寻求犯罪的赔偿。"① 亦即，加害行为与侵害对象之间存在一种为吉登斯所界定的"脱域"关系状态，加害人与被害人之间因为多重关系环节的阻隔而相互绝缘。其四，法益的潜隐性。风险后果的一大特征是危害经常并不以显性状态鲜明表露，并且常常持续一个长久的时段，甚至指向遥远的未来。因此，受危害个体经常并未意识到自己的权益遭受侵害及其程度，这是由风险的潜伏性决定的。大量风险本身即无形、间接并交错重叠，并且以复杂、多元的因果链条、以缓慢而持续的作用机理和进程影响社会个体，被害人在一种无意识状态中承受，从而何种法益受到侵害及其程度如何，缺乏显明性和可计算性。例如，无数大众对次贷危机（由贪婪而缺乏规制的金融衍生品制度引发）和主权债务危机（美国掠夺世界财富的国际金融战略）对自身收入和生活质量造成的影响并无明确意识。再如，我国许多地方政府对土地的过度征用开发，所在地区农民因能获得一定补偿（相对于种地收入略高，但数额很少）但并没意识到对土地这种稀缺性、不可再生性资源的征用，对未来以及代际而言，本质上是一种掠夺，② 并且这种被剥夺的权益是无法进行预测性计算的。

　　基于以上原因，界说风险的犯罪意涵，亦即风险的犯罪性判断，必须采取一种全新的理论立场，重构犯罪性质界定的理论坐标，突破甚至抛弃主导现代刑法学关于犯罪本质所确立的法益侵害论和责任主义理论前提预设，换

---

　　① ［英］安东尼·吉登斯：《社会学》（第五版），李康译，北京大学出版社 2009 年版，第 680 页。

　　② 尤为令人担忧的是，大量地方政府近年来以加快城镇化建设为名，强制农村和农民住房拆迁，通过建设安置房进行集中化居住，其实质是地方政府对作为集体所有性质的农民宅基地的收缴，然后以经济招商开发名义出售土地，这样做既增长了 GDP，又获得了财政收入，这种做法本质上是一种权力异化——政府强制盘剥农民土地资源，它侵害和制造的是代际正义——子孙后代土地资源的稀缺和耗竭。在风险刑法（安全刑法）理论中，政府也可以成为犯罪人。例如，切尔诺贝利核电站事故之后，乌克兰和白俄罗斯出现的社会运动指责苏联中央政权对这些地区的居民犯有"危害种族罪"。左凤荣：《切尔诺贝利事故的原因和教训》，载《理论视野》2011 年第 6 期。

以一种更具解释张力、切合和因应风险社会这种新型社会秩序环境的犯罪本质理论，抛开罪刑法定原则下现行刑法规范所确定的犯罪范围限制思维，将犯罪概念置于一种规范批判性理论视角，赋予犯罪化原则新的内涵。这种理论视角的置换和转变，根本方向在于按照风险社会理论逻辑重新审视犯罪的本质。

（二）风险犯罪化的合法性基础

风险概念和犯罪概念发生关联，在于行为和结果的关系，即危害性问题。危害性原则在现代刑法学上的地位尤其突出，它不仅是认定犯罪的基本条件，而且也是确定责任和刑罚的重要根据。法益侵害论作为影响颇深的德国现代刑法理论的一个基本理论立场，具有重大影响并被作为一种刑法学的客观主义立场备受推崇。不过，按照立论法益侵害论基础上的刑法学的犯罪确认逻辑，犯罪是侵害法益的行为，并且这种被侵害的法益应当和能够在事后作出确定性评价甚至可以计算。危害性理论较之法益侵害论的理论优势在于，它是一种主客观相统一的理论范畴，法益侵害论只是危害性理论的客观方面，旨在说明犯罪行为社会危害性的客观方面或实害结果。不过，也不应过度区分危害性理论与法益侵害论的异同，有论者指出，在我国刑法理论语境中，法益侵害的含义已经完全被社会危害性所涵盖，社会危害性与法益侵害在客观上所描述的是同一现象，法益侵害只是危害性的一个客观范畴。[①] 危害性原则较之法益侵害论的更佳理论张力以及对于现代刑法的重要意义在于，它是国家权力介入和强制个体权利与自由的一个合法性（正当性）前提，具有规范批判性功能，危害性视野下的法益概念在现代刑法的立论逻辑中，内在整合规范与利益的张力，它不是贝卡利亚意义上的一个实证性范畴，而是作为规范范畴，通过权利（法益）范畴为危害的内涵划定了界限，没有侵犯个体权利的利益妨碍，都不构成危害。[②] 这种理论观点带来以下实践后果：其一，刑法作为国家权力介入社会生活关系领域和私人自由的合法性根据是不法行为对合法权利（法益）的侵害。其二，刑法的社会功能是一般预防，危害的规范性和批判性定位阻抗对危害持以实证化立场，通过避免对危害性内涵进

---

① 陈璐：《犯罪化如何贯彻法益侵害原则》，载《中国刑事法杂志》2014 年第 3 期。
② 劳东燕：《危害性原则的当代命运》，载《中外法学》2008 年第 3 期。

行功利化、应对式解释而过度实证化，限制刑法的特殊化预防社会功能。其三，通过法益保护原则、谦抑性原则、补充性原则对刑法进行自由保障功能定位，刑法按照一种回顾式的报应惩罚动力运行机制发挥功能，成为一种报应性事后处理系统。

按照以上现代刑法学危害性理论逻辑和司法实践机制，我们将无法展望刑法以事前介入方式对社会秩序进行干预的任何努力，甚至像具体危险犯、抽象危险犯、持有犯、严格责任犯等许多新型犯罪认定和责任形式均无法内在甚至兼容于这种理论逻辑之中。更为严重的是，置身风险社会之中，当无数种如影随形的风险已经对社会个体生活、公共安全甚至人类未来构成严重威胁，部分风险已经兑现为社会、国家和人类的严重灾难的历史阶段，现代刑法学上的危害性理论没有为刑法参与这种风险控制提供任何合法性依据。因为风险不是实害和后果，它介于安全和毁灭的中间地带，"只有当我们把风险想象成一种现实，或者更准确地说，想象成一种逐渐形成的现实（becoming real，一种虚拟）时，我们才可能理解风险的社会物质化（materialization）。只有当我们把风险想象为一种社会建构时，我们才可能理解其无限迟延的'本质'"。① 风险这种时间上的迟延性和效果上的悬置性，与现代刑法学上危害性理论的规范批判性和实害化思维的矛盾与对立昭然若揭。

然而，虽然风险是现代性控制逻辑的意外后果，一种因人类科学知识的增长，通过特定理性、制度和技术实践而正在进行的社会建构，另一种如果继续一意孤行必将降临灭顶之灾的秩序状态，人类当然不会漠然视之。一种以风险治理、风险规制、风险管理、风险处置、风险防范等措辞所表述的理论意志已经表现出人们积极的"反思性"态度，大量相应的实践行动已经介入各类风险秩序之中。公共管理领域的研究者指出："风险社会的根本出路在于风险治理，而良好的风险管制（risk regulation）是风险治理的最重要内容之一。尽管风险本身具有极大的不确定性，从潜在的公共风险演变为现实的公共危机的原因也是复杂多样的，但实践证明，有效的政府监管能够在很大

① ［英］约斯特·房·龙：《人工智能复制时代的虚拟风险》，载［英］芭芭拉·亚当、［德］乌尔里希·贝克、［英］约斯特·房·龙编著：《风险社会及其超越：社会学理论的关键议题》，赵延东、马缨译，北京出版社2005年版，第267页。

程度上减少、消除或转移风险……政府管制是有效预防和控制风险的重要手段。"① 这是一种具有代表性的通过公共权力资源介入、干预和管制风险秩序的主流理论立场，这种理论立场也内在地对刑法的社会功能调整提出了要求，并且在刑法学界逐渐得到响应。

贝克的《风险社会》一书的面市，在德国乃至西方社会的影响不仅仅限于社会理论学界，在法学界尤其是刑法学领域，影响也十分重大而深刻。德国法学家金德霍伊泽尔明确提出了"安全刑法"概念，认为安全刑法已经跃居为刑法的主导理念，并且构成风险社会稳定的一个基本前提条件。在金德霍伊泽尔看来，"如果刑法以全方位的监督仪器和安全保障者的面目出现，显然是合乎逻辑的。然而，当人们接触到那些在刑法里所体现的比较形式化、比较缜密的社会监督制度时，几乎大吃一惊。尤其是在刑法是否有权力去履行这样的任务的问题上，政治上确实很少考虑，谁应该对偏差活动之前的安全提供保障呢？因为，除了刑法之外好像就没有其他可能了。"② 德国法学家普利特维茨提出了"风险刑法"概念，认为"风险刑法"是一种目的刑法，这种刑法从传统的对恶的不法评价转变为对行为的危险性评价，刑法的目的在于降低风险以增强主体的安全。③ 我国台湾地区刑法学者蔡墩铭认为，早期的刑法是一种法益侵害刑法，注重实害行为，不涉及危险行为；现代刑法并不以实害结果的出现为刑事责任前提，而是在法益出现或面临危险之时即加以拦截，预先防止实害的发生，谓之"危险刑法"。④ 在我国，为数不少的刑法学者的敏锐触角已经涉入安全刑法理论视域，在涉及刑法与风险之关系问题上，不少论述都主张一种刑法对风险的介入和规制立场。有论者按照一种风险时代刑法公共政策化的路线进行论证，指出："作为国家实现社会控制的政治策略和表达方式，公共政策旨在支持和加强社会秩序，以增加人们对秩

---

① 党秀云、李丹婷：《有效的风险管制：从失控到可控》，载《中国人民大学学报》2009 年第 6 期。

② ［德］乌尔斯·金德霍伊泽尔：《安全刑法：风险社会的刑法危险》，刘国良编译，载《马克思主义与现实》2005 年第 3 期。

③ 张晶：《风险刑法：以预防机能为视角的展开》，中国法制出版社 2012 年版，第 34 页。

④ 张晶：《风险刑法：以预防机能为视角的展开》，中国法制出版社 2012 年版，第 38~39 页。

序和安全的预期。公共政策的秩序功能决定了它必然是功利导向的，刑法固有的政治性与工具性恰好与此导向需要相吻合。无论人们对刑法的权利保障功能寄予多大期望，在风险无所不在的社会中，刑法的秩序保障功能注定成为主导。"[1] 也有论者对"风险刑法"持一种谨慎和矛盾的理论立场，将风险社会中大量新罪名设立、刑法滥用的制度实践状况和突破刑事责任基本原则的刑法学理论层出不穷的学术状况，界定为一场刑法危机。对于这场刑法范式的重大转型变革，有论者恰当地总结了其内涵："在风险成为当代社会的基本特征后，刑法逐渐蜕变成一项规制性的管理事务。作为风险控制机制中的组成部分，刑法不再仅仅为报应与谴责而惩罚，主要是为控制风险进行威胁；威胁成为施加刑事制裁的首要理由……作为规制性工具，现代刑法以对抗风险为己任，其保护之触角日益由法益阶段前移至风险形成阶段。"[2]

安全在刑法价值目标上的位次跃升，将刑法移入公共政策视野。倡导刑法对风险规制的社会功能，后果必将是通过对危害性的抽象化扩张解释而使得刑法不断攻城拔寨，将大量风险行为予以犯罪化。这种以规制风险，积极地进行一般预防的刑法范式，理论界通常称为"风险刑法"，其兴盛地是风险社会理论的发源地德国，其影响力已经逐步波及世界范围。"风险刑法"理论源于风险社会理论，动因在于遭遇和面对这个日益风险化并已经演绎到信息社会（网络社会）阶段的社会历史实践现实。"风险刑法"的功能重心在环境、科技、金融、证券、互联网、国际贸易、有组织犯罪、恐怖主义等主导和深度影响的当代社会关系秩序的重点与关键领域。今天，污染环境行为、危险驾驶行为、产品责任行为、医疗责任行为、技术实验行为、商业信息行为、危险物品持有行为、网络言论行为、违规吸收公众存款行为、违规证券交易行为、虚假（隐瞒）披露信息行为、侵犯个人信息行为、侵入和非法控制计算机信息系统行为、编造和故意传播恐怖信息行为等，正一一成为刑法规制的对象。"风险刑法"规制和防范的重点是抽象危险犯，不同于实害犯、具体危险犯，抽象危险犯的构成不需要侵害结果的发生，也不以行为客体陷入具体危险为前提。抽象危险犯是指行为本身蕴含了侵害法益的严重倾向性

---

① 劳东燕：《公共政策与风险社会的刑法》，载《中国社会科学》2007 年第 3 期。

② 程岩：《风险规制的刑法理性重构——以风险社会理论为基础》，载《中外法学》2011 年第 1 期。

和高度可能性而被禁止的情形。抽象危险不属于构成要件，只是认定行为可罚的实质违法根据，是立法者拟制或者立法上推定的危险，其危险及其程度是立法者的判断，法官只要证明危险不是想象的或臆断的（迷信犯），就可以认定其存在，具备该构成要件的行为就具备了需要追责的实质违法性。风险本质的抽象危险犯在构成上并不需要造成明显实害，这类抽象性行为通常是通过立法专门犯罪化，亦即归入"犯罪圈"的某些行为，并且对该类行为的危险性判断，逻辑和方法上也是抽象性的。

在"风险刑法"理论的发源地德国，"风险刑法"与"古典刑法"在理论基础和价值取向上存在鲜明差异。"古典刑法"是一种"法治国刑法"，追求保护公民不受犯罪侵害和防范国家权力侵害公民自由双重价值。"法治国刑法"主张，只有当发生针对个人、自由、财产的暴力犯罪以及暴力危及构成个人自由之基础的国家和社会之时，刑法的压制和惩罚才具有合法性，否则，违法行为应当通过非刑法手段制裁。在"古典刑法"中，公民自由保障构成了价值前提和基石。为了防止国家权力对个人自由的过度干预，"古典刑法"对使用刑罚手段持一种慎重、保守和限制的价值立场。[①] 形成鲜明反差的是，"风险刑法"更为趋近于一种象征性保护和制止的刑事政策，表现出通过刑法手段强化国家对社会演进过程和运行秩序的控制倾向。毕竟社会环境日益复杂、多元，一些新型社会关系领域不断生发和涌现，尤其是演进到风险社会和信息社会（网络社会）阶段，复杂性、多元性和不可控性日益突出，民众的适应心理和安全感日益降低，于是，"风险刑法"作为"现代刑法"的一种深度演进的新刑法范式，主张一种重塑信心和主动控制的安全价值追求，通过对诸如环境、科技、生态保护、网络、金融、证券、公共卫生、食品药品、恐怖主义等领域存在的风险关系要素进行一般化规制预防，以一种象征性功能担当起安全秩序维护者角色，是社会发展对刑法范式创新变革的必然要求，也是刑法范式必须作出的时代回应。

（三）风险犯罪化准则和规制路线

当"风险刑法"因社会发展的客观性要求和追求风险规制实现安全保障

---

① 徐凯：《抽象危险犯正当性问题研究——以德国法为视角》，中国政法大学出版社2014年版，第32、34页。

的主观性价值追求而获得合法性保证之时，首先需要确立风险犯罪化的基本准则，也需要对风险行为的刑法规制在具体制度层面上进行合理性设计和筹划。

阿图尔·考夫曼正视了风险社会对人类安全的威胁，并主张一种法律哲学对风险社会进行积极回应的理论立场。首先，考夫曼审慎地指出："对于生态学或动物保护的问题，法律哲学还没有明确的解决之道。法律哲学还无法说，动物实验是否真的有其必要，而且如果人们完全放弃动物实验，其后果如何。这是一个极大范围的风险问题，必须先由专家予以审察并且加以解决。法律哲学在这方面的任务与其说是说理论证，不如说是揭明谬误。"① 进而，考夫曼以生态问题及生命伦理学为例，提出了法律规制和处理风险问题的"宽容原则"与"责任原则"相统一的法律哲学立场。所谓宽容原则，是指一种允许人们在探索未知问题上，突破既定规范或固有的自然概念放胆冒险行事的伦理立场，但是，这种冒险行为必须"使行为结果与最大可能避免并减少人类穷困相互契合"，但是"宽容并非毫无界限，它不是不计任何代价的容忍"。当风险程度与实现目标的道德性质之间存在严重落差之际，应以责任原则补缺宽容原则的疏漏。② 考夫曼关于风险社会的法律哲学思想无疑对刑法积极介入社会生产生活关系进行风险规制的理论方向具有深远的启示意义。风险社会理论的一个重要观点在于，风险有时也是机遇，至少我们必须在一种风险秩序中反思性地审慎前行，"如果我们在追求一项值得追求的利益，且该利益不可避免地必定会附带有一定程度的风险时，那么为了这项利益，我们应该接受该行为的附带风险"。③ 按照这种法律哲学立场，并非所有的风险行为均须纳入刑法规制范围乃至犯罪化，"风险刑法"既要对诸如科技或经济创新行为以一种谦抑性精神保持宽容，又要审慎对待行为的风险性，只有当这种行为的危险性使其旨在实现的目标无法实现，这种行为才可能成为"风险刑法"的规制对象。风险社会理论中的风险概念是一个现代性范畴，它与

---

① 〔德〕阿图尔·考夫曼：《法律哲学》，刘幸义等译，法律出版社 2004 年版，第419 页。

② 〔德〕阿图尔·考夫曼：《法律哲学》，刘幸义等译，法律出版社 2004 年版，第426~476 页。

③ 黄荣坚：《论风险实现》，载黄荣坚：《刑罚的极限》，台湾月旦出版股份有限公司1998 年版，第 160 页。

现代化进程中的财富生产相伴，是财富生产的副产品，具体表现为科技探索与应用、制度创设与运作或者社会关系形态演进与生成过程中，那些潜在并严重威胁公共安全、环境安全、生态安全、经济安全、国家安全的因素、行为或制度。因此，按照风险概念的理论逻辑，某些本属于自然犯罪性质的行为，因为现代化、网络（信息）社会的某些因素作用而加剧了行为本身的危险性和实害性，就不应当视为"风险刑法"的适用对象或规制范围。

刑法介入风险规制和风险行为入罪需要一种合理性论证，仅仅提倡"风险刑法"理念，或者仅将刑法纳入公共政策的干预和管制视野，又或者仅将风险对人类的危险和威胁的严重状况冠以危害性之名，都只是为刑罚权的扩张提供合法性，都只是进行了一种转换或突破刑法学理论坐标的思想努力，并没有解决犯罪化的实际标准问题。

首先需要摒弃的是危害性理论的完备性地位。危害性理论为犯罪化所提供正当性解释步入了一条实证化、描述式路线，要么导致越来越多的行为类型被纳入刑法上的犯罪范畴，并为国家刑罚权扩张开山劈岭，刑法不再为保障自由而设，转为为控制社会保驾护航；要么在面对复杂难解无以计算的风险时，因无法界定危害性的确切性质和程度，而拒绝将大量风险行为纳入刑法规制的对象范围。诚然，危害性概念的内涵势必要随着社会环境的变迁而不断得以丰富和再解释，但是，危害论证的普遍化所带来的结果，最终将按照一种自我解构逻辑颠覆其应有意义，"从表面上来看，危害论证的普遍化，似乎可以扩张危害对于犯罪界定的意义，实际上它恰恰是导致危害对犯罪界定的意义日益收缩的罪魁祸首……危害的抽象化和普遍化，使危害性原则在包容一切的同时，也彻底摧垮了自身"。[①] 因此，按照这种危害性理论的实证化认定路线和扩张性解释思维，无法解决风险行为的犯罪化标准以及圈定风险性行为的确定性入罪范围问题。

另一条主流的犯罪化论证路线是法益侵害论，亦即刑法客观主义立场，它持法益保护和自由保障价值取向，将犯罪的认定标准定位在对确定性权益的危害结果之上。然而，依据法益侵害论解决风险行为入罪问题至少遭遇了以下障碍：其一，区别于个人主义、自由主义法益侵害论的最初理论语境，风险社会阶段的法益侵害对象通常不是与具体的个人紧密关联的利益，而是

---

① 劳东燕：《危害性原则的当代命运》，载《中外法学》2008 年第 3 期。

表现为抽象性的诸如公共安全性质的社会法益侵害状态，风险经常表现为一种抽象危险形式，侵害行为与受损法益之间并不呈现出单一、直观、确定的对应关系，从而按照法益保护确定性要求，大量以抽象危险形态存在的风险行为将因其指向的法益的公共性、社会性、多元性、多重性、隐匿性和迟延性特征带来的非线性关系或非实害状态而无法对法益进行精确界定。其二，法益侵害论中的法益凝固于当代人的契约规范之中，凝固于当下语境，犯罪行为与特定法益之间表现为共时性状态。但是，风险所触及的法益经常以一种"延异"逻辑作用于代际和未来，珍稀物种的灭绝对未来生态意味着什么？可耕地的开发征用对后代意味着什么？核污染食品达到什么标准才是危及"法益"的？抗生素的滥用将在未来何时产生后果？转基因食品将在何时影响生育能力？这类问题将永远是一类等待定义和期待解释的话语对象。因此，一种遭遇风险社会秩序而内涵需要再定义、再解释的法益概念显然无法成为认定犯罪性的确定标准。其三，法益侵害论的逻辑对应是责任主义，即侵害法益者因过错而承担罪责。这种立论建立在法益侵害与加害主体的线性对应关系的确定性认知立场的基础上，在风险社会背景下渐渐失去支撑根据。风险社会中的责任主体或许如下状况："第一次现代化所提出的用以明确责任和分摊费用的一切方法手段，如今在风险全球化的情况下将会导致完全相反的结果，即人们可以向一个又一个主管机构求助并要求它们负责，而这些机构则会为自己开脱，并说'我们与此毫无关系'，或者'我们在这个过程中只是一个次要参与者'。在这种过程中，是根本无法查明谁该负责的。"① 或者说，风险责任是一种"有组织的不负责任"。

在危害性理论、法益侵害论内在的责任主义均无法为风险社会时代的安全刑法提供犯罪化根据的困境中，规范违反说开始日益受到刑法学界的青睐。按照德国刑法学者的观点，在风险社会中，由于遭受侵犯的法益或实害很难计算也很难证明，立法者越来越依赖和倚重抽象危险犯理论工具：根据经验或者基于某种专业性评估，或者只有它的大量出现，才可能导致机能障碍，那么单单行为的实施就可以处罚某人，而不取决于对人的任一具体危险的证据。实害论是古典刑法的理论基础，在风险社会中，危险性则成为刑法重点

---

① ［德］乌尔里希·贝克、约翰内斯·威尔姆斯：《自由与资本主义》，路国林译，浙江人民出版社 2001 年版，第 43 页。

关注的对象。① 与实害论形成鲜明对比的是，规范违反说坚持犯罪的本质在于对规范的违背和不遵循，而这种规范并非仅指刑法规范，它与据以评价行为的犯罪性和处以刑罚之直接根据的刑法规则并不完全重合，而是作为刑罚法规前提的一定的行为法，即规定禁止或者命令一定行为的规范，这些规范是制定刑法的前提，犯罪根本上就是违反了这类规范。② 甚至这类规范并非源自国家或政府，"在这个过程中，非国家行动者所创设的其他独立的、规范性的准则尤其重要"。③ 在规范违反论者看来，刑法并不独立决定何为犯罪并处以刑罚，刑法的功能也不在于对特定法益的保护，而是对特定法益所反映的社会规范的稳定性和有效性的维续，只有在将法益抽象到规范的意义上，才能解释刑法之一般化预防的社会功能。雅各布斯深刻界定了法益的规范本质并指出了刑法的社会功能目标："从刑法上看，这个利益仅仅表现为所有权人要求尊重他的权利，换句话说，在刑法意义上，这个利益不是作为外在的对象或者类似的东西而表现的，而是作为规范，作为有保证的期待来表现的。"④什么是作为刑法规则之根据的规范？它来源于何处？表现为怎样的形式和类型？

哈贝马斯对规范的本质揭示可谓极其深刻，他从三个向度对规范的基本形式及其属性内涵进行了界定。其一，在表现形式上，"行动规范……是在时间方面、社会方面和事态方面都普遍化了的行动期待"；其二，在有效性上，"有效的只是所有可能的相关者作为合理商谈的参与者有可能同意的那些行动规范"；其三，在创立方法上，是"合理商谈"，即"应该包括所有旨在就成问题的有效性主张达成理解的任何努力，只要这种努力是在这样一些交往条件下作出的，这些条件在一个通过语内行动义务而构成的公共空间里，使对

---

① 张晶：《风险刑法：以预防机能为视角的展开》，中国法制出版社 2012 年版，第 34 页。

② 张明楷：《法益初论》，中国政法大学出版社 2000 年版，第 30 页。

③ ［德］乌尔里希·齐白：《全球风险社会与信息社会中的刑法：二十一世纪刑法模式的转换》，周遵友、江溯等译，中国法制出版社 2012 年版，第 17 页。

④ ［德］雅各布斯：《刑法保护什么：法益还是规范适用？》，王世洲译，载《比较法研究》2004 年第 1 期。

主题和所发表的意见、信息和理由的自由处理成为可能"。① 哈贝马斯按照其"交往行为理论"路线所界定的"规范",说明了规范的行为期待功能和多样性分布状况,要求规范具有公共意志性(合意),并且必须是一种合理性对话和商谈的产物。规范可以以法律规范的形式表现,但是由于其来源的差异,更多地弥散分布于社会生活关系的多重领域,不过它们都有一个共同的功能特征——人们行动结果的确定性期待。社会规范的违反与刑法规范发生关联的逻辑,在于其"弱规范"性质使然,"社会规范是一种弱规范,正是因为其'弱',才需要一些'外力',即人的意志来帮助或者证实它的实现。所以,社会规范的实践性只能依靠这种方式获得补救:破坏规范的行为本来是不应该存在的;即使本身不是错的行为,也应该按照'错'的来看待。在刑法上是以刑罚效果的赋予来展现的"。②

规范违反说较之法益侵害说着实更能为刑法的社会功能发挥提供更具抽象性张力的合法化理由,与此同时,它也为刑法介入社会生活、干预社会秩序拓展出更加广泛的范围,因为社会本质上是由规范构成的,并且社会越是复杂、开放、发达,规范的类别和数量也必然表现为一种逐渐递增、纷繁多元和加速转型的趋势,风险社会也只不过是一个规范类别和数量更多并更为错综复杂的关系秩序。

因此,风险刑法的一个立论,在金德霍伊泽尔看来,就是"今天所要进行控制的和实施社会监督的对象是那些没有尽心按照操作规程去操作的人"。③按照这种立论逻辑,金德霍伊泽尔提出了三个具有原则性地位的刑法学命题。(1)刑法目标由个体法益保护向公共安全利益的转变。主要原因在于,风险社会中的法益具有复杂性、难以定义性、流变性、离散性、潜隐性乃至代际性,危险行为或风险状态可能造成的实害或损失经常不是针对或局限于某个人或某个确定的时间和地域,经常是群体和社会,危害也可能迟延至将来发生。因此,立基于个体法益的法益侵害论将失去评价危险行为和风险状态的

---

① [德]哈贝马斯:《在事实与规范之间:关于法律和民主法治国的商谈理论》,童世骏译,生活·读书·新知三联书店 2003 年版,第 132 页。

② 周光权:《刑法学的向度》,中国政法大学出版社 2004 年版,第 124 页。

③ [德]乌尔斯·金德霍伊泽尔:《安全刑法:风险社会的刑法危险》,刘国良编译,载《马克思主义与现实》2005 年第 3 期。

张力，从而决定了法益侵害难以作为构成刑法目标的充分前提。（2）刑罚功能由报复、特殊预防和威慑向介入、干预和规制风险临界点（风险情境）的一般预防转变。在风险社会中，由于风险行为可能造成的后果是灾难性的——危害公共安全、国家安全、社会管理秩序，不对风险行为进行提前介入、干预和管制，其损害后果将不可弥补，代价将巨大，报复型刑罚目的将失去意义。特殊预防也因其只是一种事后针对特定对象的刑罚，无法恢复和挽回犯罪危害损失。刑法的威慑功能通常只能在大众违法犯罪认知意识和能力具备的条件下发挥功效，而民众对风险行为要么难以认知判断和自我约束，要么无力也无从制止。（3）规范违反论基础上的安全规范违反行为的犯罪化。金德霍伊泽尔持犯罪成立的规范违反论立场，并且将安全规范视为风险社会中的刑法应当维护的首要规范，安全刑法的目的在于满足社会安全需要，因而"惩罚被延伸到行动方式上。正如所证实的那样，一个行动必须是安全的，只有具有安全性才是被允许的，如果一个行动被证明将可能造成伤害，应该马上禁止这个行动的实施。这种客观不法的逆向取证确实不能同伤害性逆向取证的罪责基础相混淆，它是通过把刑法和行政法结合起来去实现它的目标的。如果对某个没有官方许可的行动施以惩罚，也就意味着这个行动与官方的安全监督不相适合"。① 因此，金德霍伊泽尔对归责方法重点指向反安全行为的不法元素和本质元素的寻找和归结，为认定风险行为的犯罪性提供了方法论示向。

在规范违反论理论基础上的安全规范违反论初步解决了风险行为的犯罪化原则这一基本根据问题，阻却了危害性理论的无边界扩张解释的危险路线，也克服了法益侵害论及其内在的责任主义遭遇风险秩序中法益定义困难和责任主体混沌性状况。但是，新的问题接踵而至：安全规范仅限于行政法规吗？或者说行政法规能否提供对风险领域广延覆盖的安全规范？再者，行政立法能否并怎样垄断安全规范的制定权？

当前，我国学者已经对法定犯危害性评价的行政支配性趋势表达了深深的忧虑："法定犯危害性评价的行政支配性，其实质是将危害的界定权完全置于国家之手。在此种情况下，模糊的危害性内涵与危害性原则批判功能的丧

---

① ［德］乌尔斯·金德霍伊泽尔：《安全刑法：风险社会的刑法危险》，刘国良编译，载《马克思主义与现实》2005 年第 3 期。

失，无疑使国家能够不受阻碍地将任何不服从国家权威的行为犯罪化。"① 这种忧虑实质上对国家垄断危害性定义权力的合法性提出了质疑，也意味着国家未必是安全规范制定权的唯一合法性主体。在社会理论家视野中，犯罪很大程度上是一个作为资源的社区（社会）规范的匮乏或违反问题，按照福山的看法，犯罪所体现出的是一种社会资本的匮乏或违反现象，而社会资源本质上是一种合作规范，"成文法的刑法最低限度地规定了一套一定社会中人们同意遵守的社会规章。违反此种法律不仅是对犯罪的个体受害者的犯法行为，还是对更大社区及其规范体制的犯法行为"。② 在这种论述中，犯罪的原因不在于刑法规范本身，而是大小不一形式多样的社区规范的匮乏或违反，这就带来了国家垄断规范资源的合法性和可能性问题。

为以上问题提供答案，需要追问式考察风险社会阶段国家与社会的基本关系性质。已经成为理论共识的是，风险是现代性控制逻辑的一种意外后果，它跳出现代性控制逻辑之外，这意味着，风险本身也是国家控制社会的现代政治的产物，至少是国家控制社会逻辑构成了风险秩序形成的重要因素之一，甚至可以认为，国家控制社会越是关怀备至和面面俱到，后果越是险象环生和事出意外。风险社会的形成是知识增长、科技探索、经济发展、社会改革和国家控制的合力作用的未曾预料却又事出必然的结果，而这些合力要素之行动的规范性资源，长期以来着实主要由国家垄断性生产和供给。然而，规范与控制的资源条件是知识和信息，不断分层、碎片化和超复杂性的风险秩序决定了政府不再可能掌控全部知识与信息，或者，新知识和信息恰恰是制造新的不确定性的资源与能量。最终结果，就安全规范的垄断性生产和供给而言，政府不断遭遇合法性危机。

追问安全规范的来源和范围，或许只能按照一种风险社会政治学路线管窥大致路向，风险秩序中难以计数的关系形态和要素的分解、聚合和再分解、再聚合，决定了我们既无法有序列全安全规范供给者的全部名单，也无法准确划定安全规范的精确范围和全部类型。或许，刑法立法实践的那种以零散式、间歇性的修正案和司法解释将危险犯、持有犯、不作为犯、严格责任犯、

① 劳东燕：《危害性原则的当代命运》，载《中外法学》2008 年第 3 期。
② ［美］弗朗西斯·福山：《大分裂：人类本性与社会秩序的重建》，刘榜离等译，中国社会科学出版社 2002 年版，第 33 页。

法人犯罪等特定对象纳入规制范围的做法具有合理性，这种规制甚至还没有确定的安全规范根据，仅仅基于特定时段的社会和经济任务，或者因为一个事件，如毒奶粉事件、高铁事故、煤矿安全事件、不合格疫苗事件、e租宝事件等，以一种应急式实践合理性路线解决风险行为的犯罪化问题。但是，我们不能忘记，理性和理论虽然已备受诟病并已伤痕累累，却依然忍辱负重并踟蹰前行。因为，安全刑法的规制不当，也将可能是一种风险。因此，风险刑法不能没有理论方向和理性基础，哪怕这种理论方向并不直指目标，哪怕这种理性基础并不坚如磐石。

面对作为犯罪的风险，风险社会理论给出的应对方案实质上是一种风险管理方案，因此，风险化的犯罪应对，一种可欲的选择路线是按照管理学逻辑运作。在新公共管理论者看来，"在全球治理中，规则制定与规则解释已变得多元化了，规则再也不仅仅是国家或政府间组织的事情了。私营经济、非政府组织、政府的所属单位以及跨国与跨政府网络都在规则制定与规则解释中发挥着作用"。① 后现代社会的形成，对国家（政府）角色和权力的一大革命性影响，就是政府不再是控制和管理社会的中心与唯一权威，"权威性的决策和行动的国家正在让位于协商性的国家；协商性国家的性质是搭台唱戏、安排对话并给予指导"。② 这种后传统秩序中国家角色变换所引发的一个涉及规范问题的后果，就是规范的去国家化和多元化趋势。根据乌尔里希·齐白的研究，规范渐渐不再限定于国家制定，一种去国家化的规范产生态势已经出现，这些规范制定的主体包括国际机构和超国家机构、私人行动者（民间组织）、行业组织等。例如，反洗钱规范出现在国内法和欧洲法律之中，也出现在世界经合组织和联合国的有关公约之中，还出现在金融机构行业协会的有关制度之中。③ 在我们看来，安全规范本质上是一类管理规则，安全规范的来源应该是多元化的，政府、社区、学界、商界、技术行业协会、大型企业、

---

① ［澳］欧文·E. 休斯：《公共管理导论》（第三版），张成福等译，中国人民大学出版社 2007 年版，第 91 页。

② ［德］乌尔里希·贝克：《再造政治：自反性现代化理论初探》，载［德］乌尔里希·贝克、［英］安东尼·吉登斯、［英］斯各特·拉什：《自反性现代化》，赵文书译，商务印书馆 2001 年版，第 50 页。

③ ［德］乌尔里希·齐白：《全球风险社会与信息社会中的刑法：二十一世纪刑法模式的转换》，周遵友、江溯等译，中国法制出版社 2012 年版，第 22 页。

消费者组织、社会团体、传媒组织等，均可能成为某类安全规范资源的供给者，安全规范的类型切合风险类型，技术、生产、管理、经济、金融、传媒等领域的规范，都有可能是安全规范的表现形态。

需要指出的是，安全规范的主来源渠道无疑是政府，这并不意味着风险时代政府依然需要继续担当福利国家时代那种全能型政府的角色，而是说风险时代的风险管制、管理、干预、化解和处置依然是由国家主导的，这并不排除甚至更加需要社会组织、利益集团、社区以及公民个人的更多参与或负责。这种结论的得出是一种反证法逻辑，因为除去国家外，没有资源更为丰富和信息更为充沛的社会力量可以更好地胜任这一角色了。不过，政府主导的安全规范的制定，不再是一种独断式的意志决定和命令，风险秩序对政治民主的一种深刻效果在于，国家与各种利益集团、社会组织、行业协会、网络社区、跨国机构之间的关系，不再完全是那种传统时代的命令—执行、领导—服从、管理—接受的关系，在一个愈加复杂的背景环境和关系秩序中，国家和政府经常表现为一种对话协商组织者、矛盾冲突调停人和合意促成斡旋人的角色，国家和政府经常不再是权力意志和命令发布的源头。因为风险秩序中全能国家的萎缩可能会带来一个如贝克所预见的社会"亚政治化"政治境况，至少可以认为，国家制定安全规范，需要政治意志、专家理性和大众话语的多重交涉。以美国个人信息保护立法模式为例，其并不制定统一的个人信息保护法典，而是以一种分散立法模式，甚至是一种行业协议规范模式，即在各个行业分别制定有关个人信息保护的法律规则、准则。[①] 在商业、技术和知识产权等领域，各国近年来的实践，更是反映出一种以行业共同体规范违反为准据的刑事追责趋势。

（四）风险刑法的中国实践

风险刑法或安全刑法理论在我国法学界获得了积极响应，因为在社会发展阶段上，尤其在经济快速发展、全球化和全球网络社会逐步形成的时代语境中，我国事实上已经进入一个风险社会历史阶段。"当代中国社会因巨大的

---

① 王利明：《论个人信息权的法律保护——以个人信息权与隐私权的界分为中心》，载《现代法学》2013 年第 4 期。

变迁正步入风险社会，甚至将可能进入高风险社会。"① 我国法学家季卫东教授指出："随着产业化、城市化、全球化、网络化程度的提高，中国已经迅速进入风险社会，安全隐患无处不在。""目前的中国社会不仅是'风险广布'，而且还具有很强的'风险导向'"。② 我国社会学家童星教授指出："对于当代中国社会而言，所面临的社会风险决不限于这些现代性的'副产品'，还包括社会转型所带来的不良后果。因为当代中国除了正在经历现代化的社会变迁外，还在经历巨大的体制转型。相对于现代化过程中的工具性、物质性的变迁来说，社会体制和社会结构的变革更为根本。所以说，中国社会面临的风险是叠加的或曰共生的。"③ 风险社会理论缔造者贝克指出："因为在中国，它所具有的一个特征也导致了其与西方社会的巨大区别，这就是'压缩的现代化'（compressed modernization）。这种现代化既加强了风险生产，又没有为风险的制度化预期和管理留下时间。"④ 因此，倡导一种风险刑法理论立场在当下中国的现实语境中，无疑是恰当而可欲的。

尽管我国法学界当前对待风险刑法或安全刑法的理论观点并不一致，但是，从刑法立法实践来看，尤其是分析近年来多个刑法修正案的有关规定，抽象化这些规定的共同精神和立法旨趣，我们已经很难否认其内在的那种为风险刑法理论所创立和倡导的积极的一般预防、风险预防和安全目的的刑法理论精神的蕴含，即便这种立法实践是不自觉的，并没有预设风险刑法政策前提。不可否认的是，我国刑法部分修正案中的一些条文在价值取向上已经显现出风险刑法的一些迹象，在此，不妨列数现行《刑法》的诸多条文对抽象危险犯的规制情况。第一百二十五条："非法制造、买卖、运输、邮寄、储存枪支、弹药、爆炸物的，处三年以上十年以下有期徒刑；情节严重的，处十年以上有期徒刑、无期徒刑或者死刑。非法买卖、运输核材料的，依照前款的规定处罚。"第一百二十六条："依法被指定、确定的枪支制造企业、销

---

① 薛晓源、刘国良：《全球风险社会：现在与未来——德国著名社会学家、风险社会理论创始人乌尔里希·贝克教授访谈录》，载《马克思主义与现实》2005年第1期。

② 季卫东：《依法风险管理论》，载《山东社会科学》2011年第1期。

③ 童星：《社会管理创新八议——基于社会风险视角》，载《公共管理学报》2012年第4期。

④ ［德］乌尔里希·贝克、邓正来、沈国麟：《风险社会与中国——与德国社会学家乌尔里希·贝克的对话》，载《社会学研究》2010年第5期。

售企业，违反枪支管理规定，有下列行为之一的，对单位判处罚金，并对其直接负责的主管人员和其他直接责任人员，处五年以下有期徒刑；情节严重的，处五年以上十年以下有期徒刑；情节特别严重的，处十年以上有期徒刑或者无期徒刑：（一）以非法销售为目的，超过限额或者不按照规定的品种制造、配售枪支的；（二）以非法销售为目的，制造无号、重号、假号的枪支的；（三）非法销售枪支或者在境内销售为出口制造的枪支的。"第一百二十七条："盗窃、抢夺枪支、弹药、爆炸物的，处三年以上十年以下有期徒刑；情节严重的，处十年以上有期徒刑、无期徒刑或者死刑。抢劫枪支、弹药、爆炸物或者盗窃、抢夺国家机关、军警人员、民兵的枪支、弹药、爆炸物的，处十年以上有期徒刑、无期徒刑或者死刑。"第一百二十八条："违反枪支管理规定，非法持有、私藏枪支、弹药的，处三年以下有期徒刑、拘役或者管制；情节严重的，处三年以上七年以下有期徒刑。依法配备公务用枪的人员，非法出租、出借枪支的，依照前款的规定处罚。依法配置枪支的人员，非法出租、出借枪支，造成严重后果的，依照第一款的规定处罚。"第三百三十九条："违反国家规定，将境外的固体废物进境倾倒、堆放、处置的，处五年以下有期徒刑或者拘役，并处罚金；造成重大环境污染事故，致使公私财产遭受重大损失或者严重危害人体健康的，处五年以上十年以下有期徒刑，并处罚金；后果特别严重的，处十年以上有期徒刑，并处罚金。"

尤其值得关注的是，近年来刑法修正案的多个条文，更是强化了这种规制抽象危险犯的刑事政策倾向。具体条文包括《刑法修正案（三）》第一条："放火、决水、爆炸以及投放毒害性、放射性、传染病病原体等物质或者以其他危险方法危害公共安全，尚未造成严重后果的，处三年以上十年以下有期徒刑。"第五条："非法制造、买卖、运输、储存毒害性、放射性、传染病病原体等物质，危害公共安全的，依照前款的规定处罚。"第六条："盗窃、抢夺枪支、弹药、爆炸物的，或者盗窃、抢夺毒害性、放射性、传染病病原体等物质，危害公共安全的，处三年以上十年以下有期徒刑；情节严重的，处十年以上有期徒刑、无期徒刑或者死刑。""抢劫枪支、弹药、爆炸物的，或者抢劫毒害性、放射性、传染病病原体等物质，危害公共安全的，或者盗窃、抢夺国家机关、军警人员、民兵的枪支、弹药、爆炸物的，处十年以上有期徒刑、无期徒刑或者死刑。"第八条："投放虚假的爆炸性、毒害性、放射性、传染病病原体等物质，或者编造爆炸威胁、生化威胁、放射威胁等恐怖信息，或者明知是编造的恐怖信息而故意传播，严重扰乱社会秩序的，处五年以下有期徒刑、拘役或者管制；造成严重后果的，处五年以上有期徒刑。"《刑法修正案（四）》第一条："生产不符合保障人体健康的国家标准、行业标准的医疗器械、医用卫生材料，或者销售明知是不符合保障人体健康的国家标准、行业标准的医疗器械、医用卫生材料，足以严重危害人体健康的，处三年以下有期徒刑或者拘役，并处销售金额百分之五十以上二倍以下罚金。"第二条："逃避海关监管将境外固体废物、液态废物和气态废物运输进境，情节严重的，处五年以下有期徒刑，并处或者单处罚金；情节特别严重的，处五年以上有期徒刑，并处罚金。"第五条："以原料利用为名，进口不能用作原料的固体废物、液态废物和气态废物的，依照本法第一百五十二条第二款、第三款的规定定罪处罚。"《刑法修正案（七）》第七条："国家机关或者金融、电信、交通、教育、医疗等单位的工作人员，违反国家规定，将本单位在履行职责或者提供服务过程中获得的公民个人信息，出售或者非法提供给他人，情节严重的，处三年以下有期徒刑或者拘役，并处或者单处罚金。"第九条："违反国家规定，侵入前款规定以外的计算机信息系统或者采用其他技术手段，获取该计算机信息系统中存储、处理或者传输的数据，或者对该计算机信息系统实施非法控制，情节严重的，处三年以下有期徒刑或者拘役，并处或者单处罚金；情节特别严重的，处三年以上七年以下有期徒刑，并处罚金。""提供专门用于侵入、非法控制计算机信息系统的程序、工具，或者明知他人实施侵入、非法控制计算机信息系统的违法犯罪行为而为其提供程序、工具，情节严重的，依照前款的规定处罚。"《刑法修正案（九）》第八条："在道路上驾驶机动车，有下列情形之一的，处拘役，并处罚金：（一）追逐竞驶，情节恶劣的；（二）醉酒驾驶机动车的；（三）从事校车业务或者旅客运输，严重超过额定乘员载客，或者严重超过规定时速行驶的；（四）违反危险化学品安全管理规定运输危险化学品，危及公共安全的。机动车所有人、管理人对前款第三项、第四项行为负有直接责任的，依照前款的规定处罚。有前两款行为，同时构成其他犯罪的，依照处罚较重的规定定罪处罚。"第二十八条："网络服务提供者不履行法律、行政法规规定的信息网络安全管理义务，经监管部门责令采取改正措施而拒不改正，有下列情形之一的，处三年以下有期徒刑、拘役或者管制，并处或者单处罚金：（一）致使违法信息大量传播的；（二）致使用户信息泄露，造成严重后果的；（三）致使刑事案件证据灭失，情节严重的；（四）有其他严重情节的。单位犯前款罪的，对单位判处罚金，并对其直接负责的主管人员和其他直接责任人员，依照前款的规定处罚。有前两款行为，同时构成其他犯罪的，依照处罚较重的规定定罪处罚。"第三十条："违反国家规定，擅自设置、使用无线电台（站），或者擅自使用无线电频率，干扰无线电通信秩序，情节严重的，处三年以下有期徒刑、拘役或者管制，并处或者单处罚金；情节特别严重的，处三年以上七年以下有期徒刑，并处罚金。"第三十二条："编造虚假的险情、疫情、灾情、警情，在信息网络或者其他媒体上传播，或者明知是上述虚假信息，故意在信息网络或者其他媒体上传播，严重扰乱社会秩序的，处三年以下有期徒刑、拘役或者管制；造成严重后果的，处三年以上七年以下有期徒刑。"第四十一条："违反国家规定，非法生产、买卖、运输醋酸酐、乙醚、三氯甲烷或者其他用于制造毒品的原料、配剂，或者携带上述物品进出境，情节较重的，处三年以下有期徒刑、拘役或者管制，并处罚金；情节严重的，处三年以上七年以下有期徒刑，并处罚金；情节特别严重的，处七年以上有期徒刑，并处罚金或者没收财产。"……结合《刑法》其他同类规定，涉及抽象危险犯、预备犯、举动犯、具体危险犯等多种危险犯形态。

尤其是《刑法修正案（九）》，其所增设的 20 种新罪以及所扩大的 14 种原罪成立范围的立法修正案内容，重点确定在危害公共安全罪和扰乱公共管理秩序罪之上。[①] 这种修正案内容所体现的风险行为犯罪化立法精神，突出表现在以下两个方面：一方面，刑法早期化介入公共安全的维护和公共秩序的保障。例如，《刑法修正案（九）》第七条增设了以下罪名：准备实施恐怖活动罪，宣扬恐怖主义、极端主义、煽动实施恐怖活动罪，利用极端主义破坏法律实施罪，强制穿戴宣扬恐怖主义、极端主义服饰、标志罪，非法持有宣扬恐怖主义、极端主义物品罪。第八条增加规定了危险驾驶罪的两种行为：从事校车业务或者旅客运输，严重超过额定乘员载客，或者严重超过规定时速驾驶的行为；违反危险化学品安全管理规定运输危险化学品，危及公共安全的行为。另一方面，对风险行为性质的行政违法行为进行犯罪化规制。例如，《刑法修正案（九）》第二十八条增设的拒不履行信息网络安全管理义

---

① 刘志伟：《〈刑法修正案（九）〉的犯罪化立法问题》，载《华东政法大学学报》2016 年第 2 期。

务的致使违法信息大量传播的、致使用户信息泄露，造成严重后果的、致使刑事案件证据灭失，情节严重的以及其他严重情节的行为；第三十条规定的扰乱无线电通信管理秩序的擅自设置、使用无线电台（站），或者擅自使用无线电频率，干扰无线电通信秩序的行为；第三十二条规定的编造、故意传播虚假的险情、疫情、灾情、警情，在信息网络或者其他媒体上传播，或者明知是上述虚假信息，故意在信息网络或者其他媒体上传播的行为；第四十一条规定的违反国家规定，非法生产、买卖、运输醋酸酐、乙醚、三氯甲烷或者其他用于制造毒品的原料、配剂，或者携带上述物品进出境的行为。

可以得出的一个基本结论是，我国现行刑法，尤其是部分修正案的相关条文，强烈地表现出一种追责抽象危险犯而实现早期性干预和预防的风险与安全的一般预防性质。这种刑法修正案的立法价值导向，如果要从刑法理论上寻求解释，那么，否认风险刑法或安全刑法的理论立场是不能成立的。

八、回溯调查：
现代侦查权的理论内涵

　　权力的运作形态取决于对象和目标，也取决于知识和环境。侦查权作为权力的一种特殊类型，其运作形态及性质是由犯罪行为、侦查目的、相关知识和技术以及作为其环境的社会发展阶段或社会秩序性质所决定的。

　　历史上，对应于诉讼模式和证据制度类型，侦查权主要经历了神示式（占卜型）侦查和纠问型（逼供型）侦查两种权力形态。神示式（占卜型）侦查权混合于神示审判（神明裁判）而未能表现为独立的权力职能形式，它以求问某种假想性力量或宗教偶像完成犯罪事实确认和证据判断之过程，这种权力表现为一种"程式真理"①形态，其实质在于虚幻的神明力量构成权力源泉而决定犯罪事实真相。纠问型（逼供型）侦查权以被告人身体作为主要证据来源，以刑讯方式获取口供表现侦查权的行使方式，这种权力本质上是一种以犯罪人身体（肉体）为作用对象的统治权力的具体形态，权力来自国王和统治层，"法定证据制度"内在犯罪人身体是证据之主要来源的预设，也为纠问过程的严酷性递增提供了层次清晰的依据。

　　调查型侦查作为一种新型侦查权力形态，是现代社会的一种表征，该种侦查权力形态以揭示、重构和证明犯罪事实为目标，以收集证据为基本方法，本质上是一种回溯性思维和认知活动。究其实质，调查型侦查权根本上是一

　　① 吉登斯指出："程式真理是仪式的因果效应属性，真理标准被用于由仪式引发的事件而不用于被陈述的命题内容。"［英］安东尼·吉登斯：《生活在后传统社会中》，载［德］乌尔里希·贝克、［英］安东尼·吉登斯、［英］斯各特·拉什：《自反性现代化》，赵文书译，商务印书馆2001年版，第83页。

种围绕事实而运用的"求真意志"性质的权力。按照福柯关于司法权力形态的历史考察，司法调查是在 12 世纪至 13 世纪教会改组和君主国发展的背景下的一项发明，[①]"调查程序是一种古老的财政和行政技术……一种对被目击和可证实的真相的权威性调查，是与旧式的发誓、神裁法、法庭决斗、上帝的最后审判的方法乃至私下了结的方法格格不入的。调查乃是把通过一些有节制的技术来确定真相的权利归为己有的君主权力"。[②] 按照福柯的这种论断，司法调查作为一种经验知识的求取、验证和运用的权力，并非完全是现代的产物，它发轫于中世纪专制君主统治时代，甚至是现代经验知识——现代科学的政治—法律母体。

伯尔曼的研究同样持近代西方法律科学的方法论是近代西方科学的基础和原型的理论立场。近代西方意义上的科学，在方法论上内在五个要素：（1）一种完整的知识体；（2）在其中各种具体的现象被予以系统的解释；（3）解释要依据一般原则或真理（"定律"）；（4）知识是通过观察、假设、证明以及实验等方法获得的；（5）以调查和系统化为特征的科学方法因调查事件的性质而表现出一定的差异性。[③] 具备以上五个要素特征的近代科学方法论，直到 17 世纪的伽利略时代才开始真正形成，但是其原型和基础则是 12 世纪经院主义法学家的法律科学方法。在伯尔曼看来，12 世纪前后，经院主义法学家为了发现和证明隐含在判决、规则、概念以及其他法律材料中的原则，为了发现和证明法律诉讼程序中的事实，发明出一种实质为"与证据相一致的一般原则的构建，也在于他们将这些原则用于解释证据和从证据中推

[①] 在中世纪的法国，刑事诉讼由原告提起，法院不主动追究，查明案情的主要方法是宣誓陈述、神明裁判和司法决斗，至 9 世纪，王室法院摒弃了传统做法，在审理涉及王室利益的犯罪案件开始采用纠问式诉讼制度，法官主动传讯被告和证人，以讯问被告获取口供为主要调查方法，自 13 世纪以后，为加强对农民的镇压和打击强盗，这种纠问式诉讼又扩展到地方的领主法院和普通法院对刑事案件的审理。参见何家弘：《外国犯罪侦查制度》，中国人民大学出版社 1995 年版，第 169 页。

[②] ［法］米歇尔·福柯：《规训与惩罚》，刘北成、杨远婴译，生活·读书·新知三联书店 1999 年版，第 252 页。

[③] ［美］伯尔曼：《法律与革命——西方法律传统的形成》，贺卫方等译，中国大百科全书出版社 1993 年版，第 187 页。

出新知"①的法律科学方法。为确定诉讼中争议或待查事实，以 12 世纪的一篇著名论文《宗教修辞学》为代表的一些修辞学成果，使法学家借鉴修辞学研究思想，认为"修辞学与法律二者有着共同的程序"，修辞学家所提出的假设概念以补充关于"论题"的辩证概念，强调了证明方法的重要性，并且认为假设的证明需要提供证据。②法律诉讼中的事实问题作为假说命题思想的确立以及对证明方法的重视，最终将以观察、调查、试验、验证为要素的证据调查主题牵引出来。按照这种思路，调查型侦查作为确认法律诉讼之事实的一种必要方法或权力形态，只不过是发端于 12 世纪的经院主义法律科学以及近代科学方法论的必然产物和具体表现形式。

　　然而，将围绕事实与证据之间的证明关系引发的调查性行为界定为调查型侦查之根本性质的做法，以及对调查型侦查之历史渊源的简要考察，并没有将纠问型（逼供型）侦查权排除在调查性之外，因为倡导和追求经验方法确认和证明犯罪事实的近代法律科学方法论的产生和发展过程，恰恰是近代西方社会纠问式刑事诉讼制度盛行的阶段。这种纠问式诉讼模式中的纠问型侦查最为依赖的方法，是对犯罪人口供的逼取，但逼取口供本身无疑也是调查的一种形式，具有调查的本质属性。如果这样，将调查型侦查作为区别于纠问型侦查的侦查权力形态划分就存在疑问。关键问题在于，纠问型侦查既是一种主要的犯罪调查方法，又是一种表现为刑讯逼供的犯罪惩罚方法。福柯指出："在 18 世纪，司法拷问依据的是一种奇特的原理：产生事实真相的仪式与实施惩罚的仪式同步进行。被拷问的肉体既是施加惩罚的对象，又是强行获取事实真相的地方。而且，正如推理既是调查的一个因素，又是罪责认定的一个片段，司法拷问所造成的有节制的痛苦既是惩罚手段，又是调查手段。"③相对于纠问型（逼供型）侦查而言，调查型侦查的进步性突出表现在权力的正当性方面，犯罪人不再是证据的主要来源，追诉方承担举证责任，被追诉人享有诉讼权利对抗侦查权，程序的正当性和被追诉人权利保障在调

---

① ［美］伯尔曼：《法律与革命——西方法律传统的形成》，贺卫方等译，中国大百科全书出版社 1993 年版，第 188 页。

② ［美］伯尔曼：《法律与革命——西方法律传统的形成》，贺卫方等译，中国大百科全书出版社 1993 年版，第 190~191 页。

③ ［法］米歇尔·福柯：《规训与惩罚》，刘北成、杨远婴译，生活·读书·新知三联书店 1999 年版，第 46 页。

查型侦查中得到了弘扬和彰显。按照这种思路，对于侦查权形态嬗变的内在逻辑，我们不难得出一个简明结论：求真意志和证明理性构成了神示式侦查向调查型侦查转型的根本动力，权利保障和程序正当是纠问型侦查向调查型侦查转型的价值导向。

因此，从论证目标的便利性考虑，也结合现代调查型侦查权力实践的基本状况，有必要从以下多个维度对调查型侦查的基本性质和内涵，以一种韦伯式"理想型"类型学思维从理论上作出界定。

（一）侦查权力以权利（自由）保障为目的，实施过程具有程序法定性

调查型侦查权的目的在于通过查明犯罪事实并收集证据证明、追诉和惩罚犯罪，保障自由和秩序。侦查权是追诉权，是刑事司法程序中的一项专门职权，为国家专门机关专享，侦查权内在于刑事诉讼程序结构，是一种刑事诉讼程序结构内权力。在侦查程序结构之外，侦查权或者不存在，或者是禁止采取的一种行为。侦查权的发动基于已经发生的犯罪事实（行为），权力的具体形态及其运行程序由法律预先规定。侦查权是一种程序性权力，通过专门法律监督或社会监督等方式对侦查权实施过程和方式的合法性进行制约。

（二）侦查权力启动的事后性和权力方向的回溯性

调查型侦查权指向已经发生的犯罪行为（事实），是一种"回溯型侦查"（反应式侦查），它以"事件驱动"或"控告回应"为发动特征，任务事项主要包括：（1）确定是否有犯罪行为发生；（2）如果有犯罪行为，确定谁实施了犯罪；（3）收集犯罪证据；（4）查获犯罪人并将其羁押。[①] 美国侦查学家 James W. Osterburg 和 Richard H. Ward 将侦查人员的职责（以盗窃案件侦查为例）界定为：（1）确定是否犯罪；（2）确定管辖权；（3）发现报案事实（收集和保存所有物证、拓展和调查犯罪线索）；（4）查找被盗财物；（5）查明

---

① ［美］伟恩·R. 拉费弗等：《刑事诉讼法》（上册），卞建林等译，中国政法大学出版社 2003 年版，第 9 页。

犯罪嫌疑人和余罪。① 侦查权不得指向缺乏事实和法律依据的未来可能发生的犯罪行为，除非该种行为已经具备合乎法律规定的、需要确立为刑事案件的相应条件，否则，未来发生的可能性（或然性）犯罪行为不是侦查权力的指向和作用对象。

（三）侦查权力实施方法的认知性、访谈（咨询）性和证据（信息）导向

调查型侦查权因犯罪行为（刑事案件）的多样性而无法完全确定其普遍性实施程序形式，没有完全固化的侦查程序，在规定基本程序过程和主要环节的前提下，遵循自由形成原则（程序法定原则的补充），亦即针对犯罪类型的多样性和犯罪的具体阶段形态，应当保证侦查人员选择侦查措施的灵活性和自由度。以下具体形式构成了侦查权力的常规实施形态：（1）询问被害人、证人（含报案人、知情人）；（2）勘验犯罪现场并发现犯罪痕迹、物证，对犯罪痕迹物证进行分析和鉴定；（3）搜查犯罪嫌疑人以及犯罪证据、赃物等；（4）查阅犯罪档案（犯罪信息库）；（5）调查犯罪线索；（6）通过内线（线人）获取犯罪情报；（7）讯问犯罪嫌疑人（含共犯）；（8）咨询专家。通常侦查程序主要由确定犯罪行为是否发生、是否确立为刑事案件、调查犯罪事实和线索、收集证据、查获犯罪嫌疑人、采取强制措施、讯问犯罪嫌疑人等基本环节构成，以上环节常常因为案件的差异性而略有不同。法律预先规定这些具体侦查行为的实施规则和要求，侦查的程序性通常通过严格遵循有关具体侦查行为的实施规则、履行法律手续而得以体现。

具备以上性质和内涵要素的调查型侦查，是现代侦查权力的基本范式。调查型侦查权力的合法性至少可以从以下三个维度予以辩护：其一，追诉和惩罚犯罪的权力由国家垄断，侦查权旨在实现权利保障和秩序稳定的价值目标，作为国家公权力的侦查权，其发动依据是犯罪的实际发生，并且应按照权力法定、程序正当、措施合理必要、公开并接受监督等要求实施，实现程序正义价值。其二，犯罪侦查应当按照证明理性主义要求，确立证据是认定犯罪的根本依据，事实调查和证据收集是认知和证明犯罪的基本方法，侦查

---

① James W. Osterburg, Richard H. Ward. Criminal Investigation：A Method for Reconstructing the Past. Matthew Bender & Company, Inc. , 2010.

调查方法应当客观、科学和合理，逻辑、经验和技术构成了侦查方法的实质内涵，现代技术在物证等领域的有效应用促进和保障了犯罪事实认定的科学性与客观性，被追诉人不是证据的主要来源，犯罪人供述应当出于自愿，不被强迫自我归罪。其三，警察调查犯罪活动中所采取的侦查措施是必要而合法的，侦查不是对自由的威胁，而是通过高效的犯罪调查有效打击犯罪，并发挥震慑和抑制犯罪的社会控制功效，侦查是犯罪控制和保障自由的主要对策。因此，调查型侦查根本上是一种被动型侦查（反应式侦查），这种被动型侦查程序的启动以犯罪行为已经实施乃至结果已经发生为依据，犯罪行为是侦查行为的动因，犯罪行为和侦查行为之间存在时间上的历时性（diachronic）先后关系，侦查机关不主动发现犯罪线索或采取诱惑侦查措施。莱特克里菲总结道："被动的、以侦查为主业的警务模式成为今天的重点，至少在美国，这种模式仍然占据主流。该模式基于这样一种假设：重拳打击犯罪可以减少不法分子的数量，并对那些逍遥法外的漏网者形成威慑，从而起到预防犯罪的作用。"①

---

① ［英］杰瑞·莱特克里菲：《情报主导警务》，崔嵩译，中国人民公安大学出版社2010年版，第2页。

九、历史真相：
回溯调查型侦查权孕育与形成

以上勾勒调查型侦查权轮廓的这种彰显形式美学的简明特征及其合法性辩护理由并不准确反映侦查权力演化的历史实践过程，也并非当下实践中侦查权力运作实际状况的准确写照，也未必揭示或预见了侦查权演化的某种必然结果或趋向，甚至可以怀疑，这种高度抽象性的模型化命题所抽象掉的是一系列分离、散落和多样性的不连续事件的印迹。在福柯看来，这种以进化、发展、演化、传统、精神之类概念作为连续性历史叙事单位的做法是存在问题的，"不连续性曾是历史学家负责从历史中删掉的零落时间的印迹。而今不连续性却成为了历史分析的基本成分之一"。"对这些现成的综合，这些人们在一般情况下不经任何检验就给予承认的归纳，这些我们一开始就已经承认了其有效性的关联，应重新提出质疑，应该挖掘人们通常借以连接人类话语的这些模糊形式和势力，应该将它们从它们在其中肆虐的阴影中驱逐出去。"①

需要深入追问并应明确指出的问题在于，求真意志并非决定论式地瞬间而彻底地促成和实现了神示式侦查向调查型侦查的转型，司法人道主义、权利保障论以及正当程序论也并非如理论简练抽象那般决定了纠问型侦查向调查型侦查的变革。现代侦查权演化的历史实践所反映的恰恰是一种非连续性和非决定论过程，或者借用波普尔的话说，侦查权的演化是一种"趋向"，并不是什么"规律"，"趋向是存在的，或者更确切地说，对趋向的假设往往是一种很有用的统计学方法。但是趋向并不是规律……断言某时某地有某种趋

---

① ［法］米歇尔·福柯：《知识考古学》，谢强、马月译，生活·读书·新知三联书店1998年版，第9、24～25页。

向的存在的这一陈述，将会是一个单一的历史陈述，而不是一种普遍的规律"。① 基于这种理论立场，以科技理性支撑的证据与事实关系的合理性结构和权利保障价值理念感召下的正当性程序过程为根本特征的现代调查型侦查，似乎确证了侦查权发展演化之"趋向"性质，但是这并非为一种历史连续性意义上侦查权的演化"规律"或者理论逻辑力量下的"必然"，我们至少可以从以下两个方面列述其非连续性和反决定论境遇。

（一）历史发生向度

调查型侦查在现代警察制度诞生之初并未被确定为一种合法性警察权力，至少在现代警察权构架的早期阶段，调查型侦查并未构成现代警察权的重要成分。调查型侦查逐渐演变为现代警察权的重要权力类型具有明显的历史偶然性。

1829 年英国《大都市警察法》的颁布标志着现代警察的诞生，该法将现代警察的职能定位为犯罪预防。然而，作为现代意义上第一部确立警察合法化定位的法案，《大都市警察法》有关警察权力的规定几乎没有涉及警察侦查权问题，该法仅仅在第 7 条规定：警察在工作期间，有权逮捕那些扰乱公共秩序或者警察有合理理由认为其有犯罪企图的流浪、闲散人员；逮捕那些在日落后以及上午 8 点前躺在公路、广场或其他公共场所的人，或者是在上述场所闲逛而不能给出合理理由的人。由此至少可以看出，侦查权在现代警察诞生之初并没有被全面而系统地授予警察，甚至何为侦查权，也没有形成一种确定的法律概念。同年发布的《警察行为指导规范 I》要求：每个警察从其就职起就要知道，其主要工作目标是预防犯罪；只有以此为目标进行工作，才能确保公民的人身、财产安全，才能维护社会秩序安宁；其效果比犯罪人实施犯罪后进行犯罪侦查和处罚犯罪人要好得多。② 不过，也不能由此而认为侦查性质的活动在当时英国的犯罪控制领域并不存在。

《大都市警察法》颁布以前，作为英国现代警察的前身，担任弓街巡回法官（前身为治安法官）的亨利·菲尔丁及其兄弟约翰·菲尔丁主张通过侦查

---

① ［英］波普尔：《历史主义贫困论》，何林、赵平等译，中国社会科学出版社 1998 年版，第 101 页。

② 夏菲：《论英国警察权的变迁》，法律出版社 2011 年版，第 36 页。

打击控制犯罪的观点,探索一种控制犯罪的新型模式,他们认为职业的犯罪侦查人员是有效打击犯罪的必要条件,"有效的侦查需要一个由全职治安法官领导的职业组织机构,所有犯罪信息将在这里集中并传递给负责抓捕犯罪人的职业人员",① 并于 18 世纪中期组建了"弓街巡捕队"(Bow Street Runners)。这一组织由治安法官领导,但带有自行组建的民间性质,他们在接到犯罪报告后迅速赶赴犯罪现场并开始犯罪调查,通过报纸发布犯罪人信息,多渠道搜集犯罪情报,派遣密探潜入犯罪组织或社会下层……② 《大都市警察法》何以没有确认这种侦查权力的重要性并作为一种正式权力授予刚刚建立的现代警察? 这与当时英国社会民众所秉持的个人自由观念密切关联。在当时的英国民众看来,强大的警察机构的建立将是对自由的威胁。以天赋人权和社会契约论为信条的英国人反对建立现代警察制度持两个价值辩护理由:一是崇尚个人自由,二是倡导地方自治传统。强大的现代警察机构的建立将威胁市民自主的私人生活和消极自由,而中央集权和统辖的警察机关,将导致地方自治权的旁落。尤其是历史上法国公民曾经遭受过中央集权警察的镇压,更使当时的英国民众对新警察的建立持怀疑甚至敌视的态度。③ 英国现代警察的缔造者罗伯特·比尔甚至宣称:"建立一个密探组织是上帝所不允许的。"④ 这种口号未必是放弃警察侦查权的真实信念,或许只是为了让英国民众放松警惕而排除建立现代警察之阻力的政治策略。

在犯罪日趋严重的状况下,如何为现代警察的建立进行合法性(legitimacy)理论辩护,在理论上为自由价值观和警察控制论的对立关系进行矛盾调和及价值平衡? 警察科学的创始人之一、苏格兰巡回法官帕特里克·科洪于 1797 年出版了著作《论大都市警察》一书,该著作的哲学基础是实用

---

① 夏菲:《论英国警察权的变迁》,法律出版社 2011 年版,第 22~23 页。

② 根据美国警察学者的历史考察,"弓街巡捕队"主要是一支自愿者参加的队伍,性质类似当代警探,这些巡捕员(抓贼员)调查犯罪并将违法者移送法庭起诉。但是,成功起诉一名违法者他们将获得奖赏,并且可以没收罪犯财产,受害人也经常报答抓贼员,作为对返还财产的感谢。因此,这种抓贼员声名狼藉,民众对他们的工作抱以普遍的不安和怀疑。[美]罗伯特·兰沃西、劳伦斯·特拉维斯:《什么是警察——美国的经验》,尤小文译,群众出版社 2004 年版,第 63 页。

③ [美]查尔斯·R. 斯旺森等:《刑事犯罪侦查》,但彦铮、郑海译,中国检察出版社 2007 年版,第 5 页。

④ 夏菲:《论英国警察权的变迁》,法律出版社 2011 年版,第 73 页。

主义，科洪将实用主义哲学向警察科学进行了逻辑延伸，强调并论证建立新型现代警察的价值一方面在于可以侦查和控制犯罪；另一方面在于可以保护市民自由。这种警察哲学按照实用主义哲学所推崇的"最好的政府是为最大多数人提供最大福利"的信条，得出"如果建立警察制止的危害大于它所造成的危害，那么警务就是合理的"① 结论。

实用主义哲学基础的警察科学主张建立现代警察制度。然而，法官派却主张，通过刑法的修改、选择较轻的刑罚制度，即可达到抑制犯罪的目的，其理论基础在于，过分严厉的惩罚可能妨碍陪审团和法官促使犯罪人认罪，或者容易引起民众对法律公正性的质疑。其时，正值贝卡利亚于 1763 年出版的《犯罪与刑罚》一书风靡之时，一种预防犯罪优位于惩罚犯罪的价值理念正弥漫在社会的各个阶层。然而，18 世纪末至 19 世纪初刑法惩罚结构的变化不但没有带来犯罪减少和治安秩序混乱状况的改观，两者反而日益严重，这就为警察科学在英国彻底清除反对建立现代警察制度的一切思想障碍提供了有利条件，也为《大都市警察法》在议会的顺利通过扫清了思想障碍。

在这种社会背景下，《大都市警察》对新警察的责权定位是犯罪预防，从而令民众敏感的警察侦查权无疑就无法在其中予以明确确立。规模、功能有限的民间性组织"弓街巡捕队"显然不可能完成犯罪审判需要的全部犯罪调查任务，这种非正式的、密探式的犯罪调查和追捕活动显然也不是现代法律程序意义上的侦查权力。犯罪审判必须以对犯罪事实的认定为前提，那么当时的英国由哪种组织承担这一诉讼职能？这是一个十分复杂的历史演化过程。1164 年，《克拉灵顿诏令》确立了刑事审判上的陪审员制度，规定重大刑事案件由 12 名了解案情的当地居民担任陪审员，他们有义务就案件事实及是否有罪提供宣誓证言。1275 年，《韦斯特明斯特诏令》规定所有刑事案件均由陪审团调查并起诉。1352 年，爱德华三世颁布诏令，规定知情的当地居民由 12 人增加为 23 人组成大陪审团，不再负责审判，转为负责犯罪调查和起诉；另设 12 人（也为当地居民）组成小陪审团，负责案件审判。大陪审团对犯罪的调查活动在法官的指导下进行，它是英国历史上最早出现的专门负责犯罪调查的组织，它与小陪审团的分工，标志着侦查职能开始从审判职能中分离

① ［美］罗伯特·兰沃西、劳伦斯·特拉维斯：《什么是警察——美国的经验》，尤小文译，群众出版社 2004 年版，第 66 页。

出来。大陪审团在18世纪英国的刑事诉讼中履行侦查、预审、起诉等重要职能，至19世纪，专职侦查和起诉部门产生，至20世纪初期，治安法官逐渐替代大陪审团履行预审职能，至1948年，大陪审团才彻底退出英国历史舞台。① 其间，1361年，爱德华三世颁布法令，规定治安法官的职责是刑事案件的调查和审判。治安法官是一种业余性职务，无法尽职，正是这种原因，"弓街巡捕队"作为一种由治安法官组建却又是非正式的犯罪调查组织才应运而生。另外，验尸官、检察官、私人侦探等，也在历史上扮演过一定的犯罪调查角色。这些角色均没有在严格、规范和完整意义上开展调查型侦查。

英国现代警察的侦查权的发展是一个十分缓慢的过程，最初，在刑事犯罪问题上，警察只有略大于普通公民的逮捕犯罪人权力，在强烈地防止新警察成为国家进行社会控制之政治工具的社会心理环境中，"新警察勉强接受只不过是从事街边巡逻的步行士兵的职责，他们主要处于预防地位，间或被叫去逮捕犯罪嫌疑人"。② 触动和强化警察侦查权的动因主要有三起事件。其一，19世纪40年代早期，伦敦大都市警方录用一批富有才智的便衣调查并找回了一宗抢劫案中丢失的珠宝，这对大都市警察的功能定位产生了重大影响。英国警察学者莱特克里菲将其认定为"警务工作的重点开始从犯罪预防滑向犯罪侦破"始源。便衣侦探大量增加，他们通过秘密侦查抓获的犯罪人比街头巡逻逮捕的罪犯数量更多，他们不必为发案率负责，"发案越多、抓获越多"使警探队伍发展壮大。③ 其二，1842年，伦敦南部发生一起极其残忍的杀人案件，警察未能及时抓获罪犯。其三，同在1842年，连续发生两起企图枪击维多利亚女王的案件。于是，警察局局长抓住时机，向内政部提出建立专门侦查部门的要求。这一要求获得内政部批准，由8名警察组建了警探局（Detective Department）。1878年，进一步扩建成立了犯罪调查局（Criminal Investigation Department），成员达800余人，一个中央集权化的刑事侦查部门正式建立起来，也标志着现代侦查专业化进程的开始。

① 何家弘：《外国犯罪侦查制度》，中国人民大学出版社1995年版，第47页。
② ［英］麦高伟、杰弗里·威尔逊：《英国刑事司法程序》，姚永吉等译，法律出版社2003年版，第40页。
③ ［英］杰瑞·莱特克里菲：《情报主导警务》，崔嵩译，中国人民公安大学出版社2010年版，第13页。

需要追问的是，英国专业化侦查机构建立以后以怎样的模式行使侦查权？赞同式警务、预防式警务、服务式警务虽然一直作为一类美好的价值理想对警察权及其职能定位进行着引领和要求，而且由于警察调查犯罪的权力是从治安法官那里分解而来，强调警察不应高于民众对罪犯的逮捕权，但是，实践中的警察侦查权从来就不是一个对现行犯的当场逮捕以及犯罪后的必要调查问题。普通法传统以及英国法律秩序环境的独特性，导致了一个非常奇特的现象，英国现代警察制度于1829正式建立以后的150余年中，警察侦查权始终没有通过法律明确而系统地予以确立和界定，直至1984年《警察和刑事证据法》才开始对警察侦查权进行相对系统而集中的规定，"警察的侦查权只零散地见于不同制定法中，总体上是普通法传统、法官解释、皇家委员会调查、警察实践等多重因素共同作用下自然形成的一种状态"。① 按照英国警察哲学学者罗伯特·雷纳的看法，《警察和刑事证据法》虽然在名义上赋予了警察更多的权力，但是，"对于许多权力而言，这只是先前随意性较大的制定法和普通法的合理化和法典化，或者是警察在实践中已经存在的权力的合法化"。② 从法律上概括英国警察侦查权的类别，主要包括阻留搜查权、逮捕权、讯问权、起诉权以及犯罪事实和证据调查类权力。在理论上或观念中，以上警察侦查权的实施一直被要求"强制权的运用不能针对个人及其财产或自由，除非已知他本人实施了或者在合理的基础上怀疑他实施了具体的罪行"。③ 如果是这样，我们或许就可以断言，这种警察侦查权便是一种兑现自由保障、程序正当、反应式权力启动、注重调查和证据至上价值精神的调查型侦查权。但是理论愿望从来就不是现实，我们可以认为现代英国警察侦查权的合法化扩张历程极为缓慢且步履维艰，也可以从各类法律渊源中梳理出这种侦查权的形式类型，但是，应该深入反思并认识到，不通过制定法（专门法）明确、系统地规范警察侦查权，既反映了内在对抗性、策略性、博弈性、灵活性、多样性和复杂性的侦查活动本来就难以统一程序的特性，也在很大程度上反

---

① 夏菲：《论英国警察权的变迁》，法律出版社2011年版，第76页。
② ［英］罗伯特·雷纳：《警察与政治》，易继苍、朱俊瑞译，知识产权出版社2008年版，第204页。
③ ［英］麦高伟、杰弗里·威尔逊：《英国刑事司法程序》，姚永吉等译，法律出版社2003年版，第46页。

映出政府在犯罪控制与自由保障之价值平衡结构中的一种不便明示宣告的政治倾向——对警察侦查权的自由裁量性乃至自主性或自由形成性的默认。事实上，英国警察侦查权从来就没有以那种理想型意义上的调查型侦查权力兑现于历史实践。"事实上，秘密侦查并没有被限定于威胁社会架构的最严重罪行，但已经成为执法人员的习惯做法，使用得相当普遍和娴熟。"① 这是英国刑事诉讼法学者针对 1984 年《警察与刑事证据法》有关秘密侦查规制的缺失而指出的问题。然而，起用秘密力量、便衣警察潜伏卧底、秘密监听、秘密拍照摄像、秘密侵入住所搜查、跟踪、阻留搜查形迹可疑人员等，不只是现代英国警察，其实也是现代国家警察侦查权的重要实施形式。这类秘密侦查手段的性质，虽然在本质上依然内在"调查"之语词概念的基本意涵，但是，如果说反应式启动侦查权、恪守程序规则调查事实和收集证据的调查型侦查权力的指向对象是案件事实本身，那么，这种以大量法外（无规范的或默认的）秘密侦查手段形式行使的侦查权，其指向对象除了案件事实外，犯罪人（通常是预见和怀疑意义上的）身体以及权利（隐私权、财产权、自由权、通信权、个人信息安全权等）也成为其作用对象。

应当认为，英国独特的法律传统和国民对警察权力持普遍担忧、怀疑乃至抵触的社会心理，对警察侦查活动中大量使用秘密手段的做法发挥了重要的牵制和制衡作用，以致现代英国在警察侦查权力的限制方面，较之大陆法国家的法国、德国和普通法国家的美国，显得更为严格，尤其重视控制秘密侦查手段的使用。

自 16 世纪以后，欧洲大陆大量主权国家诞生，君主和特权阶层为维护政治统治，针对政治危险性社会团体和危险个人，也在侦破普通刑事犯罪活动中，对政治控制和犯罪控制不作区分，大量使用卧底打入、线人偷听、跟踪监视、引诱犯罪等秘密手段，不但侵入社会组织、家庭和个人的住所、隐私和秘密，最终目的是掌握社会和公民最为秘密或隐私的内容。② 资产阶级革命后的拿破仑帝国虽然建立了现代警察制度，但是，"警察的功能仍然被定位于对社会各角落进行持续监控，秘密搜集各种信息，特别是与政治反对势力、

---

① ［英］麦高伟、杰弗里·威尔逊：《英国刑事司法程序》，姚永吉等译，法律出版社 2003 年版，第 53 页。

② 程雷：《秘密侦查比较研究》，中国人民公安大学出版社 2008 年版，第 45 页。

公共秩序和犯罪相关的情报。这种秘密搜集情报的职能与封建时代秘密警察的任务并没有太多差异，在手法上仍然是主要依靠遍布全国的各种线人秘密提供信息"。①

美国的犯罪侦查组织最初主要是私人侦探组织，尤其是以阿伦·平克顿侦探所最为著名，这种私人侦探组织除了采取一些常规的犯罪调查、建立犯罪人档案库等方法外，更多的是采取一系列秘密手段搜集犯罪情报，"私家侦探"（private eye）这一术语就产生于这一组织及其活动，"平克顿"一词甚至成为美国政府犯罪侦查机构的俚称。② 美国 19 世纪中期在部分城市建立起来的警察职能主要是治安巡逻，美国警察制度建立之初同样对警察侦查权没有明确，尤其是对以秘密手段开展犯罪侦查持普遍怀疑态度而对其进行限制。至 19 世纪末期 20 世纪初期，美国警察机构才逐渐设立犯罪侦查组织，但人数少、规模小。随着犯罪问题的日趋严重，以及平克顿侦探所之类的社会侦探组织的有力影响，美国警察侦查机构才纷纷建立起来。财政部、邮政署联邦机构在美国"内战"结束后开始聘请私人侦探协助联邦执法，其执法手段主要是秘密侦查手段。尤其是作为美国警察机构代表的联邦调查局（FBI），自第二次世界大战结束以后，针对种族团体、政治激进团体、毒品犯罪、白领犯罪、有组织犯罪所开展的调查控制活动，其主要手段便是秘密手段。乔装侦查（Undercover Investigation）和秘密监控侦查手段的使用所造成的社会影响，导致美国联邦调查局于 1981 年专门制定了《美国司法部长关于联邦调查局乔装侦查行动准则》，并于 1992 年、2002 年先后进行两次修改。

通过对以英、法、美三国为代表的西方国家现代侦查权模式的简要梳理，我们不难发现，现代侦查权在现代欧美国家警察制度建设的早期甚至很长时段中，没有按照一种追求自由保障、程序正当、措施合法、回溯启动和权力公开的调查型侦查模式在法治实践中兑现与演绎，现代侦查权更多的是一种以权力规制和程序正当之法治大词掩饰下的秘密手段的运用史。

---

① 程雷：《秘密侦查比较研究》，中国人民公安大学出版社 2008 年版，第 46 页。
② ［美］查尔斯·R. 斯旺森等：《刑事犯罪侦查》，但彦铮、郑海译，中国检察出版社 2007 年版，第 10 页。

（二）理论张力向度

犯罪的预谋性、隐蔽性、组织性、危害性以及犯罪过程的形态多样性，决定了"前瞻型侦查"（主动型侦查）必须成为警察侦查权力发动和施行的一种必要形态，警察侦查权在理论上无法严格遵循或限定于"回溯型侦查"（反应式侦查）的权力模式运行。

美国警察学者将警察控制犯罪的方式划分为两种类型：主动警务策略（Proactive Strategies）和反应警务策略（Reactive Strategies）。在主动警务策略中，警察主动发现犯罪并执行法律，重在预防犯罪；在反应警务策略中，警察对民众报警等形式发现的犯罪采取侦查措施，重在打击街面犯罪。不过，美国警察学者对警务策略的这种分类，并没有将主动警务策略视为一种可以逾越法律界限，不受法律规制的犯罪控制活动，而是从执法自由裁量权角度对其进行了定性，主动警务策略只不过是一种限定于警察法定职权范围内的自由裁量执法形式。① 如果将主动警务策略限定于自由裁量执法界限之内，那么这种警务模式下的侦查行为并没有逾越调查型侦查的概念范围。对调查型侦查的内涵界定不能过于狭隘，因为犯罪的复杂性状况决定了侦查权启动及其具体措施实施的多样性，犯罪不可能仅仅表现为实施终了并都有确定的报案人，犯罪行为可能正在实施，大量犯罪并没有报案人，犯罪过程也经常处于预备、未遂或中止状态，有组织犯罪则以犯罪组织形态存在，这是无法对侦查程序进行过于严格规制的主要原因所在。不过，只要侦查权力明确指向已经发生或正在进行的犯罪，并且侦查权的启动和具体侦查行为的实施依然限定于有关法律程序的基本要求之内，一系列自由裁量性侦查行为依然应当划入调查型侦查范畴。

美国警学界关于侦查权实施过程的另一种分类虽然也使用了"犯罪调查"（Criminal Investigation）概念，笼统指涉侦查权实施过程的各种形态，但是关于侦查权实施模式的具体分类中的部分已然超出了"调查"概念的范畴：犯罪调查可以是主动式的（针对某种预测的犯罪）或反应式的（针对某种已然犯罪），隐蔽的（警察的行动是隐蔽的）或者公开的（公众知道警察的行

---

① ［美］罗伯特·兰沃西、劳伦斯·特拉维斯：《什么是警察——美国的经验》，尤小文译，群众出版社 2004 年版，第 296~298 页。

动），以及以人为重点的（以某犯罪嫌疑人为目标）或者以事为重点的（以某件具体的犯罪或者某种犯罪为目标），并指出，"最民主的组合是反应式、公开的、以事为重点的调查"。"对民主威胁最大的组合是主动式、隐蔽的、以人为重点的。"① 这种分类法实际上选择了一种法律标准，即"反应式、公开的和以事为重点的"侦查遵循法律程序规定进行，至少是在法定基本程序框架内的自由裁量式侦查。但是，对于"主动式、隐蔽的和以人为重点的"侦查已然超出了法律程序结构，侦查权的启动和具体侦查措施的采取通常都没有明确的法律依据。对于后者，尽管某些侦查行为依然内在一定的"调查"内涵，但这种"调查"行为已经与犯罪行为同步，甚至仅仅基于对特定人或事件的怀疑，甚至推论式预测，不再是一种回溯式行为，而是内在监控现行犯罪和预测未来犯罪的性质。对于这种监控型、预测性侦查行为，美国刑事诉讼法学界使用了"前瞻性侦查"的概念予以概括，其内涵要素包括：旨在揭露警方尚未明确获知的犯罪（无确定证据证明犯罪已经发生或正在发生）；警方不主动调查（如埋伏监视、电子监控）则犯罪将避开公众视线并不被报案；促使（引诱）犯罪人自我暴露；针对预测将要发生的犯罪；安排内线渗入犯罪组织直接掌握犯罪；截停车辆搜查或讯问可疑对象（侵犯性质询）；针对犯罪高发的社区采取监视手段。美国学者指出，前瞻性侦查是许多警察机关的长期传统，某些特殊职责机关常将更多办案资源投入其中，虽然前瞻性侦查可能表现出多种程序形态，但骗术是很多前瞻性侦查的普遍元素，其目的是监测犯罪并为进一步实施侦查行为提供合法依据。不过，美国刑事诉讼法学者没有否定这种前瞻性侦查的合法性和有效性，而是作出了如下评价："总体而言，前瞻性侦查程序的资料来源更密集，更具侵犯性，更加可能引起社会的反对，并且很明确，也比典型的回溯性程序造成了更多的法律问题。因此，尽管评论者认为，前瞻性程序的扩展运用可能增强警察工作的有效性，但在绝大多数机构中，前瞻性侦查程序仅仅是基础性单一控诉的回溯性侦查策略的补充，回溯性侦查才控制了侦查资源。"②

---

① ［美］罗伯特·兰沃西、劳伦斯·特拉维斯：《什么是警察——美国的经验》，尤小文译，群众出版社 2004 年版，第 310~311 页。

② ［美］伟恩·R. 拉费弗等：《刑事诉讼法》（上册），卞建林等译，中国政法大学出版社 2003 年版，第 11~12 页。

至此我们不难得出结论，因为犯罪的复杂性、多样性、不确定性、危险性，以及犯罪事实认知和证明任务的艰巨性，发现和查获犯罪嫌疑人的博弈性，控制犯罪的及时、必要性，侦查权在理论上不能够过于严格和机械地通过一种概念化的法律程序进行模式固定化的规制。按照哈特的思想，关于"法律"概念之所以各执其词，其原因在于"法律"或"法律制度"之类的术语除了"明确的标准情况，也有引起争议的边际情况"。对于日常生活中语义的模糊性，哈特指出："除了这些标准情况之外，你也会发现社会生活中的某些安排在具有标准情况的某些显著特征时，也缺乏其中的另一些特征。这些有争议的情况，赞成或反对把它们作为法律来归类的争论是不会有终结的。"[1] 侦查概念无疑内在着某些可以确定的基本意涵，但是，我们并不能按照一种本质论思维将侦查概念的含义一劳永逸地确定下来，甚至在历史实践中，侦查概念的真正含义取决于特定的法律实践环境。维特根斯坦说："一个词的意义就是它在语言中的使用。"[2] 或许，调查型侦查概念确实表述了现代侦查权实践的基本精神，也反映了自20世纪60年代以来，尤其是美国正当程序革命以来警察侦查权的基本状况，但是，它绝不是对现代侦查权的客观精确摹写，甚至只是一个为警察侦查权进行合法性辩护的幌子。

以历史考察和概念张力两个路径对调查型侦查权概念内涵的纯粹性和确定性进行解构的目的，并非要完全否定调查型侦查权在现代警察打击控制犯罪之职能实现上的主导性地位。不可否认的是，现代法治国家进程，尤其是正当程序革命对警察侦查权的控制确实深刻影响了警察侦查的权力形态，这种权力形态的基本构成部分无疑还是执行法律式的调查型权力，秘密手段的使用并没有主导现代警察侦查的基本模式，况且，秘密手段的使用在普通法国家和大陆法国家也表现出不同的状况。在普通法国家，秘密手段最初只为民间侦探组织广泛使用，国家警察机构在其建立之后的较长时期内其权力依然限定于自由保障和执行法律的要求之下，按照一种古典犯罪学的合理威慑理念基本保持着回溯式侦查的面貌，民众对便衣警察的敌意和抵制使专门性侦查机构的建立步伐极为缓慢，1868年，伦敦地区8000人规模的警察组织也

---

① ［英］哈特：《法律的概念》，张文显等译，中国大百科全书出版社1996年版，第4~5页。

② ［奥］维特根斯坦：《哲学研究》，李步楼译，商务印书馆1996年版，第31页。

只有 15 名警探。① 直到 20 世纪 60 年代因为犯罪率的急剧上升，大量秘密手段才更为广泛地运用于有组织犯罪、毒品犯罪、恐怖主义和国家安全情报领域。在大陆法国家，监控式的秘密手段的使用领域则经历了由社会政治控制—国家安全维护—打击普通刑事犯罪的扩张过程，而在普通犯罪侦查领域的使用无疑也受到了较为严格的法律限制。②

---

① ［英］罗伯特·雷纳：《警察与政治》，易继苍、朱俊瑞译，知识产权出版社 2008 年版，第 67 页。

② 程雷：《秘密侦查比较研究》，中国人民公安大学出版社 2008 年版，第 58 页。

十、实践困境：
回溯调查型侦查功效现状

调查型侦查权的价值定位除了强调对公民自由权的保障、程序正当性的法治意义，更从犯罪控制社会目标的实现角度予以倡导。犯罪调查权由官方职业化警察部门垄断，以高效的组织形式并借助先进的科技设备和系统化方法对犯罪进行侦查，必将有效发挥打击和控制犯罪目标的实现。莱特克里菲总结道："被动的、以侦查为主业的警务模式成为今天的重点，至少在美国，这种模式仍然占据主流地位。该模式基于这样一种假设：重拳打击犯罪可以减少不法分子的数量，并对那些逍遥法外的漏网者形成威慑，从而起到预防犯罪的作用。"[1] 然而，这种有关犯罪控制模式的警察侦查权功能模式定位在实践中正遭遇着越来越多的突出问题。

（一）破案率困境

美国犯罪学者将破案率（clearance rate）定义为："已侦破案件的基本比例。该比例的计算方式是每一项同类重大犯罪的逮捕数量除以该类犯罪的总数，即得到'通过逮捕破案'每一项犯罪的比例。"[2] 罗伯特·雷纳的研究反映，在第二次世界大战以前，英国有记录的违法案件的结案率通常在50%以上，但在20世纪90年代末期，下降至29%，虽然像杀人案件的结案率达

---

① ［英］杰瑞·莱特克里菲：《情织主导警务》，崔嵩译，中国人民公安大学出版社2010年版，第2页。

② ［美］罗纳德·J.博格等：《犯罪学导论——犯罪、司法与社会》，刘仁文等译，清华大学出版社2009年版，第57页。

90%，针对个人的暴力犯罪案件结案率为79%，性犯罪案件为77%，但是，抢劫案件的结案率只有27%，盗窃案件只有24%。① 莱特克里菲则指出，英美两国自2000年以来的破案率一直稳定在20%～26%。② 根据2003年美国联邦调查局发布的《统一犯罪报告》（Uniform Crime Reports，UCR），③ 该年度美国各类重大犯罪的破案率具体如下：杀人，64%；暴力强奸，45%；抢劫，26%；加重殴击，57%；入室盗窃，13%；盗窃汽车，18%；纵火，17%。④破案率通常是一个评价警察侦破案件效率的主要标准，甚至已经成为现代警察的一种社会文化形象。

低破案率不仅涉及警察侦查的工作效率问题，按照古典犯罪威慑理论，它将对抑制犯罪产生负面影响。然而，破案率取决于很多因素，其中实际发案数量及其统计标准对破案率的影响最大。另外，警方对报警的处置方法（态度），以及某些政治因素（如地方性治安环境作为政治资源的利用）和警方案件管理技术（如串并案件）对破案率的影响也十分突出。低破案率已经成为当今世界各国所遭遇的一个突出问题，其主要原因是自20世纪60年代以来，犯罪持续稳定在高发状态。然而，破案作为一个被文学所神秘化的概念，其实质则完全不同于人们所想象的那副富于浪漫色彩的面貌。不可否认，一批犯罪案件的事实真相的揭示和真凶的查获，无疑要归功于警探们的推理思维、线索调查、追踪发现和刑事技术的运用，但是，较大比例案件的破获，是以犯罪人自首、被害人指认、证人举报、群众抓获的形式，或者通过其他

---

① ［英］罗伯特·雷纳：《警察与政治》，易继苍、朱俊瑞译，知识产权出版社2008年版，第140页。

② ［英］杰瑞·莱特克里菲：《情报主导警务》，崔嵩译，中国人民公安大学出版社2010年版，第2页。

③ 《统一犯罪报告》是联邦调查局自1930年开始组织发布的犯罪统计定期公报，该公报最初每月一期，1932年改为季刊，第二次世界大战期间改为半年发布一次，1959年开始每年发布一次。每年有1500多家执法机关将已知并经确认的犯罪数字上报联邦调查局，这个数字是"重大"犯罪（major crime）的一种指数，包括谋杀、暴力强奸、重伤害、入室盗窃、抢劫、盗窃、盗窃汽车和纵火八种犯罪。参见［美］埃德温·萨瑟兰、唐纳德·克雷西、戴维·卢肯比尔：《犯罪学原理》（第十一版），吴宗宪等译，中国人民公安大学出版社2009年版，第59页。

④ ［美］罗纳德·J.博格等：《犯罪学导论——犯罪、司法与社会》，刘仁文等译，清华大学出版社2009年版，第57页。

非推理探案的路径实现的，部分案件并不存在一个破案要求，如犯罪关系清晰的案件，犯罪人已昭然若揭。虽然缺乏确切的统计数据，但可以肯定的是，通过侦查（推理探案意义上）破获的案件所占发案数的比例是十分令人惊诧的。因此，罗伯特·雷纳明确指出："只有很少的犯罪是通过和小说中所热衷的'古典的'或是'官僚的'模式相类似的调查手段来结案的。"① 按照这种分析路线，可以得出的初步结论是，调查型侦查权所假定的通过案件侦破实现犯罪威慑功能的命题依然疑问重重，或许它像一个神话，是社会心理拟制的一种信任符号。

（二）隐案和犯罪漏斗之忧患

何为隐案？按照德国犯罪学家汉斯·约阿西姆·施耐德的观点，对隐案概念的界定应从多个维度进行。施耐德将隐案的基本含义界定为"实际上犯下，但未为刑侦当局（警察、司法机关）获悉，因此没有编入官方犯罪统计的罪行总数"。这种界定是以警方获悉、统计与否为标准的。与此同时，施耐德提出了"绝对隐案"概念，是指那些虽然已经犯下，但谁也没有察觉和识别，或者谁也回忆不起来的违法和犯罪行为。另外，施耐德还将那种犯罪嫌疑人未被发现或未被判决的罪行称为相对隐案。② 犯罪统计存在多种形式，常见的犯罪统计包括警察已知犯罪（警方统计）、逮捕统计、法庭统计（有罪判决统计）、监狱统计以及被害人调查统计等，不同的犯罪统计形式将决定隐案的实质内涵。不过，在我们看来，理论上，被害人调查统计最能客观反映犯罪发生的实际数量，但是，由于该种调查方法在实施上的难度以及被害人透露被害情况的心理顾虑等因素，致使按照该种方法标准界定隐案概念只具有理论意义而缺乏现实价值。通常源自报案、控告、举报、自首、相关部门移送以及警方发现并经确认处理而登记入档的做法作为警察统计标准，是确定发案率和犯罪数的最常用做法。按照美国犯罪学家们的看法，就犯罪统计的可信度而言，由高到低排序依次是：警察已知犯罪、逮捕统计、法庭统计、

---

① ［英］罗伯特·雷纳：《警察与政治》，易继苍、朱俊瑞译，知识产权出版社 2008年版，第 142 页。

② ［德］汉斯·约阿西姆·施耐德：《犯罪学》，吴鑫涛、马君玉译，中国人民公安大学出版社、国际文化出版公司 1990 年版，第 204 页。

监狱统计。① 因此，以警察统计环节为标准界定隐案概念，其基本含义是指实际发生警方却未能予以登记确立的犯罪。实际发生多少犯罪，与警方或相关部门接报警数和正式刑事立案数之间存在较大差距，对于没有被正式登记并确立为刑事案件的犯罪，称为隐案。隐案与实际立案数之间到底存在怎样的差距，按照美国司法部司法统计局主持的"全国犯罪被害调查"（NCVS）1999 年所发布的数据，在美国，人身犯罪的总报警率为 43.4%，其中，强奸犯罪（性犯罪）报警率为 28.3%，抢劫犯罪报警率为 61.2%，殴击犯罪报警率为 42.6%，抢包犯罪报警率为 25.9%；财产犯罪的总报警率为 33.8%，其中，入室盗窃犯罪的报警率为 49.3%，盗窃汽车的报警率为 83.7%；全部犯罪（包括人身侵害犯罪和财产侵害犯罪）的报警率为 36.3%。另外，由于毒品犯罪和白领犯罪的特殊性，"全国犯罪被害调查"缺乏该方面的数据。② 根据"全国犯罪被害调查"（NCVS）2004 年所发布的数据，在美国，盗窃机动车的报警率为 95%，入室盗窃的报警率为 53%，重伤害的报警率为 64%，抢劫的报警率为 61%，轻伤害的报警率为 40%，扒窃的报警率为 40%，暴力犯罪的报警率合计为 49%，全部犯罪（人身侵害犯罪和财产侵害犯罪）的报警率 41%。根据英国"不列颠发案问卷调查"（BCS）2006 年 7 月所发布的数据，在英国，盗窃机动车的报警率为 93%，入室盗窃的报警率为 66%，重伤害的报警率为 58%，抢劫的报警率为 47%，轻伤害的报警率为 36%，扒窃的报警率为 35%，暴力犯罪的报警率合计为 43%，全部犯罪（人身侵害犯罪和财产侵害犯罪）的报警率为 41%。③ 根据美英两国相关部门公布的以上有限的数据，我们不难发现，实际发生的犯罪数与警方正式确立的犯罪数之间存在很大差距，警方通常只将 30%左右的实际犯罪确立为犯罪案件，④ 这种巨大差距的形成，有极其复杂的"犯罪率制造"因素。导致大量隐案现象的原因

---

① ［美］埃德温·萨瑟兰、唐纳德·克雷西、戴维·卢肯比尔：《犯罪学原理》（第十一版），吴宗宪等译，中国人民公安大学出版社 2009 年版，第 65 页。

② ［美］罗纳德·J. 博格等：《犯罪学导论——犯罪、司法与社会》，刘仁文等译，清华大学出版社 2009 年版，第 64 页。

③ ［英］杰瑞·莱特克里菲：《情报主导警务》，崔嵩译，中国人民公安大学出版社 2010 年版，第 38 页。

④ ［英］杰瑞·莱特克里菲：《情报主导警务》，崔嵩译，中国人民公安大学出版社 2010 年版，第 54 页。

至少可以从被害方原因和警方原因两个方面进行归结。被害方原因：认为犯罪性质轻微、犯罪后果较轻，即便报警警方也将无所作为；决定私自了结；报案不便；向无关部门报告而漏失；害怕报复；担心暴露个人隐私；对犯罪习以为常；对警方缺乏信任。警方原因包括：对犯罪性质及是否需要追究刑事责任作出错误判断；证据的局限性；分散性犯罪行为性质及后果的严重性程度不足；报案人身份和态度对警方的影响；警方内部管理考核机制的格栅排斥。有关评论美国犯罪隐案原因的研究观点认为，犯罪率的高低与犯罪的危害程度、报案人的意愿、报案人与犯罪嫌疑人的关系、报案人对警察的尊重和信任程度、报案人的种族和社会地位等因素密切关联，并进一步指出，重罪、报案人明确要求警察采取行动、被害人与犯罪嫌疑人关系越远等警方认定犯罪的可能性越大。[①]

需要指出的是，长期以来，部分犯罪，如有组织犯罪、白领犯罪，很难通过有效方法估测其实际犯罪数。对于有组织犯罪，由于其组织程度、成员数量、地域分布、涉足行业以及犯罪行为的多样性、保护伞和掩护色，很难以某种单一的标准进行隐案或犯罪估测统计，犯罪率概念并不十分契合对有组织犯罪状况的描述。对于白领犯罪，其犯罪性认定乃至犯罪化原则本身便存在严重问题或较大争议。"没有人能确定或估算出……为丧失信心而支付的成本；这需要系统地收集关于白领犯罪蔓延程度、被害人及其损失数目的数据。这些数据并不存在，欲在任何案件中收集这些数据都会相当困难。"[②] 在美国犯罪学者看来，白领犯罪带有突出的被人们忽略的性质，至少因为以下原因导致白领犯罪没有引起社会民众的明确意识和足够重视：部分犯罪白领恰恰是政治家的后盾和政治献金的提供者，政治家对白领阶层的依赖无疑容易导致其对犯罪白领的网开一面；白领犯罪者的职业身份分层于大众，犯罪行为实施于局外人无法涉足的专业领域，危害后果隐形或分散，没有确定的被害人或被害人离散；白领阶层借助其资源、权力、财富以及专业手段实施

① 陈小波：《犯罪率的制造》，载《江苏公安专科学校学报》2001 年第 3 期。

② Shover, Neal and Francis T. Cullen, "Studying and teaching white-collar crime: Populist and patrician perspectives", Journal of Criminal Justice Education, 19: 2. 2008. pp. 155-174. 转引自［美］亨利·N. 蓬特尔、威廉·K. 布莱克、吉尔伯特·盖斯：《忽视极端的犯罪率：理论、实践及全球经济崩溃》，蔡雅奇译，载《中国刑事法杂志》2011 年第 1 期。

的犯罪，即便进入刑事司法程序，也对侦查、控诉和审判部门的侦查取证、控诉和审判形成有力对抗，甚至对犯罪无法起诉和审判；白领犯罪者是社会上层甚至首脑人物，将那些连自己都否认自己是罪犯的人界定为犯罪人有违常理，也常常难以获得社会认同。①

隐案或犯罪存在巨大黑数显然已成为当下刑事司法制度无法解决的问题，尤有甚者，刑事司法程序对犯罪发现、案件确立、案件侦破、犯罪认定、刑法适用的罪犯生产功能则又制造出一种"犯罪漏斗"后果。莱特克里菲以2007年英国刑事司法实践事例对犯罪漏斗的含义进行了形象化说明。以实际犯罪数1000起计算，报警数为410起（报警率41%），警方记录287起，破案75起（2007年英国的破案率为27%），移送起诉或传唤到庭37起（英国有多种恢复性—协商性刑事司法制度，如警察警告制度、污点证人作证豁免制度、社区会议制度、刑事和解制度等），进入庭审21起，判决有罪15起，判处徒刑4起。② 如此"犯罪漏斗"式的罪犯生产刑事司法程序实践，我们已经很难信任其依然能够发挥为古典犯罪学理论所倡导的个人自由保障和犯罪威慑功能目标定位，尤其是破案数量只占实际犯罪数的7.5%。由此我们可以认为，构成现代法治国家控制社会之重要权力类型、重点表征现代法治国家权力正当性的调查型侦查权，在事实上未能有效担当调查、追诉、打击和控制犯罪之责任。

当前的侦查实践所反映出的另一个突出问题是，破案率处于一种严重偏低的状态。我国公安机关的一个主要侦查业务部门——刑侦部门近年来的破案率其实只能维持在10%左右甚至更低。尽管某些案件，如命案的破案率能够保持在95%以上甚至更高，但这只是因为这类案件性质严重，受到民众的高度关注，以及其因果关系相对明晰、确定，并且侦查机关对这类案件投入更多的侦查资源。个别犯罪类型的较高破案率并不能掩饰整体上破案率严重偏低的状况。以某市公安机关近年来侦破电信网络诈骗犯罪案件和短信诈骗犯罪案件的情况为例，2013年，该市共立电信诈骗案件2600起，破案358

---

① ［美］亨利·N.蓬特尔、威廉·K.布莱克、吉尔伯特·盖斯：《忽视极端的犯罪率：理论、实践及全球经济崩溃》，蔡雅奇译，载《中国刑事法杂志》2011年第1期。

② ［英］杰瑞·莱特克里菲：《情报主导警务》，崔嵩译，中国人民公安大学出版社2010年版，第44~45页。

起；共立短信诈骗案件 921 起，破案 93 起；共立网络诈骗案件 5730 起，破案 135 起。2014 年，该市共立电信诈骗案件 4761 起，破案 61 起；共立短信诈骗案件 961 起，破案 37 起；共立网络诈骗案件 7314 起，破案 223 起。2013 年该市公安机关电信网络诈骗案件的破案率只有 2.4%，2014 年只有 3%。据课题组调查了解，当前网络犯罪案件发案率急剧增长，但是，破案率极低，尤其是电信网络诈骗犯罪案件，近年来以 30% 左右的幅度迅猛增长。某基层公安机关辖区近一年来发生了 500 多起电信网络诈骗案件，但几乎无一破获。这类犯罪案件表现出作案人难以确定或身处境外、取证困难以及发案数量不断增多的特点，侦查机关有限的侦查资源根本无法应对日趋严重的犯罪态势，无法按照法律要求履行犯罪侦查和追诉职责。因此，对于这类高发并日趋严重的犯罪案件，破案事实上已经不是对侦查机关职权的一种现实要求，侦查机关唯一能够发挥的权能作用，或许应当是通过各种渠道、路径、媒介和举措进行犯罪防控。

（三）案件侦破形态和条件要素解构

在富于浪漫色彩的侦探小说或民众对警察个人形象和魅力的社会心理意义上，破案意味着警察对未知（在逃）犯罪嫌疑人的一种富于智慧（逻辑、知识和技术）而意志勇敢的猜想、假设、推理、识别、监视、追踪与抓获的复杂思维和神圣行动。在我国，在法律程序意义上，破案概念所表述的是一种犯罪事实查明程度和犯罪嫌疑人确定情形的侦查程序阶段状况（条件），意味着犯罪事实的初步查明、犯罪性质的基本确定、犯罪嫌疑人的查明并抓获。在外国，破案一般意味着对犯罪人实施逮捕，与我国破案的条件及程序阶段状况基本一致。浪漫主义和神秘色彩的破案想象或许能在法律程序化的犯罪调查实践中获得某些有限的印证事例，但是，一旦将破案的具体形态逐一列数，浪漫而神秘的破案影像就会像一个色彩斑斓的肥皂泡瞬间消失。实际发生 1000 起犯罪案件，75 起最终破案，实现破案的方法可能包括证据和线索调查、犯罪嫌疑人自首和供述、被害人控告、证人指认或举报、公民现场抓获、巡逻盘问发现、共同犯罪人供出、公共场所监控设备发现、其他部门移送等。今天，大量犯罪事实和犯罪人的认定活动是否依然可以使用破案概念进行定义已经存在疑问。环境污染的企业是确定的，侦查工作是通过专业技术认定污染物、危害性程度和后果；实施合同诈骗的个人、团伙或企业是确定的，侦查工作是认定合同的性质及其后果。只有很少数量的案件破获应该归功于推理探案了。

按照罗伯特·雷纳的观点，传统的侦查调查行为包括两种基本类型：第一种是官僚模式。在该种模式中，遴选一批了解犯罪人（组织）及其犯罪活动的人员，或物色建立秘密线人，发现犯罪人，追踪犯罪活动，这种模式重点针对黑社会组织、惯犯等对象。第二种模式是定型思维和猜疑模式。预先分析假定最可能进行犯罪的人员类型，如卖淫犯罪，进而对这类对象进行追踪监视，乃至诱惑犯罪，发现其犯罪行为。[①] 显然，传统犯罪调查的以上两种模式欠缺或不足之所在，在于其专业性（现代性意义上的科学性）不足，并且带有明显的秘密手段性质而缺乏为现代法精神所倡导的权力应当公开、正当并科学合理的运行要素。

破案概念构成的核心要素——犯罪嫌疑人的发现（确认）和查获——取决于多种条件：犯罪原因和目的（因果关系）的清晰性，犯罪现场的痕迹和物证的丰富度，犯罪行为特征，被害人的亲历情况，是否有证人（知情人），被盗抢物品特征，等等。在科学精神和公正理念的感召下，侦查权力于是就按照另一种区别于传统侦查调查行为模式开始运行，并且支撑这种权力的侦查学知识形态也发生了质变，这种新型侦查学知识形态又为侦查权形态护法，在反向意义上，它也支撑了这种新型侦查权力并为其合法化提供知识辩护。关于权力与知识的关系，福柯见解独到并深刻指出："或许，我们应该完全抛弃那种传统的想象，即只有在权力关系暂不发生作用的地方知识才能存在，只有在命令、要求和利益之外知识才能发展。或许我们应该抛弃那种信念，即权力使人疯狂，因此弃绝权力乃是获得知识的条件之一。相反，我们应该承认，权力制造知识（而且，不仅仅是因为知识为权力服务，权力才鼓励知识，也不仅仅是因为知识有用，权力才使用知识）；权力和知识是直接相互关联的；不相应地建构一种知识领域就不可能有权力关系，不同时预设和建构权力关系就不会有任何知识。"[②] 科学不但影响了信念，更对权力实践制度及

---

① ［英］罗伯特·雷纳：《警察与政治》，易继苍、朱俊瑞译，知识产权出版社2008年版，第141页。

② ［法］米歇尔·福柯：《规训与惩罚》，刘北成、杨远婴译，生活·读书·新知三联书店1999年版，第29页。

其具体方式发挥了重要作用。

今天的侦查学已逐渐成为一门学科，这意味着它越来越发挥出知识制造权力的功效。我们已经习惯将侦查学知识体系按照一种以人体测量法、指纹学、物证技术、法医学、DNA 技术、测谎技术、微量物证技术等识别人身和认定证据的技术发明与应用的科技化路线进行书写，或者按照物质交换原理、同一认定原理的理论逻辑体系进行书写，甚至有可能按照阿瑟·柯南道尔所塑造的神探福尔摩斯的探案风范进行书写。不过，主导今天侦查学知识体系书写范式的无疑还是汉斯·格罗斯博士的重要著作——《犯罪调查：地方法官、警察和律师实用教科书》（Criminal Investigation, A Practical Textbook for Magistrates, Police Officers, and Lawyers）所引发出的一种侦查学知识范式。"这是一个里程碑式的事件，在该著作中，格罗斯强调科学而非直觉的重要作用，并且推崇采用系统的方法开展整体论的犯罪重建，反对贫乏的经验和过度的专业化。格罗斯还专门强调指出，在试图重建事件的过程中，需要客观性的要求，并且重视对假说的证伪。"① 在苏联侦查学家看来，汉斯·格罗斯所创立的这门侦查科学，并不限于"研究如何掌握实行侦查行动的艺术问题和探讨如何把这些行动结合起来的最成功的方法，而是认真地从事研究，并指出科学地利用其他科学部门的材料对侦查犯罪的巨大意义"。② 这种范式下的侦查学知识体系"能用自己在利用自然科学、技术科学和某些其他专门科学，以及在研究和总结侦查实践的基础上研制出来的特殊手段、措施和方法，为实现刑事诉讼法律的要求，提供帮助"。③ 因为这种侦查学知识范式的形成和演绎，破案被推进一条知识化和科技化路线。至此，侦查就是破案，破案就是"犯罪重建"（holistic crime reconstruction）的观念已深入人心：侦查人员发现并检验与犯罪行为相关的证据，然后基于整个证据系统重建过去发生的犯罪行为过程、方式方法、工具手段及相关情形；相互关联、不存在矛盾且相互印证的多个证据所构成的证据系统，类似于一个机械装置或生物器官，

① ［美］W. 杰瑞·奇泽姆、布伦特·E. 特维：《犯罪重建》，刘静坤译，中国人民公安大学出版社 2010 年版，第 17 页。

② ［苏联］瓦西里耶夫主编：《犯罪侦查学》，原因译，群众出版社 1984 年版，第 4 页。

③ ［苏联］瓦西里耶夫主编：《犯罪侦查学》，原因译，群众出版社 1984 年版，第 2 页。

诸多相互关联的证据彼此和谐地指向揭示和证明犯罪真相的目标。①

不可否认的是，大量案件正是通过对以上因素或侦查人员的分析、推理、识别、辨认、查找、鉴定、问询等而实现破案目标的。然而，却不能由此而认为这种标准的调查型侦查支撑了现代国家犯罪调查和追诉之大厦，以该种行为模式侦破的案件不但数量极少，而且如此理解和定位将影响到犯罪侦查部门的效率和职责担当。罗伯特·雷纳根据有关研究成果指出："成功结案的决定性因素是当巡警或侦探到达现场时，公众（通常是受害人）马上提供给他们相关的信息。如果提供了足够的信息能准确定位犯罪者，那么案件很快就会破获；如果不能，那么案件也就几乎不能侦破。这是所有的相关研究得出的结论——无论是通过观察，通过对记录材料的分析，还是这两者的结合。"② 早在1973年，美国兰德公司为解决有效的犯罪调查策略和组织方式问题而进行的对犯罪调查过程的评估研究发现，破案的决定因素也是对最初报警作出反应的巡逻警察所获得的信息，如果巡逻警察查明了目击证人或嫌疑人，就可能逮捕实施犯罪的人，如果巡逻警察没有查明可能的嫌疑人，侦探也不可能查明。③

（四）新型犯罪壁垒

调查型侦查权力的有效性取决于犯罪类型及其具体行为方式，调查型侦查权力指向犯罪行为事实和证据，权力作用方法与犯罪事实要素之间形成认知关系，权力效果取决于犯罪行为及其后果的实在性、可感知性状态。然而，犯罪的多样性存在要么影响调查型侦查行为认知性目标的实现，要么调查型侦查行为与犯罪形态之间形成认知性屏障和区隔。

调查型侦查权力的功能效果取决于犯罪行为事实和证据的可感知性，这种可感知性或者通过经验形式确定，或者借助技术方法揭示或推论。应当认为，大量自然犯罪着实可以也必须通过调查型侦查方法认知和证实，而为数

---

① ［美］W. 杰瑞·奇泽姆、布伦特·E. 特维：《犯罪重建》，刘静坤译，中国人民公安大学出版社2010年版，第1页。

② ［英］罗伯特·雷纳：《警察与政治》，易继苍、朱俊瑞译，知识产权出版社2008年版，第141页。

③ ［美］罗伯特·兰沃西、劳伦斯·特拉维斯：《什么是警察——美国的经验》，尤小文译，群众出版社2004年版，第312页。

较多的法定犯罪的认知已然无法仅仅通过经验感知和技术揭示方式完成，而是需要通过抽象判断或规范性判断。以洗钱犯罪为例，"洗钱处理黑钱，掩藏其来源和物主身份，并且使它看起来如同合法的经济活动收入"。[①] 洗钱犯罪行为方式是将犯罪所得资金转入合法行业或转变为合法形式，行为事实之认知不再以可直观感知性方式完成，而是表现为抽象性。再以有组织犯罪为例，由于其组织性、隐蔽性、涉足社会关系领域和犯罪手法的多样性，其犯罪活动经常表现为被害人难以确定或缺乏被害意识，缺乏举报证人，犯罪行为通过合法方式掩饰而难以确认和发现，常规调查型侦查措施无法适用于该类犯罪行为事实和后果的认知性揭示与证明。随着社会关系的日益复杂多样和日趋抽象分层，大量犯罪已经无法通过回溯式侦查方式认知，或者该种认知方式失去了控制犯罪的意义。面对毒品犯罪、武器走私、白领犯罪、网络犯罪等犯罪类型，美国学者马克·莫尔提出了隐形犯罪（invisible offenses）概念，用于指称无被害人犯罪、有被害人但被害人无意识被侵害事实的犯罪，被害人不愿告发的犯罪，犯罪处于预备阶段尚未造成实际危害后果的犯罪。[②] 隐形犯罪的大量出现，因缺乏被害人控告、证人举报而带来难以发现犯罪或无法取证的状况，且其中某些犯罪如果采取事后追查的做法将失去控制犯罪的意义。

---

① ［英］戴维·赫尔德等编：《治理全球化：权力、权威与全球治理》，曹荣湘等译，社会科学文献出版社 2004 年版，第 171 页。

② 程雷：《秘密侦查比较研究》，中国人民公安大学出版社 2008 年版，第 69~70 页。

十一、系谱学考察：
警务变革历程中的侦查权调适

自 20 世纪 60 年代以后，西方国家的犯罪进入高发阶段，犯罪率大幅上升。在美国，20 世纪 60 年代的警察部门遭遇了三种合法性危机。其一，犯罪率直线上升，整个 60 年代出现了 200% 的犯罪增长率，尤其是暴力犯罪直线飙升。其二，美国掀起了一场正当程序革命，联邦最高法院通过第五、第六宪法修正案以及每年作出 20 个左右判例的方式，对刑事诉讼的多个领域——尤其是对警察逮捕、搜查、讯问等侦查行为进行了以违宪审查、证据排除为后果的程序规制，并且追究了较多警察实施非法取证行为的法律责任。① 其三，因一系列涉及警察部门的政治（民权运动）和社会事件（城市暴乱）而曝出的丑闻，导致民众对警察的不信任和责难。以上因素触发了美国警察的合法性危机，触动美国警方开始启动探索警务模式创新以更为有效地控制犯罪并赢得民众信任。

---

① 在本文所讨论的主题领域，美国联邦法院通过一系列判例推进的正当程序革命虽然规制了警察侦查权，并对理想型的调查型侦查权构成了法律上的要求和理论上的支撑，但是，在美国学者克雷格·布拉德利看来，正当程序革命对警察侦查而言是一场失败的法律运动，"（正当程序革命）尽管取得了上面这些成就，但刑事诉讼仍然是失败的，因为它并没有为警察应当怎样做提供足够的指导。也就是说，刑事诉讼法，无论认为其意识形态上的内容是什么，完全不足以构成使警察能够遵循的规则体系"。"一套非常复杂的规则，加上各种'如果''并且''但是'这样的限制，要求区分细微的差别，可能是律师和法官热切需要的东西，但是这些规则可能无法适用于一线的警察。"这意味着，在美国，调查型侦查权虽然在正当程序革命以来获得了法律上的确认和要求，但是，立法技术问题（烦琐的判例）使这种调查型侦查权的实践效果大打折扣。［美］克雷格·布拉德利：《刑事诉讼革命的失败》，郑旭译，北京大学出版社 2009 年版，第 37、41 页。

（一）社区警务与侦查权

社区警务（Community-Oriented Policing，COP）兴起于 20 世纪 70 年代，至今在美国以及其他部分西方国家盛行。由于社区警务实践的多样性，很难对社区警务进行定义。其基本理念是警力下沉，警察融入社区，警察与社区成员紧密协作，发现和识别社区中存在的问题并加以解决，对犯罪和突发事件作出快速应急反应，重点是加强警民关系并有效控制犯罪，缓解社会矛盾，遏制犯罪高发态势。[①]

应当指出的是，社区警务的根本目标在于控制犯罪。不过，这种警务理念将犯罪控制的根本措施定位在发现犯罪苗头和引发犯罪发生的社区问题之上，强调通过解决社区问题实现消除犯罪和维护社区安全秩序的目标。因此，在社区警务理念主导和实践模式下，犯罪侦查和逮捕犯罪人不再成为犯罪控制的核心措施，对犯罪行为、犯罪方法的研究也退居次要位置，相反，通过警察与社区成员合作共同发现社区中的问题和隐患，积极发现与解决那些容易滋生犯罪和引起犯罪发生的社区问题跃升为犯罪控制的基本措施，重视对个人或团伙犯罪信息的收集。[②] 针对犯罪问题，"社区警务的最终目标，是通过反应性策略预防犯罪"。[③] 按照莱特克里菲的看法，社区警务重视（适宜）犯罪案件（的办理），但犯罪分子不是社区警务的重点控制（监控）对象。[④]对此，我们应作怎样的理解？

问题的根源还在于调查型侦查模式的功能缺陷问题。面对 20 世纪 60 年代犯罪的迅猛增长，1967 年美国政府成立犯罪与司法行政委员会，下设机构专门调查犯罪和刑事司法问题。经调查发现，专业型侦查（调查型侦查）存在突出问题，因民众对警察不信任，大量犯罪没有向警方报案，警察对很多

---

① 参见［美］菲利普·P. 普尔普拉：《警察与社区——概念和实例》，杨新华译，中国人民公安大学出版社 2009 年版，第 248 页。

② 参见［美］菲利普·P. 普尔普拉：《警察与社区——概念和实例》，杨新华译，中国人民公安大学出版社 2009 年版，第 251 页。

③ ［美］罗伯特·兰沃西、劳伦斯·特拉维斯：《什么是警察——美国的经验》，尤小文译，群众出版社 2004 年版，第 398 页。

④ ［英］杰瑞·莱特克里菲：《情报主导警务》，崔嵩译，中国人民公安大学出版社 2010 年版，第 61 页。

犯罪一无所知，民众对犯罪极为恐惧，而警察对犯罪的控制力极为有限。调查结论和多项研究表明，"传统的、反应性的、案件导向的犯罪控制方法（警察只对群众的报案作出反应，而不解决犯罪问题的根源）是低效的。"① 这是催生出社区警务的直接原因，自此开始形成一种较为一致的认识：犯罪预防更多地依赖社区而非警察。在这种理念主导下的社区警务，就其中警察侦查权的实际运行状况及其性质而言，突出强调了警察对犯罪的发现职能，尤其是强调通过社区民众的动员及其协助，发现犯罪线索，尤其是要发现和识别引发犯罪发生的社区问题。在这种意义上，警察对犯罪的发现并非通过秘密手段（对诸如惯犯和重点对象进行跟踪监控），这将导致社区民众对警察进一步的不满，从而将发现犯罪的主要渠道定位于依靠社区成员的报案、举报、揭发等方面，这样，侦查权已经不再是一种为警察专享的专业型权力，而是一种警察与社区民众共享的权力。

由于在以尊重社区、依赖社区为理念的社区警务模式下对犯罪预防目标的倡导，在对警察侦查权的严格程序规制的正当程序革命背景下，调查型侦查权获得了生存空间和最佳环境，这种注重回溯式（反应式）启动权力、权力受正当程序规制的调查型侦查无疑是营造融洽警民关系、实现警察合法性的一剂良药。而且，通过对社区民众的引导、动员和发动而获得犯罪信息的做法，也在一定程度上弥补了这种回溯性侦查权的一种天然缺陷——依赖于案件自动上门。但是，需要指出的是，社区警务模式下的调查型侦查权处于理想状态并不意味着它就是控制犯罪的最佳权力形态，社区概念虽然可以在具象的空间意义和抽象的规范意义两个维度加以理解，但就警务实践和警力资源配置而言，其作用对象更多的还是空间范围意义上的。这就带来了以下问题：社会发展所带来的复杂性和抽象性分层，决定了犯罪不可能仅仅限于物理空间意义上的街头犯罪，大量超越和游离于地域空间意义上的犯罪，如有组织犯罪、经济犯罪、金融犯罪、白领犯罪、网络犯罪等，势必无法进入社区警务模式下调查型侦查权的物理学视野，社会越抽象复杂，社区警务模式下的调查型侦查权功能便越有局限性。

---

① ［美］罗伯特·兰沃西、劳伦斯·特拉维斯：《什么是警察——美国的经验》，尤小文译，群众出版社2004年版，第397页。

（二）问题导向警务与侦查权

问题导向警务（Problem-Oriented Policing，POP）理论于 20 世纪 70 年代晚期由美国警务学者赫曼·古德斯坦创立。古德斯坦对问题导向警务的主要精神进行了如下界定："警方的最终目标不是简单地执法，而是有效地解决问题。在理想情况下，警方应在可能发生问题的第一地点将其消灭在萌芽状态中。因此，要求警方投入精力，对其所面临的问题进行深度研究。它将刑法在内的广泛备选方案纳入考虑范围，来应对每一个问题。"① 按照这种界定，问题导向警务的根本性质在于，警务工作的根本任务和目标是发现引发犯罪发生的根本原因（问题）所在并加以解决。"它突破了传统警务以打击犯罪为主要功能的限制，将发生犯罪的迹象和可能引发犯罪的各种问题纳入警察活动的视野。"② 自 20 世纪 80 年代以后，问题导向警务理论在美国、加拿大、英国和澳大利亚等国警务实践中得到了较大响应与推行。

在理论界，不少观点认为问题导向警务只是社区警务的构成部分，因为社区警务也要求发现引发犯罪的问题并设法加以解决。不过，问题导向警务与社区警务两者之间还是存在差异或各有侧重的。社区警务的根本理念是强化警民关系，注重警民合作共同发现和解决涉及社区安全和犯罪的问题所在，尤其重视对社区居民的引导发动而使其提供犯罪线索。问题导向警务"更多将重点放在多发性犯罪案件上（这些多发性犯罪案件被统称为问题），而不是抓获犯罪分子方面（虽然并不反对采取打击或抓获手段）。""推行问题导向警务要求投入分析资源（包括人力和技术），由处理个案转变为解决多发性报警案件。"③ 以入室盗窃犯罪案件为例，按照问题导向警务论者的立场，警察解决的不是某起单一的入室盗窃案件本身的侦破问题，而应当"将各种入室盗窃界定为一种问题，然后设计出对付入室盗窃问题的策略，是更有效的策略。而且，警察机构可以将入室盗窃、抢劫、袭击等问题归纳成一大类问题，

---

① ［英］杰瑞·莱特克里菲：《情报主导警务》，崔嵩译，中国人民公安大学出版社 2010 年版，第 62 页。

② 李本森：《破窗理论与美国的犯罪控制》，载《中国社会科学》2010 年第 5 期。

③ ［英］杰瑞·莱特克里菲：《情报主导警务》，崔嵩译，中国人民公安大学出版社 2010 年版，第 64~65 页。

如侵害性犯罪。针对这些更为广泛的分类，警察机构可以更好地认识自身的工作量和需要。"① 由此可见，问题导向警务针对性较强，重点关注那些多发性犯罪现象并要求深度研究其背后的原因。在决策权力方面，问题导向警务虽然要求一线或街头警察关注、发现问题并执行解决问题的方案，但是，警务方案的制定者一般为上层管理者，不像社区警务那样，一线（社区）警察具有较大的自主权。

问题导向警务将关注对象和警察权力资源配置重点着眼于多发性、系列性犯罪案件方面，如系列入室盗窃、系列杀人、组织妇女卖淫、毒品生产加工、系列诈骗等犯罪，只要某类犯罪发案次数多、涉及面广、社会影响大，就会成为"问题"。对这类问题的处置和解决，并不反对采取执法打击的方式，事实上许多案件也必须通过侦查、取证、破案方式进行追诉。但是，在问题导向警务模式下，往往还要求采取侦查追诉以外的防范性、根治性对策。

从问题导向警务所关注的重点问题以及解决问题的方式来看，警察侦查权力的运行性质已然被赋予新的内涵，突出表现为以下三个方面：其一，警察侦查权对象的选择性。权力适用的普遍性和平等性是现代法治精神的表征维度之一，然而，面对犯罪高发态势，在警察权力资源有限性的现实中，警察侦查权不可能不作选择地配置于全部犯罪案件，只能将有限的侦查权力资源配置于那些多发性、涉及面广、社会影响大的犯罪案件，警察部门对权力配置适用的自主裁量性突出。其二，警察侦查权方法的犯罪防范性。概念化的侦查权内涵是调查取证和查获犯罪人，但是，在问题导向警务模式中，侦查权作用防范向引发犯罪或构成犯罪条件的非追诉领域延伸，如加强犯罪高发场所的定点巡逻，指导社区居民住所安全设施安装，诈骗防范教育警示，摧毁犯罪组织盘踞场所……这些权力形态显然已超越了概念化的调查型侦查权的界限。其三，警察侦查权对社会生活和秩序的干预性。问题导向警务并不仅仅针对犯罪个案的侦查和追诉，而是要解决那类导致、催生、引发犯罪发生的较为深层次的社会问题，对该类问题的解决不但需要获得有关人员、社会组织和有关部门的配合协助，而且经常会干预和介入具体的社会生活因素、关系和秩序，因此，该种警务模式下的警察侦查权经常既与相关社会主

① ［美］罗伯特·兰沃西、劳伦斯·特拉维斯：《什么是警察——美国的经验》，尤小文译，群众出版社2004年版，第318页。

体共享，也对社会生活因素、关系和秩序直接发生作用。

问题导向警务模式下的警察侦查权通常能有效解决诸如多发性、系列性、突出性犯罪问题，该种模式下的警察侦查权尽管已向深层次犯罪原因的揭示、解决路径以及目标进行了延伸和拓展，但是，由于这种警务模式的社会功效既取决于警方对"问题"进行正确确定的能力，也取决于警察在国家权力体系和社会关系体系中的功能角色和职权范围。因此，该种模式下的警察侦查权对犯罪控制目标的追求，其适用对象和功能发挥势必是有限的。

（三）比较统计警务与侦查权

比较统计警务（Computer Statistic，COMPSTAT）始因于 1994 年纽约市新任警察局局长威廉·布莱顿为了解该市最新犯罪情况而提出的数据材料上报要求。威廉·布莱顿发现，纽约警方没有人专门收集每日犯罪信息数据，甚至无人关心全市的实际犯罪状况。为及时准确地掌握纽约市每日犯罪动态数据，强化警署责任，提高警方快速出警处置犯罪能力，他建立了比较统计犯罪追踪和警务管理系统。比较统计警务以动态犯罪数据为基础，以绩效管理为机制，以高效配置警力资源为方法，以高效侦查、处置犯罪并控制发案为目标，促使有关警署及警员高效承担职责。[1]

在纽约，比较统计警务的最初形式是将纽约市区地图投射于电子显示屏中，内容主要为发案数据和犯罪地理信息，反映即时性犯罪动态信息，警方则以会议形式研究犯罪动态，警署指挥官根据会议研究结论进行警务部署。在莱特克里菲看来，比较统计警务是一种发案地图分析、勤务策略和中层领导责任的结合，资源的快速部署是比较统计的核心。[2] 澳大利亚新南威尔士州警察局于 1998 年启动的"行动和犯罪审查"警务被认为是比较统计警务的进一步发展。该局在大型会议室内通过电子显示屏展示犯罪地图和犯罪趋势，一改以往一贯奉行的不分主次、轻重的反应式侦查警务模式，将关注重点转变为犯罪高峰时段、犯罪热点地区、搜索违禁武器、管控惯犯以及通缉犯和

---

① 王沙骋：《信息共享环境：情报主导警务》，中国人民公安大学出版社 2010 年版，第 19 页。

② ［英］杰瑞·莱特克里菲：《情报主导警务》，崔嵩译，中国人民公安大学出版社 2010 年版，第 66 页。

涉案重点犯罪嫌疑人。比较统计警务通过快速反应、高效配置警力资源和强化警署指挥官责任等机制，被认为对抑制发案产生了明显效应。

在比较统计警务模式中，警察侦查权的实施表现出以下特征：其一，侦查权的监控性作用。权力对对象的作用，通常存在时间间隔、空间格栅等迟滞和延异权力的障碍因素，也因作用对象的多样性、分散性和隐匿性而被稀释。比较统计警务注重快速反应，要求迅速获得犯罪数据并及时出击，在犯罪高发区抓获犯罪嫌疑人，"要求警察能够以足够的活力和精力对犯罪模式与犯罪趋势作出反应，减少犯罪。"① 借助报案信息及时处理并进入数据管理系统，借助监控设备即时发现犯罪行为，借助电子化犯罪地理显示系统，警方对犯罪行为处于即时性监控状态，或者迅速掌握犯罪信息和有关数据，实现了警察侦查行为与犯罪行为同步共时，或者缩短了侦查行为与犯罪行为之间的时间间隔。该种警务模式，尤其重视并高度依赖电子监控设备的安装和运用，这种电子监控设备的功能在于穿越了侦查行为与犯罪行为之间的时间间隔和空间格栅，改变了侦查权作用方式的反应性障碍，实现了侦查权的即时性和监控性。其二，侦查权资源的合理化配置。制度经济学的基本结论之一，是将权力界定为一种资源。比较统计警务本身就是一种警务管理机制，这种警务管理机制的重要一维在于高效配置警力资源。其配置警力资源的方式在于，将资源配置对象重点放在犯罪高峰时段、犯罪热点地区、犯罪重点人员之上，将侦查权的案件定向转变为犯罪时间、空间和人员定向，在此，侦查权的程序规范性属性开始向方法性（对策性）属性转变，这种转变的根本动因在于将权力作为资源的牵引力，侦查权力资源的配置利用必须与侦查控制犯罪的最佳目标相一致。其三，侦查权的信息化运行。权力本身既是一种交往媒介，也需要通过其他媒介来运行。卢曼指出："权力是代码指导的交往。"对于现代组织管理活动中量化数据处理技术——权力运行的一种媒介——的产生及其重要性，卢曼则进一步指出："如果技术是必要的，贯彻技术才是可能的。因此，我们首先必须想到，或多或少发达的量化数据处理技术，与统计数据收集和控制技术，可能从产出测量开始，但是也可能从对要求和绩效

---

① 王沙骋：《信息共享环境：情报主导警务》，中国人民公安大学出版社 2010 年版，第 20 页。

的测量开始。"① 如果说权力曾经先后借助神意（宗教）、真理、货币（利益）、正义、科技等媒介或它们的混合运行，那么，在信息数字化的今天，信息传媒显然已经成为权力运行的一种重要中介。对警务而言，犯罪控制效果以及社会安全感（民众要求）和警务绩效等因素，均推动甚至逼迫警察权力借助或选择信息传媒中介运行的进程。比较统计警务正是通过监控设备、犯罪报案信息系统、电子显示屏和犯罪趋势图等表象信息传媒中介，实现警察犯罪控制、犯罪侦查、配置警力资源、回应民众安全要求等目标。

比较统计警务模式无疑有力地撼动了警察侦查权的性质变革，它开启了追求实现侦查行为与犯罪行为共时性警务变革方向，也将权力纳入制度经济学视野进行资源化定性及配置，并且将历时已久的借助真理（事实）媒介和规范（正当）媒介运行的调查型侦查权，切入信息媒介运行，拓展了侦查权运行的新维度。不过，比较统计警务模式下的侦查权的局限性也显著存在，按照莱特克里菲的看法，在实践中，"多数比较统计会议的基本目标是解决街头犯罪，如抢劫、伤害和盗窃机动车、入室盗窃等侵财犯罪。在解决有组织犯罪或跨国犯罪等更为隐秘的犯罪活动方面，比较统计还没有得到广泛应用"。②

---

① ［德］卢曼：《权力》，瞿铁鹏译，上海世纪出版集团 2005 年版，第 17、123 页。
② ［英］杰瑞·莱特克里菲：《情报主导警务》，崔嵩译，中国人民公安大学出版社 2010 年版，第 68 页。

十二、权力理论前沿：
侦查权变革的理论语境

（一）规训与权力

福柯的权力理论是从刑法制度这个独特的角度切入的。他在论述 18 世纪西方社会发生的刑法制度改革——酷刑的逐步废除和刑罚的逐步人道化——的原因时认为，17 世纪的犯罪主要表现为饥寒交迫的穷人群体性地实施暴力犯罪，而 18 世纪的犯罪表现为从人身攻击转向"边际犯罪"——诡计多端的诈骗犯罪尤为突出。犯罪形态之所以发生这种变化，主要原因在于作为犯罪环境的社会条件——生产发展、财富增长、财产权的法律地位提高、社会监控手段丰富、证据技术提高——发生了变化。这样，在福柯的权力—知识理论视野中，18 世纪的司法人道化改革，并非所谓"精神和意识形态领域的变化"，或者是所谓某些启蒙改革家们（如贝卡利亚）的理论呼吁和影响。在福柯看来，这种惩罚权力形态的变化，"是竭力调整塑造每个人的日常生活的权力机制的努力，是那种监督人们的日常行为、身份、活动以及表面上无足轻重的姿态的机制的调整与改进，是应付居民的各种复杂实体和力量的另一种策略"。"改革运动的真正目标……与其说是确立一种以更公正的原则为基础的新惩罚权力，不如说是建立一种新的惩罚权力'结构'，使权力分布得更加合理……权力应该分布在能够在任何地方运作的性质相同的电路中，以连贯的方式，直至作用于社会体的最小粒子。刑法的改革应该被读解为一种重新安排权力的策略，其原则是使之产生更稳定、更有效、更持久、更具体的效果。"① 在福柯的权力理论中，现代惩罚权力（包括侦查追诉权和刑罚适用权）是按照一种全景式监狱的监控原理，根据统治的目的，通过一种具有美学意义而富于效率的权力微观物理学逻辑而推演出来的。福柯将这种自 18 世纪以来以惩罚权力为代表的统治权力的人道化、节制化、形式化、公正化、技术化、细腻化演变过程界定为权力的微观物理学，通过权力作用的这种微观物理学，把控制个体（身体）的过程和方式嵌入社会过程的无数个细微的环节，进而发生一种为福柯所说的"规训"（discipline）功能——"不是要惩罚得更少些，而是要惩罚得更有效些；或许应当减轻惩罚的严酷性，但目的在于使惩罚更具有普遍性和必要性；使惩罚权力更深地嵌入社会本身。"② 因此，福柯关于现代权力（尤其是统治权或社会控制权）的论述路线是对边沁式的全景敞视主义全方位监控权力的改进版，依然是一种监视主义的社会控制权力理论，不过，这种改进版的权力理论不再强调通过一种类似于警察系统的等级网络对全社会各个角落中的危险个体或不法分子的直接监控，这样的权力过于直观、过于露骨并需要一支庞大的警察队伍，只有将权力技术转化为一种更为多元、更为隐秘、更为有效的形式，散布融入于诸如家庭、学校、工厂、医院、军队、监狱等多种场域，权力的美好效果才能真正实现。

然而，权力作为一种普遍性交往媒介，其结构主旨也必须围绕时代秩序的演进而嬗变，诚如卢曼所言："如果权力必须被看做是社会共相，那么权力理论中人们必然把参照系统，即社会作为基础。"③ 在现代社会向现代性纵深演化的今天，不但为福柯所列述的实现权力规训的社会组织单位类别发生了变化，而且性质或功能也发生了重要变异。尤其是，权力在现代社会中的演进历程并非为一个完全建立在统治和暴力基础上的技术化过程，哈贝马斯批判了福柯这种巧妙地将权力技术的微观物理学还原到暴力统治基础之上的做法，认为福柯"把现代刑法历史与法治国家的发展过程割裂开来，这样做作

---

① ［法］米歇尔·福柯：《规训与惩罚》，刘北成、杨远婴译，生活·读书·新知三联书店 1999 年版，第 86~89 页。

② ［法］米歇尔·福柯：《规训与惩罚》，刘北成、杨远婴译，生活·读书·新知三联书店 1999 年版，第 91 页。

③ ［德］卢曼：《权力》，瞿铁鹏译，上海世纪出版集团 2005 年版，第 106 页。

为描述技巧还是可行的……然而，由于福柯淡化了惩罚自身历史中的一切法律因素，因此，他的描述也就完全误入了歧途"。① 这意味着，福柯所论证的现代权力的监控性，虽然因使用"规训"概念掩饰了统治权力的暴力基础，但是，倘若权力概念被从强制和暴力基础上加以界定，便无法说明和辩护现代国家的合法性基础，也悬置了现代法治进程的事实和意义。另外，福柯的权力理论即便客观描述了现代社会中权力以规训形式作用于每个个体身体而实现驯化的事实，但是，这种权力观一方面只关注了统治的目的，另一方面没有认识到现代化进程正在并最终挣脱了原有的关系秩序。风险社会的来临，尤其是现代社会已经演进到网络社会（信息社会）历史阶段，使现有秩序并非由即时的现在所决定，而是由未来决定；驯化的个体并不意味着风险的终止，相反，现代化以一种自反性逻辑，最终摆脱的恰恰就是种种对个体进行控制的驯化过程。网络社会（信息社会）中的个体渐渐不再是驯化的对象，信息爆炸和网络呈现颠覆了统治权力的神圣，也使那种深谋远虑、精心细致和分门别类的规训权力密谋露馅或现行，个体不但按照唾手可得、无处不在、自行呈现的知识或信息形塑自身，也作为自媒体终端和无数个信息源自我表达，因而那种经由政府、社会组织、单位、社区、行业精心设计或累积生成的规训方案，在信息和网络面前，也只是一种信息，并且不再一如既往的神圣。规训功效或许在诸如军队、监狱、学校、企业、机关单元中多少还残存，但渐渐不再是全部，并且逐渐为信息和网络的丰富和自主所替换、侵蚀和主导。

（二）生活政治与权力

贝克、吉登斯在探讨风险社会主题上，将现代社会划分为工业现代化（简单现代化）、风险社会（反思现代化）两个阶段，并指出简单现代化由财富生产逻辑主导，而风险社会则由财富生产和风险生产逻辑共同主导。进而，贝克和吉登斯各自对现代社会两个阶段政府权力的地位、性质及其主要模式进行了虽有一定差异却也较为接近的论述。在吉登斯看来，晚期现代性阶段的社会秩序的加速分化和复杂性，决定了现代化进程的反思性质，这种反思

---

① ［德］哈贝马斯：《现代性的哲学话语》，曹卫东等译，译林出版社 2004 年版，第341 页。

性现代化的实质是反思性地运用知识并决定行动，而非依据经验决定选择，传统必须接受或经由推论式证明或论证才能有效。按照这种知识与行为的关系逻辑，吉登斯概括了反思性现代化（reflexive modernization）在政治民主和权力维度的要求："对话民主"（dialogic democracy）理论——放弃暴力和强制，选择聆听、辩论和承认。① 由于风险社会的多元复杂和无中心秩序性质，政治演变为一种生活政治（life politics）——一种区别于正式的政治形式并分布于多个社会关系单元中的对话政治，现代政府不再以与社会或市场对立的角色出现，"它通过为更广的社会秩序中的个人和团体所作的生活与政治决定提供物质条件和组织框架来发挥作用，这样一种政治依靠的是在政府机构和相关代理机构中建立积极的信任"。② 政府的职能中心在于，按照一种"能动性政治"机制，保证各种生活政治信息（下层信息）向决策上层的畅通反馈和流动，并且突出强调了对专家信任的重要功能。我们可以根据吉登斯这种"对话民主"政治理论逻辑，简要归结其所隐含的风险社会中普遍意义上权力的性质——放弃暴力而转向对话，针对具体问题按照一种反思性、能动性逻辑运作一种积极性权力。这种权力理论我们可以从吉登斯有限的关于暴力犯罪控制的论述中窥见一斑。吉登斯认为，当前针对暴力犯罪所采取的逮捕、起诉、辩护以及监禁等反应式措施，代价大且效果差。他将暴力犯罪的治理与减少癌症进行了类比，认为如果吸烟是一种引发癌症的风险行为，那么戒烟就是减少癌症发病率的有效办法。对于暴力犯罪，可以采取性质类似的办法，通过多级预防，如批评"超级英雄"观念、勇猛是有力的象征观念，再如对那些曾经受过暴力侵害的学生或在处理与他人关系时容易求助于暴力的人进行心理治疗。③ 由此可见，吉登斯对风险社会中权力作用方式的定调是一种非暴力式的积极干预。这种权力作用模式切合于应对描述风险秩序的"吉登斯悖论"——可怕的风险（如全球变暖）在日复一日的生活中不是有形的、

① ［英］安东尼·吉登斯：《生活在后传统社会中》，载［德］乌尔里希·贝克、［英］安东尼·吉登斯、［英］斯各特·拉什著：《自反性现代化》，赵文书译，商务印书馆2001年版，第133页。

② ［英］安东尼·吉登斯：《超越左与右——激进政治的未来》，李惠斌、杨雪冬译，社会科学文献出版社2003年版，第15页。

③ ［英］安东尼·吉登斯：《超越左与右——激进政治的未来》，李惠斌、杨雪冬译，社会科学文献出版社2003年版，第160~161页。

直接的、可见的，许多人袖手旁观，不采取任何举动，然而，当风险来临、日益严重之时，已无力回天。① 不难看出，吉登斯的这种权力理论批判了左翼立场上那种以暴力为基础的权力理论，也摒弃了右翼那种权利完全掣肘权力的自由主义立场。他寻求权力的对话民主基础和能动性干预模式，即权力由未来问题（风险）导向并注重能动干预性预防。

贝克对现代权力的阐释是从现代社会的政治架构维度切入的。在贝克看来，表征现代性政治之维的代议制民主作为福利国家的政治中心或权力中心，因干预主义的成功而背反性衰微：因权力合法化原则和被统治者授权的要求，代议制民主政治权力中心"塑造社会的决策能力只有一部分被汇集在政治体系里并服从于代议制民主的原则。另一部分则摆脱了公共监督和证明的规则，并被转移给企业投资的自由和科学研究的自由"。② 这样，国家政治中心逐渐失去其权威性，技术—经济发展以一种通过增长实现福利的脱离政治决策过程的自我合法化形式，既迅速脱离政治控制，也催化和推进了社会分化与多元化进程，它们从传统政治中心（政府）那里夺取了权力，最终促成了一种"亚政治"（sub-politics）权力格局，"政治从官方领域——议会、政府、政治管理——转移到社团主义（corporatism）的灰色地带"。③ 最终，权力不再集中于官方这个政治中心，它散布于诸如企业、技术研究部门、社团、协会、医疗机构、环保组织等非政府单元。在一个缺乏政治中心和权力弥散的晚期现代性阶段，权力如何确认并发生作用？关于权力的来源和确认方式，贝克给出的是一个协商性民主（deliberative democracy）的权力方案：国家的角色是搭台唱戏、安排对话并给予指导，国家的作用不再是一种等级制的行动能力，国家的权力主要通过一种协商能力体现出来，在这种协商性民主政治架构中，各种团体和机构在国家参与的情况下，通过多边协商解决问题，政府

---

① ［英］安东尼·吉登斯：《气候变化的政治》，曹荣湘译，社会科学文献出版社2009年版，第2页。

② ［德］乌尔里希·贝克：《风险社会》，何博闻译，译林出版社2004年版，第226页。

③ ［德］乌尔里希·贝克：《风险社会》，何博闻译，译林出版社2004年版，第232页。

在法律设计这类重要问题上主要是一种中心控制权。① 关于权力的作用机制和方式，贝克按照风险逻辑要求提出了权力的"演示"（Inszenierung）理论：对风险的虚拟交互行为和预判预防行为，将风险当下化和实在化，将未来的风险视为即将或正在发生，将虚拟的风险视为实在灾难而危害最小化地与风险共存或防止损害结果的发生。②

（三）商谈民主与权力

哈贝马斯将现代国家的发展划分为三个阶段：法治国家、福利国家和安全保障国家，并且对三个阶段国家权力的任务（目标）进行了分别界定。法治国家的任务是维护秩序（夜警国家和自由保障），福利国家的任务是社会财富的公正分配和补偿（提供公共产品和公共服务），安全保障国家是应付集体性的危险情况（风险预防和治理）。③ 哈贝马斯权力理论的一大特点或鲜明风格是其规范主义（合法性）立场，在他看来，现代国家权力的有效性前提和基础是规范合法性，他对权力规范合法性的论证体系极其繁复而抽象，在此略作介绍。

哈贝马斯的权力理论是一种规范性理论，即权力的合法性前提是作为权力依据的法律合法性和有效性。因此，哈贝马斯的权力理论内在于他自成体系的法律理论——法律商谈论（discourse theory of law）。

哈贝马斯法律商谈论大厦的搭建是在对哲学语言转向后的不同哲学道路的批判过程中完成的。分析实证主义——语义学（Semantics）到语言游戏理论——语用学（Pragmatics）构成了哲学语言转向后西方哲学的一个演变进化历程，解释学则构成了另一个维度，后现代法学很大程度上则是解释学的演绎和发挥。语义学的核心内涵是将语言进行工具主义理解，认为语言是"表现"世界的工具，一个语言命题的"真值"函项就是客观存在的一种"事

---

① ［德］乌尔里希·贝克：《再造政治：自反性现代化理论初探》，载［德］乌尔里希·贝克、［英］安东尼·吉登斯、［英］斯各特·拉什著：《自反性现代化》，赵文书译，商务印书馆 2001 年版，第 50~51 页。

② 参见孙和平：《"风险社会"的传媒哲学阐释——简论"应急响应机制"的新传媒视域》，载《哲学研究》2009 年第 4 期。

③ ［德］哈贝马斯：《在实施与规范之间：关于法律和民主法治国的商谈理论》，童世骏译，生活·读书·新知三联书店 2003 年版，第 537 页。

态"。"根据指称语义学，语言与现实之间的关系同名称与对象之间的关系是一致的。所指（意义）和能指（符号）之间的关系，应当根据符号（充满意义的符号）与符指（指称的对象）之间的关系来加以解释。"① 语用学则认为言语的类型并不仅仅限于那些表述世界中的事物和事态的语言用法（描述句），不同的言语用法意味着不同的语法规则，言语行为的无限性决定了语法规则的无限性，语词的意义只能通过它在不同语境中的用法加以确定。这是维特根斯坦思想的一个重要命题： "一个名称的意义就是它在语言中的使用。"②

针对语言哲学流派繁多、立场各异的困境，哈贝马斯既批驳了语义学，也对语言游戏理论的病症作出了诊断并指示了道路——"普遍语用学"（universal pragmatics）。在哈贝马斯看来，语义学理论的根本缺陷在于它只注意到了语言使用的一种功能——通过断言型言语行为——表现客观世界中的事物和事态，忽视了语言使用的调整功能（主体间因言语行为而发生的相互关系的调整）——通过调整型言语行为，忽视了语言使用的表达功能（心灵和情感表达）——通过表白型言语行为。否则，语义学意义理论的基本问题就成为一个如何理解语言表达的意义问题，语言仅仅被认作信息工具。问题在于，"领会语言表达的意义和用一种认为是有效的表达来理解某事，两者并不是一回事"。"意义理解的这个基本问题不能同在何种语境中这个表达才能被有效接受这个问题分离开来。"③ 对于语用学，哈贝马斯肯定了它对语义学意义理论局限的超越的同时，也指出了它的问题所在，"与意向主义不同的是，应用理论（指语言游戏意义上的语用学）并不强调语言的工具特征，而是强调语言与表现和复现生活方式的互动实践之间的内在联系"。但是，"这样，语言表达与世界的关系就又消失了，这次是被言语者与听众之间的关系遮盖了"。④ 即语言游戏式的语用学尽管克服了语义学所倚重的唯一语法规则（即描述性

---

① ［德］哈贝马斯：《后形而上学思想》，曹卫东、付德根译，译林出版社 2001 年版，第 94 页。

② ［奥］维特根斯坦：《哲学研究》，李步楼译，商务印书馆 1996 年版，第 31 页。

③ ［德］哈贝马斯：《后形而上学思想》，曹卫东、付德根译，译林出版社 2001 年版，第 64 页。

④ ［德］哈贝马斯：《后形而上学思想》，曹卫东、付德根译，译林出版社 2001 年版，第 97 页。

语法）的局限性，看到了纷繁复杂的言语使用现象的语用学规则，但是这种语言游戏理论又不再要求语言使用与客观世界发生关联，言语使用规则（语用学规则）仅仅是一种语言游戏规则。正是在对语义学和语言游戏理论进行批判的基础上，哈贝马斯提出了"普遍语用学"理论。这一理论的基本观点如下：首先，社会交往活动中的语言使用的根本目的在于达成理解。其次，语言使用具有三种功能：表现功能（描述客观世界）、调整功能（确立社会世界）、表达功能（指涉主观心灵世界）。①

定位语言使用的内在目的和界定语言使用三种功能的意义不在普遍语用学本身，这不是哈贝马斯的理论旨趣，其根本意义在于为社会整合的动力来源和规范基础搭建了一个更具解释张力的理论平台。在宗教、形而上学之后，现代社会的整合将依据何种力量而得以成为可能？这是哈贝马斯所始终思考并努力回答的最大问题。社会整合倘若不可能借助强力控制（权力）和利益诱惑（金钱）得以实现，那么它的实质必然就是人的行动计划的彼此协调和相互衔接，而这种协调和衔接必然只能建立在为社会行动者所共同承认的规范前提之上。由于语言转向后人与世界的关系分析已经可以直接借助于语言与世界关系分析而进行，因此，人的行动自然可以转译为语言的形式。语言的三种功能——表现世界、调整关系、表达真诚——各自预设了三种本体论前提：客观世界、社会世界和心灵世界，从而，只要语言使用的三种功能得到了同时发挥，社会整合就获得了可能。表现世界，意味着语言使用采取了语义学理论中的描述命题形式；调整关系，意味着语言使用遵循着语言游戏理论及形式语用学所要求的语法形式；表达真诚，是作为语言使用的其他两种功能形式的必要补充而被随时要求在场的。倘若语言使用的以上三种功能得到了同时发挥，那么，为哈贝马斯所倡导的"交往理性"（communicative rationality）就真正得到了社会实践兑现，社会整合也因此获得了规范论基础。因此，哈贝马斯所创立的"交往理论"（theory of communicative rationality）中的语言使用，既不把语言仅仅视作一种传达信息的工具，也不认为语言仅仅是合乎语法规则的言语方式，而是将其使用视作一种承载了真理性内容、保证了正当性形式和承诺了真诚性态度的媒介，它蕴含着一种社会整合赖以为

———————

① 详细论述请见〔德〕哈贝马斯：《交往与社会进化》，张博树译，重庆出版社1989年版，第1页以下。

据的隐性的力量，这种力量就是内在于社会主体日常生活实践的言语交往理性。问题在于这种解释是否具备足够的理论张力？譬如，社会生活中语言的使用体现出一种四处弥漫着策略性交往的现实状况，如威胁、命令或者欺骗等。强力控制（威权建制）和功利追求也以一种非语言力量的形式对社会秩序的演绎发挥着实际功效，如专制、法律活动的政治介入、金钱驱动等。对于这种否证社会整合规范论基础的反例，并没有让哈贝马斯真正感到为难。策略性语言使用或强力控制的情形，本质上都是目的理性的，即在这种语言使用的策略性形态中，言语行为成为实现目的的手段，强力控制无非就是将对象作为目的实现的一个部分。对于语言使用的策略性现象，哈贝马斯认为，潜在的策略性语言用法相对于规范的语言用法而言处于寄生状态，因为只有当一方为了理解而使用语言的时候，它才能发挥作用，策略性语言用法并没有完整性和独立性，它仅仅是语言交往理性活动中的一种偶然性和非常态，倘若将策略性语言用法理解为社会交往的语言规范性基础，那就不能解释："只是从目的行为者相互影响过程中所出现的互动语境如何才能成为一种稳定的秩序。"① "互动关系是不可能仅仅在以成功为取向的行动者的相互影响的基础上得到稳定的。"② 对于强力控制形态，根本在于它将秩序的规范性基础与秩序维持的实际力量混为一体，统治或法律的事实性与合法性之间的张力被拉平了，从而以强力形式获得的社会整合。因为社会整合不能通过规范的有效性承诺事实性力量，反思性异议风险将不断提出挑战，最终将推翻这种经由强力而维持的威权建制和法律命令。由此可见，在哈贝马斯的交往理论及其后继的法律商谈论中，"法"是一个社会整合得以可能的规范性基础问题，这个可以被称为"法"的社会规范性基础的结论，哈贝马斯在形式上是通过语言使用的规范性根据基础——达成理解——进行论证的，而这种规范性根据的真正来源是日常社会生活主体间通过相互理解而旨在实现共识的日常交往行动。因此，概言之，"法"即社会生活蕴含的以通过相互对话和理解而旨在实现共识、合作和整合的交往理性的规范性基础，"法律"则是这种规

---

① ［德］哈贝马斯：《后形而上学思想》，曹卫东、付德根译，译林出版社 2001 年版，第 70 页。

② ［德］哈贝马斯：《在事实与规范之间：关于法律和民主法治国的商谈理论》，童世骏译，生活·读书·新知三联书店 2003 年版，第 31 页。

范性基础的政治化建制。

既然社会整合的根本力量来源是以生活世界为背景的日常交往行动，以达成理解为目的的语言使用（言语行为）蕴含了社会整合的规范论基础，那么，按照交往行为中的语言使用要求进行法律化建制便显得十分必要了。一方面，取向于成功的目的行动（策略性语言使用，包括威权建制和功利追求）因为面临有效性要求的异议风险而无法获得稳定的社会秩序，从而内在地要求对这种策略性互动的规范性调节和规制。另一方面，取向于理解的交往行动（交往性语言使用），则依赖于共同谈妥的情境理解，并仅仅根据主体间承认的有效性主张来诠释有关的事实，从而为社会整合的可能路径作出了示向。因此，通过反映交往行动中语言使用的规范要求对策略性互动进行规范性调节的法律建制化，无疑就成为社会整合的根本方法。一种以对事实性规则体系（实在法）提出有效性要求为内在特征的现代法应运而生。

通过对哈贝马斯有关法律商谈理论之纵横交错的论述进行细心解读后，我们不难发现，现代法暗合于交往行动中，语言使用的规范性要求的核心方面在于：一方面，现代法有关社会关系（一种社会事实）的一般化、抽象化假定和预设，结构上与作出真理性宣称的语言使用的表现功能一致；另一方面，现代法本身的存在作为一种事实（实际上得到了遵守和实施）必须进行有效性辩护，从而结构上又与作出正当性宣称的语言使用的调整功能一致。正因如此，哈贝马斯才这样意义深远地指明："（社会整合）所要求的那种规范，必须同时通过事实性的强制和合法的有效性，才能使人愿意遵守。这种规范必须带着这样一种权威出现，这种权威又一次使有效性具有事实性之物的力量，不过这一次是在成功取向之行动和理解取向之行动已经两极分化的条件下，即事实性和有效性之间出现了感知到的不协调的条件下。""这个谜语的谜底，在于这样一种权利体系之中，它赋予主观行动自由以客观法强制。"① 因此，将交往理性的规范性内涵作为现代社会法律建制化的规范论基础，不仅在理论上是可欲的，在实践中也是可以兑现的。这样，法律商谈论便应声登场："法律规则的合法性程度取决于对它们的规范有效性主张的商谈的可兑现性，归根结底，取决于它们是否通过一个合理的立法程序而形成——或至

---

① ［德］哈贝马斯：《在事实与规范之间：关于法律和民主法治国的商谈理论》，童世骏译，生活·读书·新知三联书店 2003 年版，第 33 页。

少，是否曾经是有可能在使用的、伦理的和道德的角度加以辩护的。"①

哈贝马斯进一步指出："将自然人之间的相互关系扩展为法、权、人之间的相互承认的抽象的法律关系，是由一种反思的交往形式提供机制的。这种反思的交往形式，就是要求每个参与者采纳其他人视角的论辩实践。"② 因此，考夫曼将法律商谈仅仅理解为一种以"所有论辩参与者机会均等、言论自由、没有特权、真诚、不受强迫"的形式化"对话情境",③ 无疑是将法律商谈论之精义局限化了、片面化了，因为真理即便只是共识，那也是关于"什么"（论题）的真理或共识，法律商谈程序有其自身必备要素，但这些要素显然并非目的、内容或共识本身。法律商谈论诚然注重那个得出合法之法的论证程序形式，但是，论证也总是基于什么的论证，即论证的理由。如果说法律商谈论除去论证程序的魅力还有诱人之处，那么，这种诱人之处其实质在于：社会交往行动所赖以为据的日常生活世界中的人们具有潜在法律意义的生活事件，将始终成为立法程序所旨在关怀的对象，也是立法论证的根本理由所在。

当然，哈贝马斯关于现代法之合法性基础的论证并非完全是在一种抽象的语言哲学思辨过程中完成的，他也将论证语境并联到社会历史语境之中。哈贝马斯将资本主义社会发展的三个历史阶段——自由竞争、福利国家、风险社会，与三种法律范式相互对应配置：形式合理性法律、实质合理性法律、程序合理性法律。形式合理性法律是与自由竞争资本主义阶段所倡导的自由主义法律观念相互一致的（形式法治国），在那个时期，政治国家和市民社会严格分野，国家对社会的干预和介入被限定在必要的限度，政府是一种有限政府，通过形式法律实现个体自由和权利被认为是切合于私人自主保障要求的一种法律范式，国家的任务仅仅在于维持秩序和制约绝对主义的国家权力。随着社会福利主义的兴起（福利国家），社会正义成为法律价值目标的首选，法律范式转向一种国家介入和干预市民社会以实现实质公平的形态，通过形式法律治理的法治国家转型为一种依赖于原则和政策实现社会公正的回应型

---

① ［德］哈贝马斯：《在事实与规范之间：关于法律和民主法治国的商谈理论》，童世骏译，生活·读书·新知三联书店 2003 年版，第 36 页。

② ［德］哈贝马斯：《在事实与规范之间：关于法律和民主法治国的商谈理论》，童世骏译，生活·读书·新知三联书店 2003 年版，第 274 页。

③ ［德］阿图尔·考夫曼：《后现代法哲学——告别演讲》，米健译，法律出版社 2000 年版，第 38 页。

法律范式，① 即实质合理性法律，旨在保障一切人的生存条件和尊严，克服资本主义所产生的贫困和对弱势者的补偿扶持。今天的西方社会已经进入一个"风险社会"，这种风险社会的法律后果在于，"这种复杂的、对未来有长远影响的、依赖于预测的、要求自我纠正的行动纲领，立法者的预防性规范只能对它们进行部分的规范性调节，并把它们与民主过程连接起来。另一方面，用于经典性预防的目的，也就是更适合于应付物质性风险而不是潜在的对于大规模人群的危险的那些强制性导控，已经失效"。② 国家成为"安全保障国家"，从而新型社会内在地要求一种新型法律范式的登场。对于这种新型法律范式的名称，哈贝马斯使用了"程序合理性法律范式"的概念，这种"程序合理性法律范式"的理论内涵，区别于形式法治阶段的机械的程序规则，"程序合理性法律范式区别于早先的法律范式之处，不在于它是'形式的'，如果把'形式的'理解成'空洞的'和'内容贫乏的'话"。"它是在如下意义上而成为'形式的'：它仅仅指出，在哪些必要条件下，法律主体以政治公民的身份可以就他们要解决的问题是什么、这些问题将如何达成理解。"③ 法律商谈论对于这种程序合理性法律范式的具体要求，兼顾了法律与政治、道德之间的关系，并且涉及从立法、行政到司法的每一个法律实践环节。对于程序合理性法律范式在立法、行政到司法的具体法律实践环节中的兑现要求，尽管哈贝马斯从其法律商谈论视角进行了极具深度的阐释，但这些阐释更多的还是对民主法治国家诸原则的一种重申和阐述。

在哈贝马斯看来，以解释学为理论背景的诸如德沃金的解释法学存在理论缺失。哈贝马斯批判了德沃金解释学法学最终所求助的伦理基础主义，并指出："强制性的法律与道德不同，道德能诉诸的仅仅是正义感，而法律是通过国家制裁而以外在的方式同被施行者的行为相联系的。"④ 况且德沃金所寄

---

① ［美］诺内特、塞尔兹尼克：《转变中的法律与社会：迈向回应型法》，张志铭译，中国政法大学出版社 2004 年版，第 87 页。

② ［德］哈贝马斯：《在事实与规范之间：关于法律和民主法治国的商谈理论》，童世骏译，生活·读书·新知三联书店 2003 年版，第 535 页。

③ ［德］哈贝马斯：《在事实与规范之间：关于法律和民主法治国的商谈理论》，童世骏译，生活·读书·新知三联书店 2003 年版，第 548~549 页。

④ ［德］哈贝马斯：《在事实与规范之间：关于法律和民主法治国的商谈理论》，童世骏译，生活·读书·新知三联书店 2003 年版，第 79 页。

予希望的那个"抱负很高的理论"，即"发现并确认一些有效的原则和政策，并从这些原则和政策出发，在本质要素方面对一个具体的法律秩序进行辩护，从而使它的全部个案判决都作为一个融贯整体的组成部分而切入其中"① 的理论，最后竟然只能求助于那个能力非凡的"赫尔克勒斯"（Hercules）。② 哈贝马斯指出："在各种不同信念系统和利益状况彼此竞争的多元主义社会中，求助于通过诠释而形成的主流精神气质，并不能为法律判决之规范性提供一个令人信服的基础。对一个人来说是作为一种被历史所确证的历史主题而有效的东西，对另一个人来说却是一种意识形态，或一种纯粹的偏见。"③ 对法律实在论的批判，哈贝马斯针对的要害是法律实在论者所主张的司法判决取决于外在于法律本身的那些诸如效率、法官的利益要求和便利性、法官所处的社会阶层和政治信仰、政治权力格局等因素，这实际上抓住了一个关键的语用学问题，即法律的意义确认和正确适用倘若是从决定法律言语行为的语境论立场进行，那么，"法的内在逻辑在法律诠释学那里已经弱化了，也就是说，已经因为将法律置于传统之中而相对化了，现在，这种内在逻辑已经完全消失在对法律运用的'实在论'表述之中了"。④ 对于法律实证主义，哈贝马斯的批判立足于法律的"合法性"（legitimacy）与"合法律性"（legality）的区别。在哈贝马斯眼中，法律的"合法性"包含了法律与道德的兼容性、法律创制程序的合理性、法律的社会认同性等多重要求，与富勒所主张的法

---

① ［德］哈贝马斯：《在事实与规范之间：关于法律和民主法治国的商谈理论》，童世骏译，生活·读书·新知三联书店2003年版，第261页。

② 德沃金指出："作为整体的法律要求一位法官在判决诸如麦克洛克林那样的普通法案件时将自己视为普通法系列的作者。他知道其他法官判决过的案件与此类问题的处理有关，尽管那些案件与他所承办的案件不尽相同。他必须将他们的判决当作他必须阐释的长篇小说的一部分，然后按照他自己对如何使这部正在发展的小说尽可能完美的判断继续写下去。""为了这一目的，我创造了一位具有超人技巧、学识、耐心和智慧的法学家，我称其为赫尔克勒斯。"［美］德沃金：《法律帝国》，李常青、徐宗英译，中国大百科全书出版社1996年版，第213页以下；德沃金：《认真对待权利》，信春鹰、吴玉章译，中国大百科全书出版社1998年版，第143页以下。

③ ［德］哈贝马斯：《在事实与规范之间：关于法律和民主法治国的商谈理论》，童世骏译，生活·读书·新知三联书店2003年版，第247页。

④ ［德］哈贝马斯：《在事实与规范之间：关于法律和民主法治国的商谈理论》，童世骏译，生活·读书·新知三联书店2003年版，第248页。

律的"内在道德"理论颇为相近。而法律的"合法律性"只不过是法律实证主义者所倡导和论证的法律体系的封闭性质和自主性质，最终，法律的"合法律性"只得求助于立法程序，即只要法律是经过符合法律的立法程序正常创制的，就是合法而有效的。由于哈特分析实证主义法学将法律界定为主要规则和承认规则的结合，因而哈特法学中的法律"合法性"与"合法律性"是重合的，即合法的法律必须借助于合乎法律的法律创制程序（承认规则）。哈贝马斯评述道："对整个法律秩序的合法化，转移到了这个秩序的起源，也就是转移到了一条基本规则或者承认规则，这条规则赋予任何东西以合法性，而本身却无法作合理论证……把法律的有效性同它的起源捆绑在一起，合理性问题就只能作一种不对称的解决。理性或道德在某种程度上被置于历史之下了。"[1]

在规范性结构中，法律与权力的关系，在哈贝马斯看来，法律是权力的根据，权力只不过是法律的一项实施要求或作用方式，这是哈贝马斯的根本理论立场。面对风险社会，哈贝马斯察觉了行政权力实践的新局面及其困境，即风险预防和治理过程中行政权力的规范性依据或日益匮乏或大量失效的态势，具体表现为立法部门的边缘化，行政权力的扩张、自我立法和决策性行政（自由裁量权的滥用），社会组织发展及权力的滋生扩大，效率导向对法律性的偏离，等等。这些现象意味着大量现代法律的实效，但是并不意味着行政权力可以放弃法律规制乃至抛弃现代法治道路。在哈贝马斯看来，效率并不构成行政部门放弃法治要求的理由，行政权力效率导向和认知方式的自我编程和权力实践方式是一种极其危险的势态。在他看来，问题并不在于现代法治精神和法治国原则有什么根本错误，而是"法治国原则的建制化程度还不够充分"，[2]亦即现代法治原则未能因应时代发展而按照一种反思性诠释学逻辑而完善其相应制度设计，这种制度设计的根本要求，在于按照那种商谈论制度建制程序和意见形成程序对法治原则进行富于时代性要求与内涵的积极回应和论辩，这种回应和论辩的根本意涵就是立法、司法和行政权力在更

---

① ［德］哈贝马斯：《在事实与规范之间：关于法律和民主法治国的商谈理论》，童世骏译，生活·读书·新知三联书店 2003 年版，第 248 页。

② ［德］哈贝马斯：《在事实与规范之间：关于法律和民主法治国的商谈理论》，童世骏译，生活·读书·新知三联书店 2003 年版，第 540 页。

为合理地分清权限的基础上，确保各种层面的意见信息得到畅通反馈，尤其是行政权力，特别要通过与多元社会组织（新社群）和民众以多种形式与渠道保持对话、协调、沟通、聆听、征询等，最终确保行政权力的依据具有程序合理性。

因此，我们可以得出的基本结论是，哈贝马斯的权力理论是一种程序合理性前提下的规范合法性理论。

（四）互联网与权力

应当认为，哈贝马斯以程序和理性对话为基础的权力理论的可塑性与穿透力很强，尽管哈氏在论证其权力的对话理论之时并没有置身其中，也没有预见一个信息社会（网络社会）的到来。哈氏所构想并论证的实现权力对话的理想场域——"公共领域"，最终以一种为哈氏所未能料想的方式真正成就了——互联网。哈氏的"公共领域"，指的是一个国家和社会之间的公共空间，市民们假定可以在这个空间中自由言论，不受国家的干涉。"公共领域"是一种介于市民社会中日常生活的私人利益与国家权力领域之间的机构空间和拟制平台，其中公民个体聚集在一起，共同讨论他们所关注的公共事务，形成某种接近于公众舆论的一致意见，并组织对抗武断的、压迫性的国家与公共权力形式，从而维护总体利益和公共福祉。通俗地说，公共领域就是指"政治权力之外，作为民主政治基本条件的公民自由讨论公共事务、参与政治的活动空间"。公共领域最关键的含义，是独立于政治建构之外的公共交往和公众舆论，它们对于政治权力是具有批判性的，同时又是政治合法性的基础。① 互联网岂不正是一种介于国家与社会之间，网民聚集在一起就公共事务交流意见和形成舆论的既虚拟又实在的理想场域？并且，互联网世界完全具备并且远远超出哈氏所构想的"公共领域"的全部性能。

互联网所带来的是社会形态的重大变革和根本转型，这种社会变革和转型尤其在权力结构上得以表现和反映。传统意义上，权力总是因为政治地位、资本优势、知识拥有而有利于处于上位者的那一方，权力是自上而下的，是优势方的地位力量，是统治上层的意志强求，是资本的驱动运作，是知识的

---

① ［德］哈贝马斯：《公共领域的结构转型》，曹卫东、王晓珏、刘北城、宋伟杰译，学林出版社 1999 年版，第 2 页。

话语安排。即便是倡导通过"公共领域"进行理性对话和舆论表达的哈贝马斯的交往理论,那个实现"共识"以兑现权力的"公共领域"虽然已经表现出多种形态和类型,但是这些形态和类型远没有互联网在形态上纯粹、在功能上完美、在空间上广延、在信息上充足、在传递上快捷、在想象力上无穷。网络社会理论家卡斯特指出:"新的权力存在于信息的符码中,存在于再现的影像中;围绕着这种新的权力,社会组织起了它的制度,人们建立起了自己的生活,并决定着自己的所作所为。"① 网络空间就是那个为哈贝马斯所能够实现"共识"(真理)的"理想的对话情境"。② 在这个"理想的对话情境"——互联网世界中,人们通过多种媒介、平台、空间进行交流、表达、评论、批评、揭发,这是一种信息权力的实现形态,"网络空间中的信息权力,是不在场的网民通过观点发布、消息传递、时事评论等行为在交流沟通中展现的权力"。"信息权力的主体已不再仅是传统社会中意识形态的控制者,而是在人数上占绝对优势的广大普通社会成员。"③ 因此,网络社会对权力的改造,首先表现在权力不再是一种优势者掌控、驾驭弱势者的力量,权力的作用方向被颠倒过来,权力的源头是以各种途径和方法获得了信息的社会民众。其次,网络社会改变了权力的分布形态,实现了权力的弥散化和碎片化,散布和掌控于难以计数的网民,并且这种弥散化和碎片化的权力又能经过网络进行聚合,指向网民大众所要建议、评价、揭露、批判、有时也赞许和倡导的对象。再次,在网络社会中,因为互联网的普遍使用,权力的运行和实现形态主要不再是通过身体行为或组织行为进行的身体强制、财产强制,意识形态作为传统权力的隐形支撑力量也失去了整合性和权威性,信息权力开始以一种舆论信息形态表现,权力依附于网络媒介及其支撑技术运作。最后,网络社会中的信息权力正如卡斯特所说,"权力的部位是人们的心灵",是一种观念的力量,是网民的意义认同和意义接受。

---

① [西]卡斯特:《认同的力量》,曹荣湘译,社会科学文献出版社 2006 年版,第 416 页。

② 阿图尔·考夫曼总结列述了为哈贝马斯的交往理论所倡导的"理想的对话情境"的基本条件要素:所有论辩参与者机会均等、言论自由、没有特权、真诚、不受强迫。[德]阿图尔·考夫曼:《后现代法哲学——告别演讲》,米健译,法律出版社 2000 年版,第 38 页。

③ 刘少杰:《网络化时代的权力结构变迁》,载《江淮论坛》2011 年第 5 期。

十三、监控型侦查权：
应生逻辑和理论意涵

以上关于权力一般理论的发展趋向的简略勾勒，目的在于为风险社会中的警察侦查权定性和定向提供一种抽象性背景。警察侦查权这种权力，在权力一般理论的严格意义上，其实只是一种具体的权力执行方式和方法，用福柯的话说，只不过是一种权力微观物理学上的一个特定环节和技术问题。不过，权力理论家对风险社会中权力在宏观政治维度上的来源和分配、在广阔社会维度上的作用向度、目标演进格局和趋向的深刻揭示，无疑将会对风险社会中警察侦查权理论具有重要的指引价值。

如何回应风险社会权力一般理论的演变要求，尤其是如何应对已然风险化了的犯罪问题，是警察侦查权定性和定向问题的根本所在。通过上文对调查型侦查权概念及其实践的有效性从历史真相、理论张力、发案控制现状、破案率困境等维度的质疑或否证，通过对风险社会中的犯罪状况的概括以及趋向预测，一个初步结论是，调查型侦查权并非为一种高效的犯罪控制权力模式，尤其是在面对风险社会中的犯罪时，调查型侦查权的权能缺陷甚至隐患将会很多。

犯罪的复杂原因决定了警察不可能是犯罪控制的唯一力量，但是，警察却是控制犯罪的核心力量。"警察不是坐等犯罪发生。相反，警察通过干预维持秩序，通常就是预防性措施。由于维持秩序需要采取预防性措施，因此它是警察最繁重的职责。"① 如此定位现代警察的社会功能已然成为共识。如果

---

① ［美］罗伯特·兰沃西、劳伦斯·特拉维斯：《什么是警察——美国的经验》，尤小文译，群众出版社 2004 年版，第 12 页。

说对调查型侦查权在抑制犯罪发生、发现犯罪和提高破案率等方面内在的功能缺陷已形成共识，那么，面对风险社会中的犯罪状况，调查型侦查权就不仅仅是一个提高效率的问题，而是一个需要进行彻底的权力形态改造变革问题。对此，需要结合风险社会中的犯罪特征和犯罪控制要求进行说明。

如果说调查型侦查权通过证据调查，辅以其他警务，如巡逻和必要的监视力量或设备的运用，实现了发现犯罪和追诉犯罪的目标，在早期现代化阶段，在一定程度上也实现了有效地犯罪控制的目标。至于犯罪控制的实际效果即便存在一些问题，如阶段性犯罪高发，也只是一个侦查效率问题。因此可以认为，调查型侦查权在早期现代化阶段总体上还是发挥了控制和追诉犯罪之功效的。然而，在风险社会阶段，大量犯罪的风险性质或者风险性演化态势，必然要求侦查权进行范式性转型，否则，不仅在犯罪控制和追诉的效率问题上，而且在权力的合法性问题上，均将遭遇否定性评价。

风险社会阶段侦查权的范式转型，需要从以下两个前提来进行逻辑推演，进而加以整合。

（一）侦查权的功效问题——如何创新变革侦查权范式以有效控制并追诉风险社会中的犯罪

面对风险社会中的犯罪性质和态势，侦查权范式转型后的犯罪控制目标实现，要求在以下侦查权能向度推进侦查权运行方式和机制的创新。

1. 犯罪发现权能向度

调查型侦查权被动式地依靠报案等形式发现犯罪或线索，其逻辑前提是警察对私人自由生活的尊重和不干预，是一种自由保障和夜警国家逻辑。犯罪黑数或大量隐案状况已经说明被动式侦查在发现犯罪上的权能缺陷，至风险社会阶段，无论是犯罪的实害程度还是危险程度，侦查权作用时段向犯罪预备等犯罪行为状态的早期阶段延伸要求的迫切性更为凸显，这意味着侦查权的主动式实施，意味着侦查权对社会生活领域的更多介入干预和对私人自由的更多涉足乃至侵犯。不过，侦查的犯罪发现权能并不仅仅是警察权力向私人生活领域或社会关系领域的潜伏和监控，它也要求警察部门能够动员和有效利用社会信息资源，尤其是社会居民和相关行业人员的信息提供，通过有关机制实现犯罪信息向警察部门的畅通传递和输入。以兑现参与式民主价值为方向的社区居民和社会相关组织举报犯罪线索的侦查权社会化路径，并不能包办风险社会中大量特殊犯罪的发现，诸如毒品犯罪、黑社会犯罪、企业犯罪、白领犯罪、金融犯罪等，侦查权的参与式民主分享将依然会无视、忽略和遗漏大量犯罪的存在。风险社会中大量犯罪的无被害人化、隐形化、专业化、抽象化状况，决定了犯罪发现路径还应该从其他方向开辟。事实上，在长期以来的侦查实践中，以警察卧底、秘密线人、诱惑侦查、控制下交付为主要形式的"乔装侦查"（undercover operation），① 在发现犯罪线索或查获犯罪人目标实现上一直发挥着并将更多地发挥出重要的功效。

2. 犯罪监视权能向度

调查型侦查行为与犯罪行为之间逻辑上存在时间上的迟延和滞后，这种时间落差的后果是侦查权失去对犯罪行为的实时控制效能，犯罪行为过程、侵害或危险状态不构成侦查权的作用对象。风险社会中大量犯罪的危害性或危险状态十分严重，倘若缺乏有效监视和控制，犯罪后果一旦发生，追诉惩罚的社会意义锐减。侦查权的犯罪监视权能意味着侦查权行为与犯罪行为在时间上处于共时性状态，犯罪处于侦查监视之下并能够及时被制止，以防范犯罪危害的发生。所谓监控（监视）（surveillance），通常认为是一个"个体或者组织通过身体本身的机能或者身体扩展的机能记录、存储、处理和控制他人信息的过程"。② 风险社会之技术发展维度之一环是以工业现代化阶段的电子技术的进一步发展应用，以及以微电子技术为本质的社会信息化——网络化快速演化过程。电子通信技术、信息化（网络化）进程，为实现警察侦查权与犯罪行为和过程的共时化状态提供了条件，也颠覆了调查型侦查权的合法性基础——回溯型认知性逻辑和被动型自由保障逻辑。监控探头、通信截阻，电子邮件监控，QQ侵入、电子地图、网络舆情实时检查，电话短信检测跟踪，证券交易过程监察……均为侦查权的监视权能提供了条件，也提出了要求。著名的网络社会理论家曼纽尔·卡斯特界定了风险社会中信息技术

① 我国学者将"乔装侦查"概念界定为："侦查人员或者侦查机关控制下的线人通过隐瞒身份或目的的方式，打入犯罪组织或者接近犯罪嫌疑人以获取犯罪线索、收集犯罪证据的一类秘密侦查活动，典型的表现形式包括各国实践中大量使用的由警察或者线人实施的卧底侦查、诱惑侦查以及'街头商店行动'……此类秘密侦查活动的核心内容是使用欺骗手段实施秘密侦查的目的。"程雷：《秘密侦查比较研究——以美、德、荷、英四国为样本的分析》，中国人民公安大学出版社2008年版，第24页。
② 王俊秀：《监控社会与个人隐私》，天津人民出版社2006年版，第10页。

革命的重大性质:"信息技术革命引发了信息主义的浮现,并成为新社会的物质基础。在信息之下,财富的生产、权力的运作与文化符码的创造变得越来越依赖社会和个人的技术能力,而信息技术正是此能力的核心。信息技术变成有效执行社会——经济再结构过程的不可或缺的工具。"① 信息技术向社会物质基础的构造性演进所带来的是一个信息(网络)社会,这种信息(网络)社会,在个人信息安全、隐私和行动自由意义上,也是一种"透明社会"(Transparent Society);在权力的作用方式意义上,则逐渐演变为一种"监控社会"(Surveillance Society),在这种"监控社会"中,在马克·波斯特(Mark Poster)看来,权力运作推进并超越了"全景式监狱"的监控形式,电子监控"不仅强化了'知识'的权力,而且重构和增加了它的监控对象——自我"。② 因此,警察侦查权的监控权能的强化,性质上属于权力向电子和信息化技术的沁入和附着,它孕育于时代关系秩序,也是突破回溯性调查的必然。

3. 犯罪干预控制权能向度

犯罪的风险化或风险性状态,内在的是一种"如果(一意孤行或放任自流)——那么(贻害无穷或灭顶之灾)"的逻辑,这个逻辑牵引出的风险治理问题,要求确立一种预防性原则——规制风险并采取有效措施防范风险突变为灾害(实害)。孙斯坦描述了当前国际上较为普遍的风险治理预防性原则的理论状况,但是,在其看来,应当按照一种成本—收益分析路线对预防性原则进行修正或补充,即不能将风险治理的预防性原则进行机械、呆板的贯彻,而应该对风险发生的盖然性和可能危害结果进行较为精确的分析、计算和预估,进而确定风险规制和预防措施(包括应否规制和预防)。③ 不妨将孙斯坦的这种风险治理理论称作理性预防原则,这一原则虽然重点针对环境安全问题,但它对犯罪防范问题也具有指导意义。不能认为现代警察权力没有明确犯罪预防任务,无论是现代警察制度的最初缔造,还是当下警察实践中

---

① [西]曼纽尔·卡斯特:《千年终结》,夏铸久、黄慧琦等译,社会科学文献出版社 2003 年版,第 403 页。

② 参见[加]大卫·莱昂:《后现代性》(第二版),郭为桂译,吉林人民出版社 2004 年版,第 81 页。

③ [美]凯斯·R. 孙斯坦:《风险与理性——安全、法律及环境》,师帅译,中国政法大学出版社 2005 年版,第 122~128 页。

的社区警务、问题导向警务等警务模式探索，犯罪预防原则始终指导、引领和有力驱动着警察权的运作。但是，犯罪预防原则在警察实践中的贯彻，存在两个问题：其一，侦查与预防脱钩。在规范性层面上，侦查权被过于狭隘地限制于犯罪事实和证据调查以及犯罪人缉捕的范围，一些警务形态，如发现和控制犯罪重点对象及场所、犯罪条件、犯罪原因乃至犯罪预备等信息或线索的措施，一般是没有法律依据的，从而难以确定这类权力的法律属性。其二，传统意义上警察部门对犯罪的预防，并不按照犯罪原因逻辑进而较为深入和广泛地介入特定社会关系领域，有所或能够发现的某些犯罪原因，一般也不是警察权力作用的对象，尤其是那些逻辑上距离实际犯罪行为较远，或者多原因抽象导致具体犯罪的因素，更不会成为警方调查和干预的对象。进入风险社会阶段，由于犯罪的风险化和风险的犯罪性态势，警察侦查权需要适度对犯罪原因、条件或滋生过程介入干预，及时获取信息、界定原因、评估风险（危害可能），进而采取防范、制止、治理措施。

4. 犯罪信息管理和研判权能向度

信息（information）是消除人们对事物认知的不确定性的量，是系统的组织程度和有序程度的量度。一个系统越是有序，其信息量就越大。因此，信息是一个表达系统有续性程度的概念范畴。信息论的奠基人申农（Shannon）将信息看作"是不定性减少的量，信息就是两次不定性之差"。① 控制论创始人维纳认为："消息集合所具有的信息则是该集合的组织性的量度。""信息这个名称的内容就是我们对外界进行调节并使我们的调节为外界所了解时而与外界交换来的东西。"② 犯罪信息，是指犯罪事件系统的有序程度，是侦查人员对犯罪事件的不确定性的消除的量度，是犯罪事件被侦查认知的可能性程度。因此，侦查信息有两层含义：一方面，侦查信息反映的是侦查客体——犯罪事件系统的有序程度，亦即犯罪事件系统的固有信息；另一方面，侦查信息反映的是侦查主体在主观层面上能够获得多少有关犯罪事件的信息，亦即所能消除的侦查人员对犯罪事件系统之不确定性的量度。犯罪信息载体和

① 王雨田：《控制论、信息论、系统科学与哲学》，中国人民大学出版社 1988 年版，第 284 页。

② ［美］维纳：《人有人的用处——控制论与社会》，陈步译，商务印书馆 1978 年版，第 9、12 页。

来源的多样性、表现和流转形式的复杂性以及信息意义的潜隐性，决定了犯罪信息必须经过技术处理加工成为情报（intelligence），方可确认其意义并运用。一般认为，信息与情报之间的关系等式为"信息+分析研判＝情报"。[①] 传统的调查型侦查权运行模式主要由人力（如事实调查）和技术（如证据分析）支撑，犯罪卡片档案，如指纹库、物证库、枪支库、犯罪工具样本库、犯罪重点人员档案等，曾长期成为警察侦查部门所建立的主要犯罪信息载体形式，虽然这种权力运作模式也处理犯罪信息并生成犯罪情报（如犯罪调研报告），但是这种权力运作机制的根本问题在于犯罪信息处理能力的单一性，样本不全，难以统计，无法有效充分储存、管理、加工信息并生成大量犯罪情报以高效服务侦查。在风险社会阶段，信息化既是社会和世界秩序以及个体存在的一种关系状态，也已经成为权力运作的一种新型基础和重要机制。在新管理学者看来，电子化（信息化）政府的组织和权力运作基础不再是韦伯式的官僚等级制，而是信息的流动，其功能突出表现在以下几个方面：（1）整合海量数据信息，大大增强组织记忆力；（2）对组织（机关）外部环境与内部过程通过信息机制进行整合和匹配，大幅提高组织职能；（3）高效、灵活组织和处理信息开发主体和信息运用过程；（4）实现组织（机关）内部之间以及组织（机关）与环境（社会）之间的信息互动（参与）状态的秩序化。[②] 或许，警察部门是国家各类机关中借助先进技术实现权力运作的最积极也最先进的机关之一，犯罪信息数据库系统以及内外网络建设已经成为一种

---

①　王沙骋：《信息共享环境：情报主导警务》，中国人民公安大学出版社 2010 年版，第 9 页。

②　[澳] 欧文·E. 休斯：《公共管理导论》（第三版），张成福等译，中国人民大学出版社 2007 年版，第 216 页。

基本的工作机制。① 通过大量犯罪信息数据库建设，警察部门存储犯罪信息的能力大大加强，尤其是通过多种数据库的链接整合，利用数据库犯罪信息查破案件的效率大幅提高。不过，仅仅利用数据库系统查询犯罪线索乃至查破案件并非信息化警务的最高目标。在存储海量犯罪信息的有利条件下，应充分利用犯罪信息，深入开展信息分析、研判，实现犯罪信息向犯罪情报的转化，并且要通过对多种犯罪情报的研判，为确定侦查重点案件类别选择、控制犯罪方案制定、采取系列侦查措施、预判发案动态趋势等侦查行动方案提供依据。

5. 犯罪风险性（危害性）评估向度

风险化犯罪之对策，要求以犯罪危险性（危害性）以及突变为危害（实害）的盖然性风险评估为基础。权力也是一种资源，同样具有稀缺性。孙斯坦在评价风险对策的预防性原则时，按照一种成本—收益分析理路，指出："危险不太可能发生的事实几乎不是反对采取规制措施很好的理由。但是起决定作用的是投入的规模和损害的不确定性。除非损害真正是灾难性的，否则为只有十亿分之一可能发生的损害作出巨大的投入是没有意义的。从字面上考虑，预防原则将导致不合理的巨大开支，耗光我们的预算，从而使我们不能仔细考虑其他可供选择的方案。如果我们对付一切风险都投入大量精力，而不管它们发生的可能性，我们很快就会精疲力竭。"② 因此，犯罪风险评估的决定条件实质上就是一种成本—收益关系。其中，犯罪的风险性质和转变

---

① 就单纯的犯罪信息数据库而言，美国警方自 1990 年以来，先后建立的减速数据库主要有综合 DNA 检索系统（CODIS）（1990）、珠宝玉石数据库（JAG）（1992）、特殊案件研究计划（ECSP）（1992）、服刑囚犯及国外侨民的跨国运送系统（JPATS）（1995）、全国毒品线索管理系统（NDPIX）（1997）、全国现行案件背景材料检索系统（NICS）（1998）、儿童诱拐与系类谋杀案调查线索系统（CASMIRC）（1998）、全国犯罪情报中心（NCIC）（1999）、全国联合弹道洗洗网络（NIBIN）（2011）、失踪人员检索系统（MPI）（2001）。除此以外，还建有提供危害（风险）评估服务、网络欺诈报警与服务、打击恐怖主义等功能的国家基础设施保护中心（NIPC）（1998）、创安全学校计划（SSI）（1999）、全国危害威胁评估中心（NTAC）（2000）、网络欺诈投诉中心（IFCC）（2000）、贸易伙伴反恐计划（TPAT）（2001），等等。资料源自［美］查尔斯·R. 斯旺森等：《刑事犯罪侦查》，但彦铮、郑海译，中国检察出版社 2007 年版，第 35~37 页。

② ［美］凯斯·R. 孙斯坦：《风险与理性——安全、法律及环境》，师帅译，中国政法大学出版社 2005 年版，第 126 页。

为危害的盖然性则是分析评估的重点对象。一般性风险评估，像气候变化、植物转基因技术、巨型水利堤坝工程、核电站建设项目、健康医疗技术开发与应用等评估目标在于，为终止项目或采取干预措施降低风险性。作为风险化犯罪的评估，因为对象性质的差异，主要目标在于侦查权资源的优化配置问题，其核心内容是如何将有限的侦查权资源配置投入于那些社会影响大、高发、系列、危害性严重或者长期忽视而日益凸显的犯罪类型的侦查计划和行动。例如，近年来，我国侦查实践中的一些"专项行动"，如"两抢"案件（抢劫和抢夺）侦查、电信诈骗案件侦查、拐卖妇女儿童案件侦查、网络赌博案件侦查等，均体现了风险治理的性质，尽管这种决策行动未必建立于一种专业性犯罪风险评估之结论的基础上，但这类专门性侦查行动的决策，毕竟也是在一种研究论证的基础上作出的。另外，"命案必破"侦查目标的确立，也内在着风险评估和决策的性质，即过多的命案发生将严重影响社会安全感，有限的侦查资源必须投注于性质严重的犯罪案件侦破。

（二）侦查权的合法性问题——风险社会中侦查权的正当性根据何在，以及法律规制的基本要求

统治或权力的合法性（legitimacy）概念喻示了某种元叙事和元话语（前设命题）的在场，行为、社会关系、制度、统治等倘若能够成为该种元话语结构中的一个有效陈述，那么它们就得以合法化（legitimation）。合法性论题在柏拉图、亚里士多德那里就被提出并得到阐发。例如，柏拉图就从伦理学意义上通过"美德"和"知识"的标准而推演过统治者的合法性问题。[1] 同样的，亚里士多德也从政治学标准出发，通过"善"和"正义"的原则，论证统治者的合法性并将其作为评价统治合法性的标准。[2] 这类合法性理论均是通过某种伦理或政治原则来推论合法性问题的，并且将该类原则作为前设命题以评价政治或统治的合法性。本书在此不讨论这种原则或标准的真理内涵和正义价值，提及这种合法性理论起源的目的仅在于说明：合法性问题一开始就是一个关于元叙事和元话语的有效性假定，制度、法律或统治是否具有

---

① 参见［英］罗素：《西方哲学史》（上卷），何兆武、李约瑟译，商务印书馆 1963年版，第 147 页以下。

② 亚里士多德：《政治学》，吴寿彭译，商务印书馆 1983年版，第 148 页以下。

合法性，实际上是一个关于前设命题的根据问题。

"合法性"概念作为论题在韦伯那里被重点引出。① 韦伯从制度、统治论题提出了合法性问题，虽然其论题对象与本书任务殊异，不过，通过对韦伯在制度、统治方面合法性问题提法的解读，对于检视侦查权的合法化论题而言，至少具有方法论的启示。对于制度的合法性，韦伯将其形态按其理想型方法（idea-types）总结为四种：基于传统，基于情绪的（尤其是感情的）信仰，基于对价值合理性的信仰，基于对现行章程合法性的信仰。② 对于统治的合法性条件，韦伯将其总结为三种：合理的性质、传统的性质、魅力的性质。③ 由于韦伯持有"价值中立"或"价值无涉"立场，因此他认为制度或统治秩序的存在即蕴含了其固有的合法性，从而合法性即为既有制度或既定秩序的稳定性和有效性，它建立于人们对制度或对握有权力的人的地位的确认和对其命令的服从现实之上。④

另一种合法性理论是法律实证主义进路，它和韦伯的"价值无涉"的合法性理论有异曲同工之效。如果说韦伯的合法性理论建立在对制度、法律或统治的信仰主义和心理主义之上，那么，法律实证主义的合法性理论则将制度、法律或统治的合法性归结为实在法依据或某种原则前提。在凯尔森的纯粹法理论中，法律成为一种意志表达或命令，作出这种意志表达或命令的权威者的行为依据是"基本规范"，而"基本规范"是被假定有效力的。⑤ 如果这样，权力的合法性问题，关键在于有无实在法根据，而实在法只是主权者的意志表达和命令，这种意志表达和命令虽然有其"基本规范"的根据，但由于这种"基本规范"是被假定有效的，行动合法性的前设命题只能在权威

---

① ［德］哈贝马斯：《合法化危机》，刘北成、曹卫东译，上海人民出版社 2000 年版，第 127 页。

② ［德］马克斯·韦伯：《经济与社会》（上卷），林荣远译，商务印书馆 1997 年版，第 66 页。

③ ［德］马克斯·韦伯：《经济与社会》（上卷），林荣远译，商务印书馆 1997 年版，第 241 页。

④ 参见强世功：《法律移植、公共领域与合法性——国家转型中的法律（1840—1980）》，载苏力、贺卫方主编：《20 世纪的中国：学术与社会》（法学卷），山东人民出版社 2001 年版。

⑤ ［奥］凯尔森：《法与国家的一般理论》，沈宗灵译，中国大百科全书出版社 1996 年版，第 116 页以下。

者的意志和命令那里找到力量之源，从而权威者的意志和命令便成为行动合法性的判据了。分析实证主义学派的代表哈特则认为，就一个为其他规则提供效力的最终规则来说，其本身根本不存在有效力或无效力的问题，它的存在是一个事实。① 哈特区分了主要规则（primary rules）和次要规则（secondary rules），主要规则设定义务，次要规则授予权力，而主要规则和次要规则的最终有效性则取决于承认规则（rule of recognation），而这种承认规则内在于人们的日常生活，"很少明确地作为一个规则制定出来"。② 这种承认规则与其说是一种规则，不如说是一种无形却又实在的事实，它所表征的是在规则之间发生冲突抑或某项规则之效力遭遇疑问的时刻，人们如何作出选择行动。它不是被陈述的，"承认规则只是作为法院、官员和私人依据一定标准确认法律这种复杂而通常又协调的实践而存在"。③ 因此，哈特称其是一个事实问题，亦即承认规则不过是人们选择或确认既有规则的事实。这样，依循哈特的分析实证主义进路，合法性问题首先是一个既有规则的根据问题，然后又要从人们选择或确认规则的事实上得以实现，但是这种选择或确认规则的事实何以发生，则是一个值得追问的问题。

在哈贝马斯看来，韦伯的合法性理论没有跳出信仰和心理主义局限，合法性信念"被视为一种同真理没有内在联系的经验现象"。④ 诚然，在韦伯的合法性理论中，始终没能跳出合法性的信仰或心理主义进路，在制度方面，合法性条件则是基于传统、基于情绪、基于价值合理性和基于规章有效性的信仰。在统治方面，韦伯的论证同样是一种信仰或心理主义进路。这种信仰或心理主义理论落实到法律领域，诉讼程序的合法性实际上就取决于两个条件：其一，立法者按照立法程序制定程序法；其二，人们相信立法程序是一种正当程序。这样，合法性信念便退缩为一种正当性信念，然而这是显然不

---

① 参见沈宗灵：《现代西方法理学》，北京大学出版社 1992 版，第 190 页。

② ［英］哈特：《法律的概念》，张文显等译，中国大百科全书出版社 1996 年版，第 102 页。

③ ［英］哈特：《法律的概念》，张文显等译，中国大百科全书出版社 1996 年版，第 111 页。

④ ［德］哈贝马斯：《合法化危机》，刘北成、曹卫东译，上海人民出版社 2000 年版，第 127 页。

够的，因为立法程序本身就受到"要求合法化的压力"，① 对正当性的信仰不能为权力提供合法性的基础。按照法律实证主义进路，权力的合法性要么像凯尔森纯粹法理论那样，基于"基本规范"的有效性假定，要么像哈特分析实证主义法学那样，合法性力量导源于一种作为对既有规则的选择和确认之事实的"承认规则"，而这种承认规则如果仍需通过另一始因获得合法化，那么，权力的合法化根基既难以确定也不会牢固。在这类法律实证主义进路中，那种为权力提供合法化基础的前设命题如果还只具有假说性抑或尚待自我合法化，那么这种基础便是靠不住的。如果将权力的合法化条件理解成立法形式中的命令（意志表达）前提，那么，遵从程序规则的权力行为便成为命令（意志表达）之结果，然而，命令或意志表达作为一种期望，并不必然带来遵守程序规则的结果。如果将程序合法性条件理解成一种正当性信念，它则不能解释在行动者信念发生动摇抑或完全改变的情况下，他们是否还应当遵守程序规则，是否还能继续感受到这种程序规则的约束。

按照以上关于合法性理论的简要梳理，我们可以认为，侦查权的合法性并非一个简单的遵循程序法规则问题，而是要求侦查权所遵循的程序法规则本身也必须内在一种真正能够获得认同的价值。

在实质内涵上，警察侦查权的合法性根本上通过两个向度来表达：正当程序和犯罪控制。具体而言，正当程序要求警察侦查权行为应当严格遵循程序法规则，这种程序法规则本身也应当具有规范侦查行为、限制侦查权力、排除非法证据材料的法律效力、追究违法侦查的法律责任的内容，正当程序对警察侦查权进行规制约束的根本目标是权利（自由）保障优先和形式正义。犯罪控制要求警察侦查权能够高效发挥追诉犯罪和遏制犯罪的社会目标之功效，通过案件侦破实现惩罚犯罪并创造有序的社会治安环境。警察侦查权的正当程序和犯罪控制双向要求的理想状态是价值平衡。在法制现代化进程中，以上关于警察侦查权价值目标双重兼顾的合法性标准已经成为一种理论共识。

应当指出，警察侦查权基础的两个构成要件——正当程序和犯罪控制——的共识性结论的界定对象是行为，即警察侦查行为。行为构成了这种合法性理论话语的唯一要素对象，无论是遵守程序规则的行为，还是针对犯

---

① ［德］哈贝马斯：《合法化危机》，刘北成、曹卫东译，上海人民出版社 2000 年版，第 128 页。

罪人或事实证据的行为，分析、透视和理论抽象的逻辑均为行为主义。在现代知识学范式中，现代社会科学的研究是以行为（以及作为其规范形式的制度）为基础的，这是现代性知识学的根本性质。法学也是如此，它虽然声称是规范取向的，但规范的本质不过是行为意义的抽象化罢了，直观地说，不过是行为模式的抽象化结构而已。

福柯按照一种"知识型"（episteme）理论将现代知识划分为三种类型：文艺复兴知识型、古典知识型、现代知识型。三种知识型的特性分别为词与物的统一（相似性）、用词的秩序再现物的秩序（摹状）、词不再表现物而是人（主体）对物的拟制创造性建构（科学——话语）。① 按照福柯的看法，现代知识型带来了一个权力作用形态和方向上的后果，即权力不再仅仅自上而下运作，而是以一种二元性形态发生着作用。一方面，大量权力依然始发于统治上层并向社会下层发生监控性作用；另一方面，现代知识教化了统治对象也消解了社会结构，自觉的民众因为获得了知识，社会也因为知识的增长和分类而促进了自身的不断分化、解组，从而大量社会关系领域以及被统治方的无数个社会个体或单元也获得了权力，权力开始散布于社会结构的无数个毛细血管并在其中独立地循环流动。这样，现代权力以一种二元性有机主义形态得以运作，这种运作的基本性质，福柯在《规训与惩罚》一书中美其名曰"规训"——一种通过监控、教育、劳动、检查、训练、咨询、治疗、惩罚等多种权力形式实现的人的再造和社会形塑状态。

然而，风险社会中，信息化的汹涌浪潮和网络社会的来临，致使信息技术摧毁和消解了社会科学的这种研究基础。知识内生并支持权力，有时权力只不过是知识的一种功能方式，至少知识是权力的一种助推资源，这是福柯权力—知识理论的一个基本结论。至信息化时代，我们需要面对的是，权力不再仅仅借助知识运作，它日益融合于信息技术而运作。唐娜·哈拉维深刻揭示了这种权力之信息技术化运作的趋势和本质。在哈拉维看来，信息技术的演进导致权力突破了福柯式的生理学——有机主义的现代知识型运作机制，"代之以一种控制论式的启发性想象，以技术系统的模型来理解包括有机系统

---

① ［法］米歇尔·福柯：《词与物——人文科学考古学》，莫伟民译，上海三联书店2001年版，第66、160、450页；另参见刘北成：《福柯思想肖像》，上海人民出版社2001年版，第145页。

在内的一切系统，于是有机系统就此变成了信息管理加上军队式的命令、掌控、情报与通信的控制论系统。"①

信息技术变革并吸收了权力的运作方式，因为信息技术既彻底改变了作为权力之环境的社会结构形态，也成为权力附着其上、内在其中的一种重要媒介。因此，马克·波斯特认为："以制度研究为特征的、已经风行了200多年的社会理论，正被以电子技术为媒介的通信带来的巨大变动所撼动，并被改组为新的、特征尚不明朗的研究模式。"② 制度（行为）研究为基础的社会科学范式因此而为信息技术所摧毁，权力研究也必然如此。

当行为（制度）研究范式不再有效，虽然尚不能完全确定为信息技术所摧毁的权力研究的替代性范式为何，我们却可以初步判断和探索出这种研究范式的一个路口。现代知识型的一个关涉权力合法性的条件或要求是论说（论证），即权力是否合法，这意味着知识与权力的关系依然是相对独立的两个范畴，人们仍然可以识别它们各自的轮廓或面貌。但是，至信息社会，权力挣脱了论说（论证），哈拉维深刻地指出："一个知识（科学）与权力（技术）已经融合为一的体制，在这个体制里，符号无法在物质之下循环流动，因为符号与物质已经融合了，这里是技术科学的天下。"③ 因为技术科学表现为芯片、电脑、网络、通信、基因密码、数据库、化合物（有毒）、电视、手机、视频、探头、高铁、铬渣、瘦肉精、地沟油……总之都是人造物，吉登斯称其为"人化自然"。因此，融入技术科学的权力也必须柔顺、驯服、协调、乖巧地依附于这些技术科学各项成就形态及其"性情"而运作。这是权力的宿命，也是风险社会（后现代社会、信息社会）中权力的异化、蜕变和重生。

这样，警察侦查权的合法性基础寻找和论证，就不能再因循一条行为（制度）研究的古老道路了，这条道路的方向总体上指向风险社会中的犯罪演变。不过，侦查权作用于犯罪之路，不再借助于裸露的双眼，依凭遗传获得

---

① ［英］斯各特·拉什：《信息批判》，杨德睿译，北京大学出版社2009年版，第298～299页。

② ［加］大卫·莱昂：《后现代性》（第二版），郭为桂译，吉林人民出版社2004年版，第79页。

③ ［英］斯各特·拉什：《信息批判》，杨德睿译，北京大学出版社2009年版，第299页。

的身体感知，借助机械性的少量工具，求助证人、被害人或犯罪人储存于大脑皮层中的记忆，进行一种所谓调查型侦查。侦查权作用于犯罪之路，因为技术科学的造化之物，虽然外在地表现为行为，但大量行为的含义已经内敛着技术科学或信息技术的流程或编码——侦查的情报导向和信息化运作。技术科学化或信息技术化了的侦查权何以谈论程序正当？它控制或追诉的是作为经验性事件的犯罪还是符号化表征的秩序？

极端地说，以正当程序和犯罪控制的陈词滥调诉说侦查权的合法性基础或许已经随风而去，因为既然权力已经同化于技术，那么技术就要以技术的流程、机制、载体、方法以及技术的技术实现它的自动操作。技术是人造的，是机器、设备、网络、软件、数据库、云计算，那么权力也是机器、设备、网络、软件、数据库、云计算。贯穿于并具有举足轻重地位的调查型侦查历史的原始性人力侦查——卧底、监视、跟踪，总之是乔装侦查，也技术化了，人力得到了诸如录音机、摄像头、卫星定位系统、通信工具、机动交通工具等技术装备的辅助乃至替换，侦查人员也与技术（设备）合并为一个主体。

按照以上两个权力推演逻辑，即风险社会中的犯罪态势对侦查权能变革要求，根据权力运作的技术科学和信息网络化机制逻辑，我们初步提出犯罪治理型侦查权概念（先初步勾勒其轮廓要素，下文将进行修正、补充和完善）：

（1）一种旨在更具功效的实现风险社会中的犯罪侦查和犯罪控制的侦查权力形态，这种权力形态对侦查权进行犯罪治理之社会价值目标定位，公共安全是侦查权的根本价值目标。

（2）调查型侦查权反应式启动权力模式在大量犯罪案件的侦查中依然有效，但是，侦查权的启动不完全以犯罪行为已经发生乃至实害已经造成为唯一根据。在行为处于危险性状态，或者滋生、助长犯罪形成的一定条件因素已经显现并且足以促成高概率犯罪发生情形，侦查权即以干预性形态介入和干预相关犯罪原因条件因素。

（3）回溯式重构犯罪的思维逻辑依然有效，但应对风险性犯罪控制的未来导向要求，警方对犯罪发生的可能性和危害性进行评估预判，作为决策侦查权计划、配置侦查权资源以及选择采取相应侦查措施的依据。

（4）信息采集搜索和犯罪数据库建设是侦查权的运作基础，侦查权融入技术和信息网络化机制过程运作，技术和信息网络化系统既支撑和驱动侦查权的内部运行，也与外界系统建立信息通道，实现犯罪信息高速、畅通地向警方输入，警方存储、加工、研判犯罪信息并决策，进而确定侦查行动方案并执行。

（5）通过电子监控技术、图像视频监控技术、网络监控技术、电信监控技术以及人力情报等技术和路径，努力实现侦查权与犯罪的共时性关系状态。

（6）将犯罪的社会因素和个体因素的调查与分析界定为侦查权的特定形态或侦查权的构成部分，这意味着侦查权对相关社会关系形态和个体危险性状况的专业型调查与研究也被赋予权力地位，它带有对社会关系干预和介入的性质，也对公民个体的私人自由权利构成适度介入干预乃至侵害，但应按照比例原则的基本精神判断这种专业性调查的必要性和合理性。

十四、信息化侦查：
监控型侦查权的运行特征

　　信息化所带来的是整个社会基本关系性质和结构的巨大变化，这种变化的实质，按照斯各特·拉什的观点，就是"信息性"（informationality）取代了"社会性"（sociality），社会性是稳定、长久而临近的，信息性则是短暂、瞬间、快速而远距的。① 在信息社会中，一切都成了快速流动和梦幻呈现。

　　信息化变革了社会关系的根本性质，也深刻影响了权力，按照一种信息性原则重塑着权力。信息化对权力的改造和重塑，在当下侦查权力的实践运行中表现得尤为突出。

　　以现代调查型侦查权为例，侦查权在外在运行形式上或行为类别上，表现为人力调查、强制讯问、线人揭发、勘验现场、物证技术取证等类型。这类侦查权行为在一种权力主体—客体结构中，发挥着再现犯罪事实的功能，人力+技术构成了这种权力的核心要素，侦查权力根本上是侦查机关对犯罪嫌疑人身体进行强制的一种意志行为，或者是借助再现技术对犯罪嫌疑人行为痕迹以及作为行为结果之证据的发现、收集、确认、解释和证明。如果从信息意义上对传统调查型侦查权的性质进行界定，那么这种侦查权根本上是对记忆信息和物证信息的收集、确认和认定。

　　传统调查型侦查权在时间上滞后于犯罪行为，通常缺乏连续性。在空间上通常限定于侦查权实施者的身体感官可及范围，交通方式和工具通常划定了权力作用范围的半径。调查型侦查权必须借助于身体感官与部分物证技术

---

　　① ［英］斯各特·拉什：《信息批判》，杨德睿译，北京大学出版社 2009 年版，第123 页。

处理证据和认定事实，身体感官作用的对象是犯罪嫌疑人记忆以及犯罪行为所形成的物证、书证，这类物证、书证具有唯一性，一般不可复制，内在犯罪信息通常借助于物理形状结构、化学成分性能、文字和图片符号进行机械传递与流转。

按照百度百科的定义，信息化代表了一种信息技术被高度应用，信息资源被高度共享，从而使人的智能潜力以及社会物质资源潜力被充分发挥，个人行为、组织决策和社会运行趋于合理化的理想状态。同时，信息化也是 IT 产业发展与 IT 在社会经济各部门扩散的基础之上，不断运用 IT 改造传统的经济、社会结构从而通往如前所述的理想状态的一段持续的过程。① 信息化浪潮深入发掘信息资源，形塑个人行为模式，改造社会结构，孕生出纷繁的社会关系，加速了社会演化进程；与此同时，信息化进程也影响、塑造和形构着权力的新型范式。

信息化对侦查权的改造、创新和重塑结果，可以从以下若干维度进行理论总结。

（一）侦查权结构和方向维度：侦查权的等级制演变为网络型

传统意义上，人们对权力的理解或者权力的本来面貌是分等级、强制性、自上而下并要求下级或对象无条件服从的，权力是意志强制和命令执行。这主要是从政治权力或官僚管理控制权力的意义上对权力的一种认识。现代侦查权体制，根本上还是科层制的一种具体表现形态，侦查权体制同样表现为上下分层、类别分科、上令下行、各司其职的科层制结构。侦查权虽然是基于个案的发生、依据法律规定而启动，在权力链条上是一种相对独立的微型执行权，但是，如果将视域拓展到整个侦查机关系统中进行考察，也无法回避侦查权所固有的等级性、自上而下的根本属性。侦查权除了表现为个案层面上的法律执行权，还存在于侦查机关组织系统管理运筹维度，打击刑事犯罪、侦破刑事案件还是一项侦查机关工作部署和组织运筹性的系统工程，上级侦查机关宏观谋划和部署侦查工作的总体任务、基本方向、工作重点，下

---

① 百度百科"信息化"词条。载 http://baike.baidu.com/link？url＝2w3zbqOzLITpDFed JIRKor5tDLFFRJCxJauZRvY0OdelM1RW3ONYlxcp9nT6-N09b00Z9a2WbGEpTEWpr0SZMK，2015 年 9 月 29 日访问。

级侦查机关执行命令并将任务落实到具体侦查人员并接受上级侦查机关的检查考核和业绩评价。因此，在行政管理和组织运筹意义上，现代侦查权体现出了明显的等级性和自上而下执行命令的性质。另外，侦查权通常被界定为一种为国家专门机关所专属的权力，其他单位、社会组织和个人不得拥有。

卡斯特指出："新的信息科技将会松动权力网络并使权力分散化，事实上打破了单向结构、垂直监控的集权逻辑。"① 信息化的一个重要功能是去中心化和对科层结构的消解。信息化社会的形成从根本上动摇、削弱甚至改变了侦查权力的等级性和专属性，对侦查权力从结构和运作方向上进行着一种网络型与弥散化改造和重塑。传统的侦查权力的等级性、专属性以及作用方向的自上而下性，决定了这种权力运作所依赖的动力资源是上级机关和领导管理者的等级地位优势，致使权力具有单向度性。信息化技术与网络革命所冲击和转变的正是这种权力运行动力资源基础，信息化对权力运行结构和方向的影响，基础和关键在于权力运行以信息流动为基础而不是以等级地位优势为基础。当前，公安信息网系统建设工程有力支撑着、也深刻改造着侦查权力的运行结构和方向。已经建设形成并付诸实践应用的诸如基础信息系统、报警（统计）信息系统、刑事犯罪综合信息系统、在逃人员信息系统、枪支管理信息系统、被盗抢机动车信息系统、DNA 数据库系统、失踪人员和被拐卖人口信息系统、重点人员查控信息系统、综合信息研判系统等，既存储着违法犯罪海量信息，也及时录入、统计和处理最新违法犯罪信息。按照公共管理论者的观点，"技术变革对等级制一个更为深远的影响是：应用功能强大的数据库软件能够使高层人员的工作由底层来完成"。② 这将意味着，侦查权的启动根据和侦查行为方式，都将与传统侦查权范式形成鲜明差异。侦查权的启动实施指令渐渐不再是上级机关和领导的要求，而是从犯罪信息数据库获得的犯罪情报资源。在理论上，信息化所带来的社会秩序将是一个信息秩序，"信息秩序是一个以网络相联系的'……和（the and）……'社会，这些网络有以通信线路相连接的流动的人—机终端接口，金融、科技、媒介、

---

① ［美］曼纽尔·卡斯特：《认同的力量》，夏铸九、黄丽玲译，社会科学文献出版社 2003 年版，第 346 页。

② ［澳］欧文·E. 休斯：《公共管理导论》（第三版），张成福等译，中国人民大学出版社 2007 年版，第 223 页。

文化、信息、通信等相类似的事物经由这些接口来流通"。① 信息秩序产生了属于其自身的权力关系。借助存储海量犯罪信息及相关信息的公安信息网系统既成为侦查人员启动侦查权、实施侦查行为的根据，又作为侦查人员进行犯罪信息分析研判的对象，系统塑造着侦查权具体实施的另一种新型权力形态——情报研判形态。至此，犯罪情报分析研判也表现为一种新型权力运作形态。

　　信息化及其具体的信息数据库和网络系统的建设和运用，至少从以下几个方面弱化和消解着侦查权的等级性和专属性。第一，基层侦查机关及其侦查人员无论在侦查权的启动还是具体侦查方向和对象的确定、证据收集等方面，更多地依据公安网信息以及互联网信息而非长官意志和命令，只要权限许可、能力具备，最基层的侦查人员借助于公安网数据信息库和互联网信息，在事实上便可以替代高层侦查机关领导管理者的工作。第二，侦查机关中的中层管理者的职能作用进一步弱化，高层管理者可以直接从信息系统中获取所需数据信息，在数据信息系统共享的状况下，基层不再过多依赖于中层管理者的信息供给或指令传达，导致中层管理者上传下达侦查指令的职能地位降低。第三，信息化侦查依赖于对信息技术的掌握，因为大量具体侦查行为需要借助信息通信技术完成，因此，侦查权力也在无形中向技术专家转移。"任何一种新媒体的出现，都可能成为政治、经济权力争夺的中心。"② 卡斯特指出："作为一种历史趋势，信息时代的支配性功能与过程日益以网络形式组织起来。网络构建了我们社会的新社会形态，而网络化逻辑的扩散，实质性地改变了生产、经验、权力与文化过程中的操作和结果。"③ 在信息化侦查模式下，犯罪信息数据库技术、电子取证技术、通信拦截技术、信息研判技术等，均由技术专家掌控，这在事实上意味着，多种借助或通过专门技术进行的侦查行为，其权力的实际拥有和掌控者，事实上是那些信息网络和通信技术专家。第四，本具有专门职能性质的侦查权力，演进至信息化社会阶段，

---

　　① ［英］斯各特·拉什：《信息批判》，杨德睿译，北京大学出版社 2009 年版，第 18 页。

　　② 孙伟平：《信息时代的社会历史观》，凤凰出版集团 2010 年版，第 311 页。

　　③ ［美］曼纽尔·卡斯特：《网络社会的崛起》，夏铸九、王志弘译，社会科学文献出版社 2003 年版，第 569 页。

由于众多新兴通信和网络技术的发明和广泛应用，致使大众获得了众多监控、追踪、实时发现犯罪的技术和方法，民众也因为获得诸多信息网络化媒介、技术和工具，对侦查机关的侦查职能活动有了更多的了解和知情路径、方式和方法，从而对侦查权力形成了一种参与、干预或监督，提出了他们的诉求。在这一意义上，侦查权力也在向大众化方向裂解和分享，大众也在一定程度上获得了可以称为知情和监督权利性质的侦查权力。有论者指出："在网络社会中，信息权力的主体已不再仅是传统社会中的意识形态的控制者，而是在人数上占绝对优势的广大普通社会成员。因为计算机和现代通信技术的普及应用，每一个社会成员都具备了发布信息、表达观点和抨击时弊的条件与能力，都成为信息权力的掌握者和施行者。"[①] 因此，信息社会中的侦查权力不能仅仅从专门机关的角度进行界定，因为信息就是权力，还应当从掌握犯罪与侦查信息的社会民众角度进行定义。

（二）侦查权作用时空维度：共时性、脱域化和虚拟世界

权力有其效力和作用范围，尤其是侦查权这种具体的执行性权力，作用范围更具体、确定，对象也十分明确。传统意义上，侦查权的作用范围，就其时间和空间维度而言，可以进行如下界定：在时间上，侦查权启动于犯罪行为实施以后，乃至犯罪结果发生以后。在空间上，侦查权作用于确定的地域和相对确定的对象。限定传统侦查权作用范围的主要原因，在于侦查行为依赖于侦查人员的身体和感官条件，身体行动和感官有效范围，通常便是侦查权的作用范围，这就决定了传统侦查行为表现为滞后性、现场性、场景性和局域性。

信息化至少意味着通信技术和网络在社会构成中具有主导性媒介地位。在西方社会理论家看来，媒介是人的延伸，但并不仅仅是延伸了人的权力、射程等的工具，媒介本身就是人类本身。[②] 在信息化时代，人类的感官事实上已经被外在化为媒介，其形式多种多样。在最直观和最朴素的意义上，人类的感官能力已经借助于通信技术、信息化技术和网络得到了超常规的延伸和

---

① 刘少杰：《网络化时代的权力结构变迁》，载《江淮论坛》2011 年第 5 期。

② ［英］斯各特·拉什：《信息批判》，杨德睿译，北京大学出版社 2009 年版，第277 页。

拓展，以几何级数和虚拟穿透等功能效果放大和拓宽了侦查权的作用时空。

其一，侦查行为逐渐显现出与犯罪行为的共时性关系结构。共时性即同步性，侦查行为与犯罪行为的共时性关系结构，意味着犯罪行为时刻处于侦查行为的监控之下，或者侦查行为时刻处于一种监控犯罪的状态。信息化所触发的侦查权基本性质演变，是侦查权的监控性（supervisory）强化，笔者称其为监控型侦查权（supervisory investigation）。传统意义上，侦查权也具有一定的监控性，不过这种监控性主要表现为人力监控形式，必要时适当借助监控技术设备的情形，如窃听器、照相机和摄像机，在侦查实践中其实是很少出现的。即便进行监控，对象、环境也是具体而特定的，监控犯罪行动通常出现在犯罪行为已经开始实施、犯罪嫌疑人已经较为确定的情况下。信息化和网络技术所改变的是侦查行为与犯罪行为之间的时间关系，借助探头、搜索技术、网络实时监控技术、通信实时监控技术、数据库系统技术等，在预先没有确定的犯罪嫌疑人、犯罪行为地点、犯罪行为对象和犯罪行为手段方式的情形下，犯罪行为一旦发生，便处于警方监控状态，警方同步发现犯罪或有关信息化技术设备和系统即时自动报警，形成侦查行为与犯罪行为共时性关系状态。侦查权表现为一种以电子监控技术、图像视频监控技术、网络监控技术等技术以及人力情报所主导的侦查权力运行的新型形态，侦查措施与犯罪活动处于同步共时状态。

其二，侦查行为逐渐显现出与犯罪行为的脱域化状态。"脱域"一词是社会理论家安东尼·吉登斯创造、用于表达后传统社会（后现代社会）的一种关系性质，"所谓脱域，我指的是社会关系从彼此互动的地域性关联中，从通过不确定的实践的无限穿越而被重构的关联中'脱离出来'"。[①] 其理论内涵是指非在场性、远距离性和跨空间性。发达的交通技术，尤其是近年来迅速发展起来的通信、网络技术，彻底改变了空间概念和性质。脱域性既有其时间维度也有其空间维度，按照卡斯特的观点，"在网络社会里，是空间组织了时间"。[②] 侦查权的实时监控性变革其实也是侦查权脱域化的一种属性，摆脱

---

① ［英］安东尼·吉登斯：《现代性的后果》，田禾译，译林出版社 2000 年版，第 18 页。

② ［美］曼纽尔·卡斯特：《网络社会的崛起》，夏铸九、王志弘译，社会科学文献出版社 2003 年版，第 466 页。

场域和跨越空间则是信息化背景下侦查权性质演化和形态变革后的另一种属性。传统意义上，犯罪侦查特别重视"现场"，诸如犯罪现场、现场抓获这些概念，无不反映出侦查权钟情于、也受限于"现场"的面貌和景象。由于信息化是一种穿越时空的远距离技术，地域或现场这些传统意义上描述具体地理环境空间的概念，其内涵要么改写，要么填充，要么虚拟。侦查权脱域化首先缘于犯罪现场或空间概念发生了重大变化。当前，犯罪行为既会实施于网络空间之中，也会借助于通信网络技术、快速交通条件以及其他技术媒介，使实施范围或影响范围远远超出自然条件的限制，甚至成为一种穿越和席卷现实与虚拟多重空间的行为。因为犯罪行为作用空间范围和内涵变了，犯罪本身已经脱域化了，侦查行为的作用空间无疑也需要对应拓展、伸延和穿越。其次，侦查权借助于信息网络技术和其他先进技术，在搜索犯罪信息和收集犯罪证据的过程中，不再受到地域和场所的限制，侦查权的作用空间范围取决于技术的类型及其先进性。例如，网络监控技术并不受用户终端所在地理位置的限制，信息拦截也不会受限于信源地距离，一个信息数据库系统，汇集存储了多地域、多类型犯罪信息，等等。信息化后的侦查权作用空间，理论上取决于信息化侦查技术的类型。

犯罪空间因社会存在形态的演绎、转型、衍生而变化，犯罪空间或者为社会存在形态的截取，或者为嵌入。更有甚者，还时常出现犯罪行为对各种社会存在形态的穿越和贯通情形。互联网上的虚拟世界既成为一种独立存在的社会新型实在世界，也将自然实在世界和社会实在世界映射、牵引和内卷其中。如今，原本发生于一定地理空间和一定社会实在关系中的犯罪行为，也发生在网络虚拟世界之中，并且还时常存在穿插和横跨多重实在的现象。网络犯罪作为一种新型犯罪形态概念或类别，不但人人耳熟能详，而且日益突出。能够统计的电信网络诈骗犯罪每年以 30%以上的幅度递增，这已经是一个惊人数字。犯罪行为或形态已经由早期的病毒软件攻击计算机系统，逐步发展演进到仿冒网站、虚假网络广告、侵入系统窃取公私信息、网络赌博、僵尸软件植入用户系统后门监控和窃取、网络介绍卖淫、网络诈骗、网络销售假冒伪劣商品、网络洗钱、制造网络谣言、网络恐怖主义等，网络不只是犯罪攻击对象、犯罪利用媒介，而是已经成为犯罪空间，直至云端。可以想见，如果说互联网能够实现几乎一切需要实现的问题，那么，互联网也开始几乎出现一种只要想象便可能存在的犯罪行为方式或犯罪类型的状况。因此，侦查行为的作用时空，也必须与犯罪时空对应切合，监控网络犯罪信息、发现网络犯罪行为、调取网络犯罪电子数据、查明网络犯罪行为事实，便成为信息社会中侦查权力行使的主要任务，网络空间及其牵引和穿插的犯罪行为时空，也成为侦查权力时空。

（三）侦查权运行规则转型维度：技术规则的地位凸显

有学者将规则分类为技术规则、游戏规则、道德规则和法律规则四种基本类型。技术规则的基础是客观规律，是对自然规律的拟制和摹写，区别于以人们相互约定为基础的游戏规则，区别于以善恶观念、道德意识为基础的道德规则。[①] 技术规则也区别于法律规则（规范）。法律规则（规范）经常综合了游戏规则、道德规则、技术规则的多重属性，它既经过人为约定，又要符合道德准则要求，而且，法律规则（规范）通常还要求遵循客观规律。毋庸置疑，侦查作为一种公权力行为，其实施运行必须严格遵循法律程序规则，这既是权利保障对权力运行的一种诉求和制约，也是权力运行体现形式正义的一种正当性表现。刑事诉讼法和相关法律规范性文件为具体侦查行为的实施根据、方式、程序以及标准进行了严格规定，违反法律规定的侦查行为或为无效行为，或应追究法律责任。随着信息化侦查技术的发展应用，侦查活动逐渐出现诸多非属法律程序规则调整和约束的行为类型。虽然不能将这类行为完全定性和归类为违反法律程序的行为，但是其所遵循的不再是法律程序，而是技术规则。不可否认的是，侦查作为一种调查犯罪事实、收集分析和鉴定证据、查找犯罪嫌疑人的活动，大部分均具有一定的技术性或者本身就需要遵循技术规则。例如，调查询问技术，讯问方法，证据发现、提取和鉴定……都具有技术性要求，违反相关技术规则便无法实现侦查目的。需要指出的是，长期以来，很多公认、常用而成熟的技术规则事实上已经被吸收和确认为侦查程序规则了。笔者曾经指出，侦查技术是一个关于技术和法律相互作用、技术规则与法律规范相互整合的绝佳例证，侦查既是一个技术问题，也是一个法律问题。技术规则与法律规范并非完全对立，它们经常相互融合，尤其在今天这个技术高速发展的时代，法律如果不去考虑技术的影响和要求，法律规范倘若不去包容技术规则的合理成分，法律规范的自身合法

---

① 童世骏：《论"规则"》，载《东方法学》2008 年第 1 期。

性将受到怀疑。①

长期以来，遵循技术规则运行实施的侦查行为主要表现为两种基本类型：一类是围绕案件事实和犯罪嫌疑人调查所实施的侦查行为，如犯罪线索调查技术、询问证人技术、讯问犯罪嫌疑人技术、跟踪监视技术、侦查实验等；另一类是围绕证据的发现、收集、保全和鉴定所实施的侦查行为，如犯罪现场勘验技术、证据分析鉴定技术等。这两类行为中的绝大部分已经为刑事诉讼法所规范、调整，各种具体行为操作措施内在的技术内涵和技术要求，已经纳入法律程序规制，技术规则与法律规范已经融为一体。

信息化给侦查活动所带来的影响之一，是侦查活动整体上按照一种信息化范式进行，可称其为情报主导侦查。在这种情报主导侦查范式下，传统的侦查行为，诸如讯问、询问、勘验等，无疑依然有效，所发生的变化，在于大量信息化侦查行为的出现。根据侦查实践，可以将这类新型信息化侦查行为归类总结为以下几个方面：（1）通信监控；（2）网络监控；（3）视频监控；（4）个人信息和数据收集、获取；（5）情报分析和研判。具体而言，信息化侦查行为的技术方法主要表现为以下几类：（1）警务信息平台（数据库）信息分析；（2）互联网信息搜索分析；（3）通信信息分析；（4）视频信息分析；（5）金融证券信息分析；（6）社会行业信息分析；（7）警用地理信息分析。概括而言，这类信息化侦查行为的实质内涵，是应用通信网络技术收集犯罪信息、发现并监控犯罪嫌疑人。今天，互联网的迅猛发展所激发和催生的一种新型尖端技术，便是大数据技术。大数据技术不只是作为一种先进前沿技术开始在犯罪侦查中应用，其重要影响还在于它从根本上促动和推进了侦查权理念与范式的重大转型。有论者指出："大数据技术不仅意味着非常大的数据集合以及用于操控和分析数据的工具和程序，而且在于思想和研究上的技术转向（computational turn）。"② 大数据技术引领的技术转向中，认知对象是相关数据（信息），是一类主观事实，认知逻辑按照"样本＝总体"的全归纳法，以相关关系取代因果关系，认知结论根本上则是对主观事实的

① 韩德明：《侦查原理论》，中国人民公安大学出版社 2005 年版，第 304 页。
② 段伟文：《大数据知识发现的本体论追问》，载《哲学研究》2015 年第 11 期。

建构结果。① 这意味着，在大数据技术运用中，犯罪认知性质的侦查行为，在认知方式、认知对象和逻辑基础等方面均已发生变革，这类变革决定了遵循现行法律程序实施和运作的传统侦查行为，需要转型变革为大数据技术行为，侦查行为所遵循的规则将是大量大数据技术规则。

信息化侦查行为的大量出现和信息网络技术在侦查活动中的广泛运用，决定了侦查行为日益表现为一类特殊的信息技术行为或方法，这类侦查行为和方法的实施运行，欲实现发现犯罪、监控犯罪和获取犯罪证据的目的，唯有遵循信息和网络技术规则，否则便无法实现侦查目的。然而，这类规则根本上是一类技术规则，对于这类技术规则，现行法律基本上缺乏吸收和规制，尚没有甚至完全缺乏相关法律规范性文件对其加以规制、调整。很多信息化侦查技术甚至根本缺乏规范的技术规则，完全凭借不受约束的技术方法实施运作，或者说只有技术。所谓的技术规则只是自行隐形存在，并未形成成文化的技术标准或技术条例。侦查实战部门的论者指出："'互联网+'背景下的公安信息化建设，应当标准先行。这种观点实质上就是针对当前大量信息化技术侦查行为缺乏成文的技术规则，更无从谈论法律规范的状况而表达的忧虑，这既是为信息化发展制定规划，也是为信息化建设把握方向。公安信息化标准应涵盖数据采集标准、数据处理标准、数据存储标准、流程处理标准、用户管理标准、行为审计标准、效益评估标准等从信息获取、处理到应用、管理的方方面面。"② 这种所谓的标准，实际上就是技术规则。这种看法实际上指出了当前大量信息化侦查行为和技术，虽然需要遵循技术规则运行实施，但是，由于信息化发展速度的迅猛以及其他原因，为信息化侦查制定各种技术标准或技术规则，是很难一蹴而就的。

（四）侦查权作用相对人维度：广泛性、非特定性和弥散性

侦查权在执行和实施层面上势必应当针对确定对象，这种确定对象无论是否最终被认定为犯罪嫌疑人，均需要有证据证明犯罪事实与犯罪嫌疑人之

---

① 段虹、徐苗苗：《论大数据分析与认知模式的重构》，载《哲学研究》2016 年第 2 期。

② 裴玥：《"互联网+"背景下加强公安基础信息化建设的思考》，载《公安研究》2015 年第 9 期。

间的关联性，侦查权不得对无辜人员、无关人员适用。这是一种共识，也是刑事程序法的基本要求。通信和信息网络技术在侦查中的运用改变了侦查权作用对象的范围，作用对象范围逐渐表现出广泛性、非特定性和弥散性。

导致侦查权作用对象确定性和具体性向广泛性、非特定性和弥散性转化与演变的根本原因，是信息网络技术和通信技术在侦查实践中的运用。信息网络技术和通信技术在侦查活动中的运用，主要通过网络监控、视频监控、通信监控和数据关联性追踪计算等形式进行。对于已经确定的犯罪嫌疑人，通过信息网络技术和通信技术对其的监控行为无疑还是对象确定的。但是，在犯罪嫌疑人并不确定，或者在案件并没有确定发生，而是需要对潜在的某些犯罪出于预防的目的进行的技术监控，或者运用大数据技术，按照相关性逻辑，广泛搜索、追踪、聚集大量相关性信息数据时，被监控对象和信息数据追索聚集对象的涉及范围，突出表现为广泛性、非特定性和弥散性。

当前，借助于信息网络技术，侦查相对人所表现出的广泛性、非特定性和弥散性具体表现在以下几个方面：首先，借助于监控系统，在常规地域意义上的公共场所、重要地段等环境中，人们的正常活动，随时暴露于电子设备的监控之下。其次，在网络空间中，诸如微博、BBS、博客、短信、微信、跟帖等交往媒介和交流平台，本身即为网络信息管控对象，侦查部门也已有重点和有针对性地进行追踪监控。再次，出于调查和侦破犯罪的需要，也为诸多警务管理所必需，公安系统所建设形成的内部网络系统和数据库系统，收集存储了大量犯罪信息和相关公民信息，从基本身份到车辆购置使用、住房购置和居住、住宿登记、网吧上网、乘坐飞机和高铁、出国出境等相关信息，甚至银行存款、股票账户、基金份额等相关信息，在某些情况下，也处于掌握之中或随时可以查询调取。最后，在掌握公民各类相关信息的基础上，借助数据库和云计算技术的发展，运用相关技术方法，分析和研判相关信息进而掌握更多公民信息。有论者指出："随着数据挖掘技术的发展，侦查机关能在杂乱的、海量的信息间发掘其内在联系。"[①]

可以判断的是，当下的侦查权在实践运行中已经逾越了刑事诉讼法结构并突破了法定概念的界定范围，侦查权也不仅仅针对具有确定的法律和事实根据、需要或已经立案的刑事案件及其犯罪嫌疑人。大量发现犯罪、追踪犯

---

① 艾明：《新型监控侦查措施法律规制研究》，法律出版社 2013 年版，第 33 页。

罪、监控犯罪和预防犯罪的侦查行为已经将对象范围扩大到存在相互关联性的社会大众，甚至在某些情况下，出于发现和监控犯罪的需要，无关民众的私密行为和信息也成了侦查行为的对象。

（五）侦查权收集信息的类型和载体维度：记忆、物证、书证等感官实在形式拓展到电子数据、视频、通信信息等数字虚拟形式

侦查是一种认知和证明性质的活动，在这一过程中，需要借助于有效而恰当的媒介、载体和材料形式。在侦查发展演化历史进程中，早期人类的侦查认知经常借助于神祇、占卜方式。在西方，自进入中世纪以后，侦查认知根本上借助于口供，是一种向犯罪嫌疑人身体拷问索要证据的侦查范式。在我国，早在西周末期即否定了神灵裁判的有效性，在依赖口供的基础上，也开始重视现场和实物证据的收集，但总体上长期处于口供为王的侦查认知状态。自现代以来，人类侦查活动进入一种笔者称其为调查型侦查范式的历史阶段，在这一历史过程中，侦查部门认知和证明犯罪的媒介和材料主要包括口供这种记忆材料和物证、书证等实物证据。新中国成立后，在我国的刑事诉讼立法规范性文件中，法定证据种类主要明确规定了物证、书证、供述等类型，也反映出多年来侦查认知和证明犯罪的主要媒介和材料主要口供这类记忆证据和物证、书证这类实物证据形态。

不同历史阶段侦查活动对相应认知媒介和证据材料形态的依赖，所反映出的根本上则是一种知识形态，为此，福柯发明了一个思想术语：知识型（episteme）。所谓"知识型"，根本上是一个时代的文化代码。福柯指出，文化的基本代码（那些控制了其语言、直觉框架、交流、技艺、价值、实践等级的代码），从一开始，就为每个人确定了经验秩序。"秩序既是作为物的内在规律和确定了物相互间遭遇的方式的隐蔽网络而在物中被给定的，又是只存在于由注视（regard）、检验和语言所创造的网络中；只是在这一网络的空格，秩序才深刻地宣明自己，似乎它早就在那里，默默等待着自己被陈述的时刻。"① 按照福柯知识型和文化代码思想，侦查作为一种人类认知和证明犯罪的特定的认识论活动，其认知方法、认知媒介和认知对象，根本上取决于、

---

① ［法］米歇尔·福柯：《词与物——人文科学考古学》，莫伟民译，上海三联书店2001年版，第8页。

也反映出一定时代的知识形态和文化代码。

在信息视野中，侦查活动的根本性质是对犯罪信息的收集、处理和确定，通过有效而足够的犯罪信息之意义的认定而认知和证明犯罪。不过，由于时代背景和历史条件的差异，在不同的历史阶段，由于犯罪信息获取、处理和确定条件的差距，使侦查在不同的历史阶段便表现出处理和认识信息的差异性范式。另外，犯罪信息载体以及犯罪信息存储、传递和输出的媒介类型和形态，也是由相应的社会历史条件所决定的。信息社会的到来，人类交往的媒介形式发生了根本变化，计算机、电子通信和网络以一种无形、快捷、浓缩时空和虚拟世界的形态和特性，彻底改变了犯罪信息的存储、传递、复制以及显示意义的传统状况，也改变了人们发现、认识和证明犯罪的技术方法和媒介。因此，在当前的侦查实践中，侦查机关除了继续收集获取传统的物证、书证和记忆证据，也将证据种类扩大到电子证据、视频和通信信息等新型犯罪信息载体。如果因袭福柯的知识型理论思维路线，当前侦查活动对数字化电子证据的重视和依赖，实质上则是侦查范式变革为一种信息范式，我们通常将这种信息范式称为信息化侦查。

十五、情报主导侦查：
犯罪治理型侦查权的趋近形态

（一）情报主导侦查的理论及其源起

当前，兑现犯罪治理型侦查权理论要求最为迫切并已付诸实践的侦查范式是"情报主导侦查"（Intelligence-Led Investigation），它是作为现代警务革命之最新成就的"情报主导警务"（Intelligence-Led Policing）范式的一个核心构成部分。鉴于"情报主导警务"根本上是围绕犯罪情报这个根本基石而主导警务运行机制，因此，"情报主导警务"与"情报主导侦查"两概念的核心内涵重合，外延近乎重合。关于情报主导警务（侦查）的概念及含义，中外警察学界进行了大量表述方式各异但核心精神较为一致的界定。

定义例一：情报导向警务是主动先发警务模式的一种延续，以对犯罪情报的分析与解读作为决策依据，分为战略层次与战术层次。在战略层次上，强调犯罪情报在决策中的导向作用，主要包括三个环节：通过情报解读犯罪环境，通过情报影响决策者，以及决策者改变犯罪环境，这三个环节形成一个系统内部的反馈与制约机制；在战术层次上，强调犯罪情报在具体警务活动中的应用价值，在制定预案或每一次警务专项行动中，都要以情报为主导，制定科学的情报导向警务。①

定义例二：情报主导警务包括搜集和分析情报、形成一个情报终端产品、为警察从战术和战略两个方面作出决策提供依据。情报主导警务是以情报作

① 王大伟、马丽芸：《欧美情报导向警务研究》，载《中国人民公安大学学报》2006年第2期。

为操作指南的一种警务模式，而不是相反……情报主导警务是基于这样一个观念：警察的基本职责是避免并且发现罪行，而不是简单地对犯罪作出反应。①

定义例三：情报主导警务模式是通过整合和协调警察组织内外情报体制、系统与功能，促进情报信息的广泛采集、综合分析和应用，实现情报功能的最大化，并影响各个层次的警务决策，提高警务工作的整体效能，从而达到有效预防和打击犯罪目的的警务运作模式。②

定义例四：情报主导警务是一个管理模式，也是一个管理哲学。这一哲学强调，数据分析和犯罪情报是客观的决策机制的关键，这一决策机制通过战略管理，对惯犯和重特大犯罪分子采取有效的执法策略，以降低发案、减少犯罪问题、遏制和预防犯罪……原来的警务工作……只是打击犯罪分子，而没有全盘的战略考虑，而现在的警务工作必须将数据和情报分析作为警务战略思考的核心要素。这就要求对警方获取的信息资源进行更广泛的读解……"犯罪情报"是一个集合概念，指的是警方的分析结论，不仅涉及了对监控、审讯和秘密力量来源的秘密信息的分析，还包括对犯罪规律、警方数据以及社会人口数据、其他非警方数据的分析结果。此外，它还将犯罪情报分析员（或警方分析员）置于警务决策的核心地位。③

综合以上有关情报主导警务（侦查）概念的多种定义以及相应论述，结合国外情报主导警务（侦查）实践状况，在此可以简要提炼出情报主导警务（侦查）概念核心精神：1. 一种新型警务哲学理念和实践范式，犯罪情报构成其理论逻辑和实践逻辑的基点；2. 犯罪情报指对多信道采集获取的一切有关犯罪信息进行数据加工、聚合、分析、研判后的结论，它构成一切警务决策和行动的根据；3. 被动反应型警务转型为主动综合型警务，打击犯罪无法兑现和充分发挥现代警务权能，遏制和预防犯罪是情报主导警务（侦查）范式的根本价值目标；4. 情报主导警务（侦查）重在警务管理机制的深度变

---

① 万川、陈竹君：《西方情报主导警务概观》，载《北京人民警察学院学报》2007年第3期。

② 吕雪梅：《情报主导警务模式探析》，载《中国人民公安大学学报》2008年第4期。

③ ［英］杰瑞·莱特克里菲：《情报主导警务》，崔嵩译，中国人民公安大学出版社2010年版，第6页。

革，其运行根本上是借助信息化机制实现。

与社区警务、问题导向警务和比较统计警务形成的社会背景相同或近似，情报主导警务（侦查）的逐步形成，也是在 20 世纪 60 年代晚期犯罪率迅猛上升并居高不下、破案率低下（维持在 30% 以下甚至更低）、警力增加几近极限的警务困境之际。除此之外，在全球化进程和风险社会背景下，犯罪所表现出的跨区域性、有组织性、隐蔽性，犯罪方法的先进性，犯罪向网络空间的漂移和加速增长，以及恐怖主义等特征和趋势因素，也要求侦查模式必须进行根本变革。提高警务（侦查）效率，更为有效地实现打击犯罪和遏制预防犯罪，是情报主导警务（侦查）的根本目标。

英美两国是情报主导警务（侦查）的最早发源地，并且在时间上也较为接近，不过，这种新警务模式在两国的催生因素有所不同。在英国，直接推动警务模式向情报主导路线迈进的是新公共管理主义开始盛行背景下，有权对公共服务管理的经济性和成效进行审核的英国审计委员会。该委员会于 1993 年对警务绩效进行评价后出台了一份报告——《以调研为辅：有效解决犯罪问题》。该报告重点列述了警察绩效的三个突出问题：现行警务职能和责任机制缺乏整合和效率；警方未能充分利用资源；重点关注犯罪分子比关注案件更加有效。进而，该报告指出了导致以上问题的主要原因：不充分的盘查训练；刑事技术的潜力没有得到充分利用；缺乏科学保障；工作模式极度被动；情报工作地位低下而且投入不足；未能充分分析犯罪规律并利用秘密力量。[①] 对警务状况所存在的问题及原因的明确，促使英国内务部在深入开展调研的基础上，于 1997 年正式提出并逐步推行情报主导警务模式，在英国称其为"国家情报模式"。在建立初期，该警务模式的构成要素包括以下几个方面：管控惯犯和严重犯罪分子；通过分类筛选排除大部分不需要继续调查的案件；强化对监控和秘密力量的战略层次应用；将情报置于决策的核心位置。然而，从以上要素维度开展的情报主导警务实践在一定程度上还只是一种强化犯罪情报搜集、监控犯罪和通过犯罪情报分析而进行警务决策的侦查机制和管理模式，因缺乏根本价值定位而无法被称为一种警务哲学，情报研判和决策在一定程度上还只是一个决策技术和工具。随着情报主导警务实践的不

---

① ［英］杰瑞·莱特克里菲：《情报主导警务》，崔嵩译，中国人民公安大学出版社 2010 年版，第 31~32 页。

断深入，逐步将情报主导警务与问题导向警务整合，并将情报主导警务界定为问题导向警务的方法论，最终形成了一种包括价值目标、管理模式、运行机制、决策方法和工作重点等多层次要素的较为完备的当代警务。这种警务核心构成要素主要包括以下几个方面：是一种管理哲学（业务）模式；目的是实现发案降低、预防犯罪和遏制犯罪分子活动；采用自上而下的管理方式；将发案分析和刑嫌情报合并为犯罪情报；使用犯罪情报客观指导警务资源配置；重点对惯犯和严重犯罪分子开展执法打击活动。[①]

美国情报主导警务（侦查）的产生和发展历程与英国有所不同。美国情报主导警务创立的基础是比较统计警务，并且社区警务、问题导向警务至今还并存于情报主导警务模式。激发情报主导警务在美国开始盛行的契机是"9·11"事件，因为该恐怖事件的发生，在信息技术迅猛发展的现实条件下，《全国刑事情报共享规划》于2003年出台，随后，情报主导警务在全美国广泛推行。

自21世纪以来，加拿大、澳大利亚、新西兰等国家和地区也都逐步形成了各具特点的情报主导警务模式。欧盟逐步推行情报主导警务除了因为犯罪形态的变化所带来的对追诉犯罪与预防犯罪之间的价值比较观念发生了变化，如有组织犯罪的危害性、隐蔽性决定了摧毁犯罪网络较之逮捕罪犯个人更有价值外，还因为欧盟是多个国家的联合体，跨国家犯罪或犯罪人在多国之间流动是一种常态。因此，在欧盟内部，强调执法信息的开发和共享对打击犯罪而言就显得越发重要。[②]

（二）情报主导侦查的实践内涵

情报主导警务模式对现代侦查权的权能定位和运行机制产生了重大影响，现简要总结如下。

1. 侦查权能定位

与调查型侦查权能的显著差异在于，侦查权能不再仅仅定位于通过被动

---

① ［英］杰瑞·莱特克里菲：《情报主导警务》，崔嵩译，中国人民公安大学出版社2010年版，第75页。

② 万川：《英国、加拿大、欧盟情报主导警务实践》，载《北京人民警察学院学报》2007年第6期。

反应式侦查和追诉打击犯罪，因此而衍生和辐射出犯罪威慑和遏制功效，而是向犯罪预防甚至消除犯罪原因条件领域拓展和扩张，侦查权启动不再限定于犯罪行为发生乃至犯罪结果形成阶段，而是前瞻性地向引发犯罪或催生犯罪的相关因素与条件介入和干预。

情报主导警务下的侦查权能的根本定位是犯罪预防和对危险对象及相关因素的监控，侦查不再仅仅是一项司法程序内犯罪追诉性的权力，在风险防范和治理意义上，侦查权已然内在着犯罪治理的功能性质。关于侦查程序的构成原则，在刑事诉讼法学界虽然提出了"自由形成原则"，即"针对什么情况采取何种侦查技术或措施比较有效的判断，必须留给侦查者相当的形成空间，否则难以应付五花八门的犯罪形态，这又称为侦查程序之自由形成原则"。① 但是，这种自由形成原则毕竟还是建立在犯罪行为已经具备刑法上犯罪过程形态表现特征的情形。情报主导警务下的侦查权显然突破了这种自由形成原则的界限。例如，某个具有犯罪前科的重点对象，即便暂时没有继续犯罪，他也极有可能成为侦查监控对象，至少其有关信息已经进入警方犯罪信息数据库而随时处于被监控状态。

2. 运行机制

情报主导警务的逻辑基点是犯罪情报，在该警务模式中，犯罪情报是警务决策和行动、警察资源配置的根本依据。已经形成的共识是，犯罪情报是对多种犯罪信息进行加工、聚合、萃取、研判而形成的结论，按照美国国际警务情报分析协会（IALEA）的定义，犯罪情报是指"对涉嫌或已知具有犯罪性质的个人或活动的原始数据进行系统性收集、评估和综合的产品。情报是经过分析被确定其意义和相关性的信息。信息得到编辑、分析和发布，以预测或监控犯罪分子的活动"。② 犯罪情报之所以成为警务决策、行动和警务资源配置的根据，原因颇多。一方面，这是现代管理学理论和方法对警务管理的影响结果，因为在管理学界，管理和决策的基础是信息。在公共行政理

---

① 林钰雄：《干预预留与门槛理论——司法警察（官）一般调查权限之理论检讨》，载台湾地区《政大法学评论》2007 年第 96 期；转引自向燕：《刑事侦查中隐私权领域的界定》，中国政法大学出版社 2011 年版，第 22 页。

② 参见［英］杰瑞·莱特克里菲：《情报主导警务》，崔嵩译，中国人民公安大学出版社 2010 年版，第 80 页。

念和模式变革为公共管理理念和模式的背景下，新公共管理理论中所引入的公共选择、交易成本、绩效评估、竞争和激励等经济学概念和机制，① 无疑也会波及警务这个长期以来过于注重执法而相对淡化管理的领域。另一方面，风险社会秩序的复杂性、犯罪的风险化以及公共安全问题史无前例地凸显等因素，决定了有限的警务资源必须进行优化配置方可高效应对日益无法掌控的社会治安局势，那个机械保守、秩序关系清晰、被动反应式应对犯罪的传统警务时代一去不复返了。

犯罪情报来源于各类信息，是对各类相关信息加工、聚合和萃取的成品。这就首先要求建立一整套采集获取各类犯罪信息的多渠道路径和方法，并通过电脑网络系统存储和管理。采集获取犯罪信息的渠道和方法在信息化、网络化时代无疑更为便捷和多样，电子监控、通信拦截、电子邮件过滤、GPS定位、视频监控、网络信息检索追踪等，无疑为搜索和采集犯罪信息提供了大量先进而高效的技术手段。与此同时，在情报主导侦查模式下，人力情报——以线人、警察卧底、便衣警察跟踪监视、诱惑侦查、控制交付等方式，继续发挥着收集和获取犯罪信息的重要作用。警方通过数据库对大量犯罪信息进行存储和管理，并且建立起智能化操作系统，以便对各类信息进行聚合、萃取和综合研判。尤为突出的一个实践趋向是，警方系统内部不但建立起一套内部联网、信息资源共享、联合（协调）作战的智能化操作系统，而且通过法律确认的权限或通过政府管理部门信息共享协作机制，可获取或共享大量履行社会公共管理职能的部门所采集的社会个体信息。美国学者描述了美国政府部门采集和存储个人信息状况：自"9·11"事件以来，美国联邦政府运营着 2000 个数据库，包括移民、破产、社会安全、军队服务等信息。各州的公共记录包括逮捕、出生、刑事程序、婚姻、财产权归属、选举人登记以

---

① 新公共管理的核心内涵主要包括以下几个方面：1. 在僵化的缺乏回应的官僚体制中引入竞争，提高效率；2. 在政治和行政关系中引入经济学的市场分析模式，如公共选择、协议契约、交易成本和委托—代理理论；3. 引入并广泛应用竞争、基于绩效的合同承包、公共服务供给、顾客满意、市场激励和放松管制等概念。参见［美］萨瓦斯：《民营化与公私部门的伙伴关系》，周志忍等译，中国人民大学出版社 2002 年版，第 341 页。

及其他包括医生、律师、保险、会计、教师等专业人员登记记录。①

犯罪情报分为战术情报、战役情报和战略情报三种类型，以一种 DIKI 链（Data-Information-Knowledge-Intelligence）过程、按照一定分析模型分析形成并运用。犯罪情报研判包括多种具体类型，如犯罪（个案）特点分析、典型案件分析、犯罪规律和趋势分析、多发案件分析（串并案件）、有组织犯罪分析、犯罪方法和技术特征分析、犯罪黑市分析（如销赃市场、毒品市场、色情交易市场分析）、重点管控对象分析、治安状况分析（如总体治安状况或阶段性、地域性治安状况分析）、风险评估等。多种多样的犯罪情报分析研判为侦查行动方案、警力资源配置以及犯罪防范措施的采取提供依据。犯罪情报分析研判类型和目标的多样性，既是侦查权运作的信息化机制所内生并演化出的权力运行状况，也是应对风险社会中的犯罪态势所激发而必须调适的一种新型侦查权范式。自此，侦查权不再以那种回溯反应型机制运作，它已经在很大程度上表现出犯罪治理型侦查权的基本轮廓，其中，大量犯罪情报分析研判并据以决策行动的内涵和目标，已经表现出即时性监控犯罪活动的特征并将侦查权力延伸和扩张到滋生与触发犯罪的条件因素，尤其是针对诸如重特大有组织犯罪以及其他具有严重危害性（危险或威胁程度）的犯罪。风险评估型的犯罪情报分析研判，已经将这类犯罪的社会损失（害）、经济损失（害）、政治损失（害）、间接损失（害）等要素作为分析评估对象，进而作出决策并制定侦查行动方案，无疑已经因循或体现了风险预测、风险预防、风险规避和风险治理的基本性质。

（三）情报主导侦查的中国实践

情报主导警务（侦查）在我国公安实践中使用"公安信息化"或"警务信息化"概念予以表述，在特定地区，如江苏，2004 年提出了"情报信息主

---

① Daniel J. Solove, "Privacy and Power: Computer Databases and Metaphors for Information Privacy", 53 Stan. L. Rew. 1393, 1402 ~ 1404 (2001). 转引自向燕：《刑事侦查中隐私权领域的界定》，中国政法大学出版社 2011 年版，第 213~215 页。美国联邦政府侦查部门因反恐和犯罪侦查的需要，有权向社会公共管理部门调取有关资料，大量政府机构之间甚至建立了数据库共享机制。对于私营部门所掌握的个人信息，按照美国有关判例所确立的"风险承担理论"，个人数据一旦披露给私营部门，就不再对该信息享有隐私权，个人无权阻止该私营部门将其个人信息提供给政府。

导警务"概念，确定了江苏公安工作的情报信息主导警务战略。根据我国"公安信息化"警务的战略目标、建设内容重点、发展历程、信息系统建设规范以及当前实践状况，我们可以得出的基本结论是，情报主导警务（侦查）事实上在我国公安实践中已全面深入推进和发展。

我国公安信息化建设战略的历史背景是，20 世纪 80 年代初期，中共中央作出公安现代化战略决定，在考察学习南斯拉夫警务实践的基础上，于 1984 年开始启动的公安计算机网络建设工程。1993 年，公安部考察了美国联邦调查局"全国犯罪情报中心"（NCIC）之后，开始启动建设我国的"国家犯罪信息中心"（CCIC）。1998 年，公安部根据中央确立的"科教兴国"战略部署要求，为进一步落实"科技强警"战略目标任务，提出并开展"金盾工程"（全国公安工作信息化工程），并于当年开展"一期"工程建设工作。2001 年，国家计委正式发文批复了"金盾工程"建设立项。"金盾工程"分为"一期"建设和"二期"建设两个阶段，其建设项目包括信息网络建设、应用系统建设、全国犯罪信息中心建设、公安业务信息应用系统建设、技术标准与规范体系建设、安全保障体系建设、运行管理体系建设和公共网络信息安全监控系统建设等。① 在以"金盾工程"为主体的全国公安信息化战略建设和发展进程中，各地公安机关或前或后，针对地方社会治安状况、公安工作实践特定机制状况，也以各种方式积极探索各具特点的信息化警务建设工作。应当认为，"金盾工程"建设战略实质上标志着我国警务信息化（情报化）的雏形和基础。2008 年 9 月，在南京召开的全国公安厅局长座谈会上，明确提出了"公安信息化建设"目标，并提出要将以"人海战术"为特点的传统粗放式警务转变为以"信息制导"为特点的集约型警务。这是我国警务信息化进程的真正开始，警务信息化工程自此加速推进。

当前，我国公安信息化建设已经推进到一个较为系统、发达的阶段。以较为先进的南京市公安局信息化系建设状况为例，该局将其信息化警务系统称为"15348"体系，即一个信息枢纽、五张信息网络、三类应用系统、四类支撑服务、八类工作机制。信息枢纽是指以信息中心为枢纽驱动指挥调度中心、图像控制中心、无线调度中心、语音交换中心、计算机网络交换中心、

---

① 参见王彦吉主编：《中国公安科技发展简史》，中国人民公安大学出版社 2009 年版，第 191~193 页。

安全认证中心、查询服务中心和网络侦控中心。信息网络是指公安网、互联网、通信网、研判网、图像网等构成的警务信息化网络体系。应用系统包括公安信息化基础应用、拓展应用和专业应用。支撑服务包括数据共享、安全管理、运行维护和公共服务。工作机制包括信息化人才队伍管理机制、网上办公办案规范机制、全警应用培训机制、信息化工作考核机制、信息化竞赛比武机制、系统运行维护保障机制、信息网络安全保密监管机制和应急通信保障机制。①

当前，我国情报主导警务发展状况，以江苏为例，可以从以下几个方面进行概括。

1. 理论根据

江苏公安机关对建立和推进情报主导警务战略的理论根据进行了如下列述：一是公安机关适应新形势、迎接新挑战的迫切需要；二是公安机关适应信息化发展的必由之路；三是公安机关建立现代警务机制的基本内容；四是公安机关深化平安创建、维护稳定的重要前提。② 以上关于情报主导警务之根据的归结，首先触及了风险社会中国家安全、社会稳定、刑事犯罪特征和态势等秩序与安全范畴的重大问题，对安全秩序和刑事犯罪的状况与趋势进行了实践自觉式的判断和认定。③ 其次，对风险社会的重要构成维度，也是其深度演进阶段——信息社会（网络社会）的形成态势作出了准确判断，并且对信息技术在支撑权力运行过程中的特殊机制和价值有了基本认识。再次，将信息化（情报主导）警务提升到建立和创新现代警务机制、提高警务效率的新公共管理理论层面，按照新公共管理理论的有关要求深化警务机制改革。

---

① 蒋平：《公安信息化应用体系建设理论与实践》，中国人民公安大学出版社 2013 年版，第 17 页。

② 孙文德主编：《论五大警务——构建现代警务机制的实践与思考》，群众出版社 2011 年版，第 138～139 页。

③ 南京市公安局领导对 20 世纪 80 年代以来我国刑事犯罪演化的基本过程及其阶段特征作出的概括判断虽朴素而粗略，却也能说明风险社会阶段的犯罪和安全状况的部分问题："转型期是社会容易失序、人们心理容易失衡、犯罪活动趋于活跃的时期。20 世纪 80 年代以流氓滋扰为主的案件，引发了全国严打整治部署；进入 21 世纪初，人财物大流动，街面'两抢'案件高发；当前社会矛盾尖锐，个人极端暴力等案件陡增，治安形势总体较为严峻。"徐珠宝：《公安机关社会管理创新的实践与思考》，载《公安研究》2011 年第 2 期。

最后，按照社会管理目标与管理机制之间关系的逻辑要求，将信息化（情报主导）警务与区域性社会安全创建目标关联起来。

2. 价值目标

江苏公安机关对公安信息化概念进行了提炼总结："公安信息化的要义，就在于借助现代信息技术手段，整合警务资源、改造警务流程、创新警务模式、提高警务效能，它充分体现了手段方法的创新与体制机制创新的紧密结合。"① 并进而总结了信息化警务实践效果的突出方面：显著提升了工作质量和效率；极大地降低了警务成本资源；实现了公安工作由人力密集型、数量规模型向科技密集型、质量效能型转变；公安工作由被动型、行政型向主动型、实战型转变；为警务决策提供了有力支撑；通过信息资源整合和共享，打破了警种之间的壁垒和打防控之间的阻隔，实现了全警整体联动和打防控一体化格局；促进了公安队伍建设由传统型、经验型向知识型、创新型转变。这种总结既从预期理论目标方面，也从实践效果方面，对信息化（情报主导）警务的价值目标作出了说明。应当认为，关于信息化（情报主导）警务的价值目标定位和实践效果总结，内在着有待于进一步揭示和阐释的深刻理论内涵。无论是高度认识并恰当把握了权力的信息化运作在资源整合和配置、节约成本、提高效率方面的重要机制价值，还是追求实现被动型、行政型警务向主动型、实战型警务的转型变革，或者是警察队伍建设知识型、创新型目标确立，都需要从信息这一被人类以前所未有的姿态高度重视，并正在全方位深度挖掘其价值的新兴媒介的特性加以理解。实践对某种新型技术、事物或关系的价值认识未必全面而精确，但却可以也应当从理论上进行解释。权力的信息化运作效能的突变后果，根本上取决于信息对权力的媒介整合特性。权力本身也是一种媒介，它连通的是主体之间（或主体与对象之间）的政治地位和经济利益关系。但是，在权力中介关系中，功能效果取决于权力方相对于对方的资源优势，也取决于权力传导媒介突破障碍和壁垒的性能。信息作为媒介，在联通和传导权力上的独特价值在于它所固有的普遍性、可存储、可传导、可复制、可重组、可共享等多种特性，进而信息具备显示、联系、

---

① 孙文德主编：《论五大警务——构建现代警务机制的实践与思考》，群众出版社2011年版，第150页。

组织、传播、监控、评价、保持、模拟、建构等多种功能。① 据此，信息化（情报主导）警务对资源整合、效能提高的目标定位和实践效果，根本基础还是信息的固有特性和功能。需要指出的，我国公安机关对信息化（情报主导）警务的价值目标定位并非完全因为遭遇信息化机制的实践效能启发而获得灵感，进而对警务（侦查）权能根本目标——打防控一体化（或相结合）目标（一个趋近于犯罪治理的目标）——进行明确确定，这一目标在我国警务的长期实践中能够一直获得认同，只是因为信息化机制，实现这一根本目标的基本条件发生了突变，进而对这一目标的追求和实现显得更具可能性和可行性而已。

3. 机制功能

江苏公安机关对信息化（情报主导）警务的基本机制和功能进行了如下总结：打防控一体化；基础信息一体化；网上执法一体化；网上队伍管理一体化；网上公共服务一体化。② 南京市公安局提出了深化构建公安社会管理创新机制的五个方面：突出实践效能，创新实有人口管理机制；突出导控结合，创新虚拟社会管控机制；突出严防严控，创新治安打防管控机制；突出高效处置，创新突发事件应急机制；突出惠及民生，创新社会公共服务机制。③ 概言之，信息化（情报主导）警务机制主要通过信息采集、监测、输入、存储、分类、更新、加工、链接、共享、聚合、分析、萃取、研判、决策、行动等环节完成。应当认为，以江苏为代表的我国公安机关在信息化（情报主导）警务的机制技术方面，已经达到了较为先进的水准，在侦破案件、发现犯罪线索、管控重点人员、监控犯罪行为、追踪犯罪嫌疑人员、判断和评价治安局势、研究和预测犯罪趋向等方面，业务技术已经逐步成熟。另外，我国信息化（情报主导）警务机制在业务管理和评价、队伍管理和考核、执法监督等方面也已经开始发挥重要作用。尤其需要指出的是，以江苏为典型代表的公安信息化（情报主导）警务的机制功能也正在向电子政务方向不断探索发

---

① 参见邬焜：《信息哲学——理论、体系、方法》，商务印书馆 2005 年版，第 65~73 页。

② 孙文德主编：《论五大警务——构建现代警务机制的实践与思考》，群众出版社 2011 年版，第 151~158 页。

③ 徐珠宝：《公安机关社会管理创新的实践与思考》，载《公安研究》2011 年第 2 期。

展，以网上服务、网上交流、网络宣传、舆情引导、警务公开为代表的电子政务的主要业务形式正在不断尝试、深入和拓展。因此，我国信息化（情报主导）并没有按照一条监控型警务（侦查）的路线建设和发展，而是正确把握并切实探索实践着权力公开透明原则所要求的法治路线。

当前，我国信息化（情报主导）警务所存在的主要问题，突出在以下两个方面。

其一，由于立法原因，信息化（情报主导）警务在实践中因缺乏明确而具有可操作性的规范性文件依据，致使信息采集的范围、方式、途径以及相关信息的使用权限、保护要求、消除时限等方面还存在诸多问题，信息采集和使用过程中对公民相关权利的保护缺乏系统而严格的限制性规定。目前，公安机关秘密采集和使用相关信息的主要规范性文件依据主要为《刑事诉讼法》第一百四十八条第一款："公安机关在立案后，对于危害国家安全犯罪、恐怖活动犯罪、黑社会性质的组织犯罪、重大毒品犯罪或者其他严重危害社会的犯罪案件，根据侦查犯罪的需要，经过严格的批准手续，可以采取技术侦查措施。"该条第三款规定："追捕被通缉或者批准、决定逮捕的在逃的犯罪嫌疑人、被告人，经过批准，可以采取追捕所必需的技术侦查措施。"按照这种规定，侦查机关采集有关信息（如公民个人信息）的行为性质应属于技术侦查措施的构成部分或辅助措施。《刑事诉讼法》第一百五十条第二款所规定的"侦查人员对采取技术侦查措施过程中知悉的国家秘密、商业秘密和个人隐私，应当保密；对采取技术侦查措施获取的与案件无关的材料，必须及时销毁。"这里列举了信息采集的主要类型，主要包括国家秘密、商业秘密和个人隐私。在宪法层面上，我国《宪法》第四十条规定："中华人民共和国公民的通信自由和通信秘密受法律的保护。除因国家安全或者追查刑事犯罪的需要，由公安机关或者检察机关依照法律规定的程序对通信进行检查外，任何组织或者个人不得以任何理由侵犯公民的通信自由和通信秘密。"这意味着，因为调查刑事犯罪的需要，可以按照有关法律规定的程序对通信进行检查。根据以上有关规定，可以认为，我国侦查机关收集各类信息方面的规范依据是十分欠缺的。

根据《刑事诉讼法》有关侦查措施的规制性授权规定，与犯罪有关的信息，可以推论为侦查活动收集、调取、查询、冻结、存储、使用的对象范围，但是，这类信息毕竟是与犯罪直接或间接有关的，限于特定案件范围。信息化（情报主导）警务所采集、存储、使用的信息无疑会超出犯罪案件相关信息范围，大量信息涉及公民隐私权问题，对于这种现象，我国立法不但授权性规定欠缺，而且限制性规定也过于原则或缺乏可操作性。从保护公民权利、限制侦查权力的视角检视与信息化警务相关的限权性规定，《宪法》第四十条的规定仅仅限于通信自由和通信秘密受法律保护，范围过于狭窄，并且授权侦查部门因侦查犯罪需要按照法律程序可以对通信进行检查。公安部1997年发布的《计算机信息网络国际联网安全保护管理办法》第七条规定："用户的通信自由和通信秘密受法律保护，任何单位和个人不得违反法律规定，利用互联网侵犯用户的通信自由和通信秘密。"这仅仅是一种禁止性规定，没有责任条款，并且这一规定的意向禁止对象倾向于非公安机关。2009年《刑法修正案（七）》增列规定第二百五十三条之一："国家机关或者金融、电信、交通、教育、医疗等单位的工作人员，违法国家规定，将本单位在履行职责或者提供服务过程中所获得的公民个人信息，出售或者非法提供给他人，情节严重的，处三年以下有期徒刑或者拘役，并处或者单处罚金。窃取或者以其他非法方法获取上述信息，情节严重的，依照前款的规定处罚。"该规定虽然将出售或非法提供公民个人信息行为入罪，但是公安机关侦查业务中收集、掌握的公民个人信息面广、量大，存在多部门分散掌握和多系统存储管理的现象，相关个人信息的调取权限、使用范围、存储销毁时限等问题，还缺乏严格、统一的规范性依据，很容易造成信息泄露或超出使用目的、无权限人员随意调取的现象。鉴于以上规范性欠缺状况，我国的情报主导警务（侦查）还存在犯罪监控乃至社会监控倾向凸显，权利保障、权力公开和接受社会评价监督欠缺的情况。

其二，由于对风险社会中的犯罪性质和态势之理论认识有待深化与提高，在信息化（情报主导）警务价值目标的理论定位、侦查权前置和扩张的理论根据、犯罪风险评估的技术方法、侦查权力运行向防范和治理犯罪新型模式改革创新等方面依然存在缺陷，情报主导侦查权能尚未高效发挥。风险社会中的犯罪特性和趋向，要求侦查权能在运作模式和机制、技术和举措、目标定位等方面类同于风险防范和治理，侦查权力运作方向和重点、侦查资源配置均应当建立在犯罪风险评估基础之上，并且将犯罪防范和治理置于首要任务位置。侦查权的启动模式应彻底转变被动反应形态，并且应适度而合法介入和干预滋生和引发犯罪或催化犯罪风险化态势的相关社会因素与关系领域。

风险社会理论语境中的犯罪理论尚未深度影响我国侦查实践状况以及相关理论探讨，季卫东指出："对风险社会与监控社会之间关系上的辩证法，国内还缺乏必要的讨论。""法学界有必要针对风险社会的不确定性、管理困难以及'例外'的日常化或者紧急状态的恒久化等问题进行深入的学术探讨，争取确立多元的、动态的关系相机治理模型以及相应的法学体系，以风险与法治为主轴，确立新的法社会学理论范式，进而创立'安全的法政策学'这一崭新的法律学科领域和教育科目。"① 在实践中不乏"打防控"一体化、"标本兼治"或"重在治本"等内在犯罪风险治理理论些许内涵的目标概念表达，但由于理论认识不足，甚至更多地因循那种朴素的实践自觉或实践理性逻辑，情报主导侦查的根本价值目标缺乏深刻、系统、清晰而确定的目标定位。对侦查权限的前置和扩张缺乏理论慎思，从而无法清晰而确定地界定其界限、创新其方法、建构其新的模式。在实践中，情报（信息）研判虽然已经成为一项业务（相关专门职能部门已经建立），但情报（信息）研判的专业水准和技术内涵依然不足，甚至尚停留在经验判断层面，一些风险评估和预测的管理学、经济学、数学、社会学方法尚未真正主导本质上为犯罪风险评估和预测的情报（信息）研判业务。另外，风险治理的主要环节是规制、干预和预演，就当前我国侦查权运作现状而言，一些犯罪风险的规制性工作，如行业、单位安全检查基础上的警示忠告或宣传，尚未成为业务常态。对某些容易滋生和引发犯罪甚至强化犯罪风险化的社会因素，干预和介入程度明显不足。

---

① 季卫东：《依法风险管理论》，载《山东社会科学》2011 年第 1 期。

十六、制约与平衡：
情报主导侦查权力的掣肘

技术科学和信息化、网络化的飞速发展及其影响难以想象。在社会形态维度，它重构出一个完全不同于工业现代化阶段等级制权力主导下的社会。如果说那种等级制权力主导下的社会是一种福柯意义上的、知识主导的、生理学—有机主义的、权力以微循环机制发生作用的"规训"社会，是一种"全景敞视主义"式的监控社会，那么，风险社会的信息化、网络化演化进程的后果，在于权力融合于信息技术机制而不再循环，它极大地强化了社会监控机制，将"全景式监狱"彻底化，社会演变成"透明社会"，监控或透视无处不在，这是信息社会，也是风险社会根本性质重要一维和最新面貌。

在政府管理维度，权力的信息技术化，极大地提高了行政效率。这种高行政效率的积极方面无疑是为社会民众提供更好的服务；消极方面则是，公民的个人信息、隐私将成为管理者数据库中的信息。美国《经济学家》指出："一个重要的遗留问题是更有效率的政府会更大程度地掌控它的每一个公民。政府收集、储存和开发个体数据的能力成指数关系增长，这将引起对隐私权和公民自由的有理有据的担忧。快乐电子公民的代价将是永无止境的警惕。"[1]我国学者指出："任何一种新媒介的出现，都可能成为政治、经济权力的争夺中心。在信息时代，一种由技术专家，或者统治者与技术专家勾结产生的更为隐蔽的集权现象已经悄然降临。"[2] 今天，美国联邦调查局侵入私人电脑终

---

① ［澳］欧文·E. 休斯：《公共管理导论》（第三版），张成福等译，中国人民大学出版社 2007 年版，第 229 页。

② 孙伟平：《信息时代的社会历史观》，凤凰出版集团 2010 年版，第 311 页。

端或截取私人电子邮件只是一个难度极小的技术问题，国土安全局监控全球手机通信本身即是打击恐怖主义的一项业务。例如，英国《2000 年侦查权限制法》（The Regulation of Investigatory Powers Act 2000）对公共电话系统、私人电话系统和存储式电子邮件的监视作出规定，警方有权要求互联网服务的提供者安装电子邮件和互联网行为的拦截设备，并将信息传回警方监控中心。"渐渐地，监视不仅用于获取针对涉嫌已经犯罪或正在犯罪的侦查对象的特定证据，而且用于收集在将来的某天可能对执法人员有用的信息。这些信息存储在规模和应用范围不断扩大的数据库中。"① 这是为人们所期待的一种权力信息化进程所造就的理想生活世界？韦伯早就预言现代性是一个"铁笼"，哈贝马斯也揭示了科学和技术对生活世界的殖民化逻辑。不过，他们并没有预测到这种"铁笼"或生活世界殖民化后果通过信息技术实现并达到了如此不可想象的程度。

通信自由权、隐私权、人格尊严权、住所不受侵犯权、生活自治权等现代法权利话语概念，依然在以一种现代权利哲学话语形式苍白无力地对抗或吁求，效果自然是置若罔闻或遭遇信息通信技术的嬉戏。作为生活世界之抽象性环境的社会形态变了，权力作用的依附媒介变了，一套基于行为（制度）理论逻辑的权利话语显然不会再有效应，它在话语方式和诉求对象上均错位于这个社会秩序中的权力过程与权力对象。

曹卫东指出："大数据时代新的形而上学正在产生一种新的政治图景，一种由秘密警察和网络康采恩操纵的政治，一种门后的秘密政治，一种由技术官僚统治的去民主化政治。"② 季卫东指出："就风险社会而言，监控无非是对抗风险的一种条件反射或者免疫功能。但从个人自由以及宪法秩序的角度来看，监控即使是必要的，也必须加以限制。在对风险的监控成为自由——把人从风险状态中解放出来——的前提条件的场合，问题会变得非常复杂。"③ 波斯纳法官也意识到了信息化趋势和大数据时代对个人信息安全所造成的威胁和风险："由于数字化，不仅记录下来的信息可以无限保持下去，几乎没有

① ［英］麦高伟、杰弗里·威尔逊：《英国刑事司法程序》，姚永吉等译，法律出版社 2003 年版，第 64 页。

② 曹卫东：《开放社会及其数据敌人》，载《读书》2014 年第 11 期。

③ 季卫东：《依法风险管理论》，载《山东社会科学》2011 年第 1 期。

费用，而且可以随时汇集到不同的商人、保险商和政府部门持有的这些信息，这就铺了一条路，把有关某人的所有记录信息都放进一个数字文档，很容易地去除并搜索。很快还可能、或许已经可能了，为绝大多数美国成年人创建一份全面的电子档案，就像联邦调查局对敏感政府工作申请人所作的背景调查或为刑事嫌疑人汇集的那种档案。差别在于这个数字化档案会不断更新。"①如何创生出一种新型权利话语抗争这场社会透明化、身体裸露化、私人生活众目睽睽化、个人信息入库化甚至资源化和商品化的权力信息化进程，进而不敢说要去制约和规制权力，至少协助或劝导权力以一种不可能回头是岸却也是相对收敛而温和的作用形态对生活世界进行塑造与重构，既是权力哲学的一个难题，也是警察侦查权范式创新的一个突破方向。按照上文关于治理型侦查权轮廓的初步勾勒，我们不难发现，它的维度要素所兑现的必将是一种监控型侦查权的信息版本，它重在监控，略去了个体相对方的权利和自由。因此，如果说权力的信息化运作所带来的是一种监控型侦查权，那么，这种监控型侦查权将携手其他政府权力，一起将生活世界一步步蚕食和消解，这显然不是现代侦查权进化的一个理想模型，即便是风险社会中的犯罪已如风险般如影随形，也不能构成监控型侦查权的合法化根据。

要避免风险社会中侦查权向监控型模式塑形的风险，需要从现代权力的信息化进程内在的其他效应之处获得灵感并发掘资源。

利奥塔颠覆信息化权力造成社会彻底监控化态势的一个哲学答案是"让公众自由使用存储器和数据库"。这个答案貌似浪漫，因为在形式上它是在呼吁政府权力的公开透明。如果这样理解利奥塔思想，无疑又回到了那种权利——权力二元论法哲学的传统范式，这种范式已经解决不了问题。利奥塔思想的深刻之处，或者说"让公众自由使用存储器和数据库"之哲学回响的作用场域或现实空间，在于不仅权力已经信息化了，生活世界也已经信息化了。政府有存储器、数据库、监视探头、镭射监听器、通信拦截、短信过滤、远程监控、卫星定位、追踪和侵入软件，个体也有手机、电脑终端、互联网、电子邮箱、QQ、BBS、MSN、博客、微博、聊天室、虚拟社区、微信群和朋

---

① ［美］理查德·波斯纳：《并非自杀契约——国家紧急状态时期的宪法》，苏力译，北京大学出版社2010年版，第141页。

友圈等。① 在一批论者集中精力关注权力信息化的社会监控权能之际，大卫·莱昂则将视角转向信息化对权力的分化解构功效。他首先指出政府权力运作对信息化机制的运用并非完全是操控和政治镇压导向的，更多的是对社会个体的引导。进而，他认为新的控制形式并没有真正形成，而是处于正在形成的阶段。应用新技术的大众媒介的发展，在导致监控危险性增加的同时，也带来了权力分散的局面，正如殖民主义的终结释放了多种民主的声音一样，"大众媒介的出现，强化了文化的相对性；它已经创造了一种不可逆转的多元主义境况"。② 网络社会理论创始人也深刻分析了信息化对权力的分解功效，他指出："新的信息科技将会松动权力网络并使权力分散化，事实上打破了单向结构、垂直监控的集权逻辑。""政治被根本地形塑，在其内涵、组织、过程与领导权上，被媒体系统地内在逻辑（特别是新的电子媒体）所形塑。"③ 关于信息化对等级制权力和官僚化统治的解构和颠覆功能已然成为社会理论家的共识，福山指出："在信息社会里，政府和公司都不会完全依赖、拘泥于形式的官僚政治，规章会把它们所统治的人们组织起来，而是不得不将权利

---

① 德国计算机高手卡斯滕·诺尔在 2009 年 12 月 30 日闭幕的 "电脑捣乱者俱乐部" 年会期间宣布，他与一些密码破译行家联手破解了全球移动通信系统（GSM）的加密算法，破解代码已经上传至文件共享网站供下载。英国《金融时报》报道说，这一破解举动可能对全球 80% 移动电话通信构成安全隐患，令 30 多亿移动电话用户置身语音通话遭窃听的风险中。据新华社电，卡斯滕·诺尔于 2009 年 12 月 29 日接受美联社记者采访时说，利用破解代码，一台高端个人计算机、一部无线电接收装置或一些计算机软件即可截获移动电话用户的语音通话信息。《金融时报》报道说，他原本打算于 2009 年 12 月 30 日在年会上演示破解代码的具体用法，但因这一做法的合法性存疑而被迫推迟。诺尔等人列举的破解代码已现身文件共享网站供下载。不过，诺尔谈及破解初衷时坦言，自己只想通过这种方式显示 GSM 安全措施的弱点，以推动移动运营商修补系统漏洞、提升通信网络安全性。按照诺尔的说法，GSM 的安全漏洞在 15 年前就已被发现，早应进行修补，但移动运营商却未及时采取措施。宗禾：《GSM 通信密钥被破解 全球 30 亿手机恐遭窃听》，载 http://news.sohu.com/20100101/n26935033.shtml。

② ［加］大卫·莱昂：《后现代性》（第二版），郭为桂译，吉林人民出版社 2004 年版，第 139 页。

③ ［西］曼纽尔·卡斯特：《认同的力量》，夏铸九、黄丽玲等译，社会科学文献出版社 2003 年版，第 346、366 页。

分散和移交，依靠人们去自行组合，而它们对人们只是在名义上拥有权力。"①
至此，我们才能真正理解利奥塔那种几乎政治口号式的"数据库向全民开放"
哲学宣言的真正意涵——没有谁能够借助信息技术垄断权力，恰恰相反，信
息化是分解权力而实现权力多元化解组和重构的力量。

　　技术——信息化权力机制的实践后果是一条公共管理的"电子治理"
（e-govermence）化路线，政府演变为"电子政府"（e-goverment）。电子治理
按照权力附着于信息技术运作且程度不断深化的逻辑和进程，先后经历了办
公自动化、政府上网和电子政府等阶段，② 权力运作逐步深度信息化。电子治
理或电子政府无疑是权力信息化作用逻辑的必然结果，然而，电子治理或电
子政府并非为一种自上而下、弥散而无处不在的监控权力作用模式，尽管这
种新公共管理理念下的治理形式着实强化了政府的治理效能，也在事实上对
社会进行着史无前例的监控。但是，信息化既强化了权力，也分解了权力，
这种逻辑迫使政府的电子化治理除了要更高效地实现公共管理目的，还内在
要求电子治理的民主化——公民参与。电子治理不是单向度的管制和监控，
它也结合了政治民主，这种民主性参与不仅表现在公民以积极的方式，如通
过直接的建议、意见、批评、监督、举报、申请、咨询等形式，还表现在以
相对消极而间接的议论、交流、评论、发泄等网络舆情形式，参与到电子治
理的过程中。作为政府，也以信息发布、征求意见、网上听证、微博交流、
举报信箱、网络市民广场等多种形式，将权力的监控性并合于民主对话性过
程，积极探索监控管制与民主协商融合的新公共管理——社会管理创新路线，

---

　　① ［美］弗朗西斯·福山：《大分裂：人类本性与社会秩序的重建》，刘榜离等译，
中国社会科学出版社 2002 年版，第 7 页。

　　② 孙伟平：《信息时代的社会历史观》，凤凰出版集团 2010 年版，第 295 页以下。关
于政府公共管理的信息化进程的阶段划分，不同的标准和视角会产生不同的划分结果。一
种观点将其划分为信息阶段、互动阶段、处理阶段和交易阶段四种，分别发挥信息发布、
征服欲民众互动、提供管理服务、所有政府信息数据库系统连接提供一体化服务功效。参
见 ［澳］欧文·E. 休斯：《公共管理导论》（第三版），张成福等译，中国人民大学出版
社 2007 年版，第 218~219 页。另一种观点将其划分为信息、互动、咨询和参与四种，性
质与上一种近似。还有将电子政府关系模式作为划分标准，将公共管理信息化模式划分为
发布信息、政府与民众互动、在线缴税、市场交易、政府与雇员关系、政府内部电子治理
六种。参见董礼胜、牛沁红：《传统治理与电子治理融合趋势分析》，载《中国行政管理》
2011 年第 2 期。

这无疑也是信息化时代权力合法化的必然之路。

在此，需要深度追问并回答的问题是，权力的信息化进程所带来的权力扩张和监控社会形态事实上对公民权利的威胁与侵犯，应当如何评价并找寻一个突破权力（监控）与权利（自由）之困境的新平衡架构？因为在实践中，政府的权力意志不说必然但至少具有极大可能按照孟德斯鸠所说的倾向运作："一切有权力的人都容易滥用权力，这是一条万古不易的经验。有权力的人们使用权力一直到遇有界限的地方才休止。"① 在实践中，新身份证立法已经要求内存指纹信息，警务实践中的电子监控设施已十分先进发达，数据库内存海量信息。以江苏警方情报主导警务实践为例，"天网"警务"大平台"已经建成，该信息管理系统"实现了全省内外信息资源的高度整合和关联共享，较好地解决了地区、部门之间的信息壁垒问题，进一步提升了公安机关的打击防范能力。全体民警按照'日常工作、信息采集同步运行'要求，将接处警、现场勘查、巡逻盘查、治安检查、走访调查等日常工作信息，及时、全面、准确录入平台，并协调司法、交通、金融、税务、民政等部门，交换获取刑释解教、民航旅客、高速公路收费、银行卡恶意透支、税务登记、社保参保等 19 种信息，其中 11 种实现了实时传输更新。目前'大平台'警务基础平台月均数据增量 1800 多万条。"② 超级数据库和全方位信息监控机制当然并非仅仅为了监控本身，它有宏大的社会叙事支撑：安全、秩序、管理和服务。然而，当权力的扩张侵蚀或略去了个体的生活自主、安宁、隐私、独处、亲密、匿名等生命尊严诉求之时，权力无论如何具有效能也将失去意义甚至声名狼藉。

在权力扩张和自由权利受限问题上，首先应当充分认识到社会变迁中的权利范围和类别上的演化问题。自由的权利或不受干涉和侵犯的权利的范围与类型界定，取决于作为权利产生和流转之环境的社会关系形态。卡尔·拉伦茨指出："权利也好，原则也罢，假使其界限不能一次确定，而毋宁多少是'开放的'、具'流动性的'，其彼此就特别容易发生冲突，因其效力范围无

---

① ［法］孟德斯鸠：《论法的精神》（上册），张雁深译，商务印书馆 1959 年版，第 184 页。

② 孙文德：《论五大警务——构建现代警务机制的实践与思考》，群众出版社 2011 年版，第 140 页。

法自始确定。一旦冲突发生，为重建法律和平状态，或者一种权利必须向另一种权利（或有关的利益）让步，或者两者在某一程度上必须各自让步。"①新型社会关系领域的出现，或社会形态发生整体变迁，意味着权力将介入新的社会关系领域，或以全新的作用机制运作于完全变迁的新的社会形态。因此，以静态意义上的权利范畴对抗和阻却新环境下的权力类型或权力作用新机制，逻辑上不能成立，思路上也是刻舟求剑，新型社会关系领域应生的新型权利抗阻信息化权力的结构和规范体系，显然需要系统重构。权利的范围、类别及其内涵在很大程度上是由社会秩序的演化状态所决定和衍生的，风险社会在社会秩序演化维度的一大特征是社会关系的加速解组和重构。进入网络社会（信息社会）阶段，更是衍生出种种虚拟性社会关系。尤其需要指出的是，网络社会的到来不仅变革和衍生出种种新型社会关系形态，而且整个社会关系的基础也已经改变，那些构成工业现代化阶段社会关系基础的土地、资本和劳动工具已经为信息（知识）所取代。在理论上，权利的产生基础是新型社会关系的形成。权利是权利主体与权利客体之间的关系，而权利客体则是作为权利之利益的承载客体，这种承载客体本质上是一种社会关系的媒介形态。在现代社会中，承载权利之利益或作为社会关系之媒介的主要形态包括物、行为、人身、人格、知识成果等。至网络社会（信息社会）阶段，权利客体出现了信息（知识）这种新的类型，因为社会关系的信息化整合、中介或流转等新机制的生成，现代法所构造和确认的多种权利客体形态甚至均可以以信息为媒介。物的形式可以以信息化形式流转或标识为物流；行为的动作可以通过编码符号数字化描述，其意义转译为信息形式界定；人身已经成为信息技术定义和识别的对象，如生理特征、身份证的指纹信息、DNA；人格因为后现代秩序而经常蜕变和下沉为可以衡量价值的商品，如精神损害，从而也可以数字化—信息化；知识成果本身就是对信息进行加工和再生产的产物。因此，现代法上的权利客体的存在形态逐渐可以信息化或必然经由信息媒介的转译和中介，尤其是社会结构的网络性对社会性的取代，权利及其客体几乎均被要求具备可以被转译为信息形态之性能，否则，那种权利将可能因为无法兼容于这个网络社会（信息社会）的相应媒介而自行泯灭。因此，或许不是全部，但至少是绝大部分现代法上基于认识论基础而确认的权利客

---

① ［德］卡尔·拉伦茨：《法学方法论》，商务印书馆 2003 年版，第 279 页。

体，均嬗变为信息权利或可以通过数字技术转译为信息权利。这类信息权利的一大特征，就是可以通过符号编码和数字技术信息化入库——数据库。尤其需要指出的是，信息化时代的到来，信息本身也获得了权利客体的地位，这种获得权利客体地位的信息，并非那些中介或转译其他传统权利客体的信息形态，而是信息本身。在法律权利理论上，作为法律关系客体（权力—权利客体）的构成条件通常包括三个方面：第一，必须是对主体"有用之物"，因而可能发生利益冲突；第二，必须是能够控制或部分控制的"自我之物"；第三，必须是独立于主体、认识上可以与主体分离的"自在之物"。① 因此，有论者指出："满足了特定条件的信息能够成为权利客体的关键在于，它完全可以经得住这三个标准的检验。信息权利就是在新的权利客体基础上展开的权利发展的结果。""信息能够成为法律关系的客体，也就意味着存在以信息为客体的权利，即信息权利。"② 在新型社会关系领域内不断生成甚至社会形态发生总体变迁的风险社会趋势中，在大量传统意义上的法律权利经由信息中介或转译的实际状况中，在信息本身已经成为一种权利的局面下，权力扩张的范围必然扩大，介入权利的机制必然也相应地表现为大量的信息技术形态越来越强化其监控性。在这种意义上，笔者认为，权力日益裸露的监控性面貌和对大众所造成的被监控性感受，并非权力本身之过，而是信息化之责。

其次，还应该将权力扩张和监控性强化问题与风险社会秩序所内生的对权力作用的要求进行关联性考察。风险社会的根本逻辑是风险生产逻辑，风险的实质是不确定的危害将很可能发生，导致风险生产和风险秩序的根本原因是知识和技术（现在也包括信息）对自然环境及其法则的高度介入与改造。在社会层面上，主要表现为权力和信息技术（现在可并合而称其为信息技术化权力）对生活世界的过度干预与强制殖民，以及因应这种介入和改造而制定确立的经济、政治、科技、金融等政策、制度和决策。风险的不断增殖、无处不在且在将来可能发生的态势，是现代性深度演绎的一个不可逆进程，因而风险对人类行为的牵引和作用方式根本上是未来导向。未来导向的风险，

---

① 张文显：《法哲学范畴研究》（修订版），中国政法大学出版社 2001 年版，第106～107 页。

② 李晓辉：《信息权利——一种权利类型分析》，载《法治与社会发展》2004 年第 4 期。

决定了无论是权利行为还是权力行为，均必须预测、介入、干预、预防、规制、规避以及积极治理风险。这样，安全原则（或安全至上原则）便主导了风险社会中权力的作用方向，随着现代化进程的深入，自由资本主义阶段的私人自由保障价值（形式法治——权利至上）和福利国家阶段的社会正义价值（实质法治——公平优先），在遭遇风险社会语境之后，社会形态变了，关系性质变了，从而需要新的价值原则重新主导权力的目标和社会发展的方向。安全范畴恰恰与风险范畴对应。由于风险的异常复杂性、始因多元性、危害严重性、影响广延性、有组织的不负责任性，权利个体自行防范和规避风险的范围与功效极其有限，即便婚姻选择、发送邮件、电子银行付款、QQ 交流、择校学习等本属高度自治和私密的行为，也因风险秩序的环境性质，不再绝对安全，也无力自主和自助。更有甚者，大量风险时刻或随处威胁着个体的安宁和自由。因此，其一，风险如影随形对个体行为预期的扰乱，逻辑地应生出一种针对风险预防的请求权，[①] 而由于风险的性质，个体请求风险预防的对方经常不可能是传统法律关系中的明确加害方——义务主体，而是政府，这是风险社会中权利诉求权力登场的逻辑之一。其二，管制失灵是风险生产的一个重要根源，责任主体是现代政府，权责一致，这个现代法权力—职责关系原则在风险社会中虽然不再完全有效，却也无法完全摒弃。因此，针对管制的再管制或针对新风险的管制，必将进一步强化和扩张权力。尽管风险治理也必须在政府主导下多元参与，但管制毕竟是风险治理的最主要工具，因而"政府是风险治理的主体，政府管制是治理的重要内容"。[②] 其三，风险威胁逻辑的抽象性、威胁范围和对象的广泛性，决定了政府风险预防、规制、治理、监控的权力对象、范围、力度和深度均须调整，"它不再是建立在个人利益之上，抵御和对抗他人行为，以国家救济为最后手段的消极请求权；而是涉及整体生存安全，指向潜在的风险制造，借助国家公共职能的积极承担来实现风险预防和规避的积极请求权"。[③] 风险管制对象的抽象化和广延性，内在的一个必然逻辑就是，个体特定权利经常需要成为公共安全秩序

---

① 程岩：《风险规制的刑法理性重构》，载《中外法学》2011 年第 1 期。

② 党秀云、李丹婷：《有效的风险管制：从失控到可控》，载《中国人民大学学报》2009 年第 6 期。

③ 程岩：《风险规制的刑法理性重构》，载《中外法学》2011 年第 1 期。

目标实现的削减乃至牺牲对象。

那么，因为信息化和风险秩序的理由，就任由脱缰野马式的权力毫无羁绊地扩张？直觉上是否定的，但答案需要进一步寻找。对此，我们将从以下几个方面探讨犯罪治理型侦查权制衡和规制的原则性路线。

（一）比例原则对侦查权力公共性扩张的统摄和再解释

以权力的必要性、适当性以及权力预期收益必须大于侵权损害为主旨的警察权比例原则在风险社会中应当依然有效，因为没有自己的目的的现代政府合法性前提假定依然有效。只不过这种权力的比例原则在遭遇风险治理的新课题境遇时，计算方法无论在适用对象、作用强度、影响范围以及收益度量等方面，均更为复杂和不确定。比例原则在侦查权上的要求通常表现为以下三个方面：（1）必要性原则：侦查行为与侦查目的相互关联和一致，侦查措施的选择要与侦查目的相适应。（2）适当性原则：侦查行为与旨在实现的侦查目的一致，没有更好的可以替代相关侦查行为的其他措施可以实现查明犯罪事实、收集证据和查获犯罪嫌疑人的目的，具体侦查任务事项应采取适宜的侦查措施。（3）狭义比例原则：侦查行为的侵扰性不能超过必须进行的侦查活动，必须对那些因侦查行为而私权利遭受无辜侵害的当事人给予特别关照；或者表述为权力预期侵害必须大于因为侵害性侦查行为的实施而实现的社会收益。

长期以来，比例原则在限制侦查权的侵权和滥用问题上意义斐然，但是，需要指出的是，这种比例原则的确立，在方法论上是一种静态而具体化（特定化）的思维逻辑，将侦查行为与对象（特定权利）一一对应起来。尤其是比例原则发生作用的范围主要限定于侦查权力与侦查相对人（犯罪嫌疑人）之间的权力—权利关系，对这种结构关系以外的社会民众的权利保护，由于按照单线结构而非辐射结构思维，通常不是比例原则的统摄关照范围。面对风险社会中的犯罪侦查，比例原则必然会遭遇以下几个问题：其一，大量犯罪的风险性内在的社会危害性的严重程度，决定了侦查机关放弃权衡侦查行为侵权性的比例性要求，必要性突变为一种无上命令，如恐怖主义、有组织暴力犯罪、大范围环境污染等，侦查权的侵权抑制逻辑转变为犯罪防范和遏制逻辑，比例原则异化为全力以赴。其二，犯罪的风险性决定了侦查行为的作用对象经常不再是一个单一确定的权利客体，而是经常表现为一种大众性的权利（利益）——公共安全权，这类权利不限于特定个体权利，更非限定于案件侦查中的确定相对人权利，而是关涉大众，权利主体是匿名而广泛的。大众性安全权利内在的利益或十分巨大或难以计算，如手机短信拦截、电子邮箱过滤、个人身份信息进入警方数据库，因而单个侦查行为所指向的经常是一种广泛而弥散的权利束，权力与权利之间失去了比例性平衡结构。其三，风险社会关系形态下，很多侦查行为的对象经常无法识别和界定其权利属性或类别，如个人上网地址的即时显示是否构成侵权？有毒化工技术到底是一种商业秘密还是应当信息公开？公民指纹信息算不算隐私？……权利或非权利的性质界定日益困难。其四，风险社会中侦查权作用方式的监控性状态是一种持续性过程，并非针对特定对象的即时性抉择，因而侦查行为经常没有确定的权利主体和权利客体，限制侦查权的权利制约逻辑就经常消失，如对电信诈骗犯罪的监控，自动追踪来电信息，就没有作为侦查行为对象的权利问题。其五，风险社会中的侦查权以犯罪防范为导向，从而其实施根据主要是犯罪危害发生的可能性，而非危害后果。因此，有时狭义比例原则所要求的权力预期侵害必须大于侵权损害的计算办法不再适用，而是转换为风险性犯罪本身就是侦查权依据的计算标准，如酒驾。

当前，面对信息化侦查所带来的公民自由权利侵害的隐患和民众担忧，限制和规范信息化侦查中的情报搜集与使用，西方国家的诸多做法无不体现出一种制约和规范信息化侦查权的比例原则精神。在理论层面上，首先要解决信息化侦查和情报搜集使用与公民自由权利遭受威胁的基本关系问题，这种关系处理和价值平衡定位的一个基本思路，正如莱特克里菲所论述的那样，某些人对警务工作中的情报手段以威胁公民自由为由表示担忧和提出批评，但是，公众对何为公民自由和权利的真正内容是什么并不清楚，也不准确。"当警察集中关注于一群人或某区域的居民时，不足为奇，这些人会有被骚扰的感觉。但如果这样创建了一个更安全的环境，并将这种社会效益扩展到周边（通过预防增效），对自由的轻微的、局部性的损害是否会有一个可接受的和可容忍的代价呢？"[①] 由此可见，国外一些学者在有关信息化侦查权扩张与公民自由权保障问题上，还是持以一种适度倡导侦查权扩张和相对限制公民

---

① ［英］杰瑞·莱特克里菲：《情报主导警务》，崔嵩译，中国人民公安大学出版社2010年版，第191页。

自由权的理论立场，其中也蕴含了一种比例权衡取舍的精神。不过，面对不断扩张乃至恣意的信息化侦查权，国外也加强了对侦查权运行的规范和限制。

在英国，《1998 年数据保护法》（Data Protection Act 1998）对侦查活动中情报搜集涉及的个人信息保管问题，规定了 7 条原则：正当合法地得到处理；用于有限目的，不得以任何方式偏离该目的；充分、相关且不得超过必要限度；准确并进行必要更新；保存时间不得超过必要期限；安全保管；在信息缺乏充分保护措施的情况下，不得传递给欧盟以外的国家。在美国，保护个人信息、限制电子网络侦查手段滥用，进而确保侦查权比例性实施的立法没有统一的法典或者集中规定在某一部法律之中，而是在各个行业分别立法或者在多部刑事规范性文件中规定信息采集和运用、电子侦查规则等，有时也通过联邦法院的判例表达规范性要求。例如，美国《联邦数据保护法》第 1 条规定："本法制定的目的是保护个人隐私权使其不因个人资料的处理而受到伤害。"美国制定的规范执法部门情报工作的《犯罪情报系统运作政策》（Criminal Intelligence Systems Operating Policies）确立的情报工作原则要求之一是，一个犯罪情报项目不可以收集或保存任何个人或团体、协会、公司、商业机构、企业或者其他组织有关政治、宗教、社会观点、交往关系或活动信息，除非这些信息直接与犯罪活动相关并且有合理根据地怀疑这些信息有可能涉及犯罪活动。在德国，该国刑事诉讼法第 100 条 d 第 2 项规定："对使用第 100 条 c 第 1 项第 2 款的技术侦查手段所获得的个人情况信息，只有在处理分析时获得了为查明第 100 条 a 所述之一犯罪行所需的材料时，才允许在其他刑事诉讼程序中作为证据。"一个共同的趋势是，面对技术手段，尤其是信息技术手段在侦查活动中的大量应用，公民个人信息权、隐私权以及其他自由权利面临新的侵害威胁的状况下，当前各国通过多种立法形式，按照比例原则的基本精神和要求，严格限制侦查权力的界限，规范其实施规则和程序，限制信息采集范围以及使用范围，本着犯罪侦查手段已无其他替代措施的必要性前提，在多种法案或判例中，更为重视比例原则在控制侦查权方面的重要性。

强调比例原则依然有效的原因，一方面在于，侦查行为的构成形式和侦查行为对象依然保持着一种行为与对象之间的常态关系特征，风险社会是工业现代化社会的延伸，工业现代化阶段的权力行为和权力类别并未因此完全销声匿迹或彻底嬗变形态。另一方面在于，风险社会中，比例原则在侦查权价值主导上的有效性，还取决于比例原则内在的这种限制和制约权力的根本精神。强调侦查权的界限，这种价值精神在风险社会阶段无疑依然具有生命力。针对风险社会中的犯罪特性和侦查权信息化运作特性，重构比例原则的重点，在确认该原则以上三个方面要求依然有效的同时，需要对该原则扩张补充以下三项要求：（1）风险性犯罪发生的高概率是实施侦查行为的依据，侦查行为与风险性犯罪发生的原因、方式、危险程度相当。（2）技术化、信息化侦查行为限定于犯罪信息类别范围和传递过程，禁止侦查行为向非犯罪信息类别范围和传递过程延伸与扩张。（3）因风险性犯罪的严重威胁，比例原则对侦查行为的限制和要求体现在犯罪防范行为之上，犯罪的危害威胁程度是侦查行为的必要性根据。

（二）信息公开原则对行政公开原则的补强

现代法行政公开原则的确立基础是社会契约论的自由权利让渡和政治国家托管，其政治根据是人民主权论。行政公开原则在法律上的确立是民主政治的法治延伸和实践，权力公开透明的目的在于接受权力来源主体的评价、监督、意见和建议，这也是现代政府权力合法化的一个重要路径。行政公开原则在具体公开事项上包括法律公开、政府情报资料公开、行政过程公开、行政决定公开等方面。在政府行政公开维度，其价值目标在于保障公民的知情权、参政权和督政权。[①] 风险社会中权力运作的信息化状态，风险社会中政府权力职能由公共行政向公共管理的转型，决定了需要将行政公开原则转译为信息公开原则。下文首先论证这种原则表述转变的理由，进而再说明其具体内涵要素。

在风险社会阶段，权利与权力的关系因风险威胁而演绎出新的逻辑结构。长期以来，法律权利更多地被界定为对他人（包括国家）的请求权，并且权利根据必须是确定的法律关系或原因，缺乏法律关系或原因之根据将无所谓权利。在这种意义上，权利具有消极性，尤其像隐私权之类的权利，甚至被界定为"忘却权"，[②] 权利只在相对方拒绝履行或消极履行义务（或职责）之

---

① 刘俊祥：《行政公开的权利保障功能》，载《现代法学》2001年第5期。

② 王丽萍、刘鹏：《信息社会中的隐私权保护》，载《山东大学学报》2009年第3期。

际才涌现为论题，权利的实现一般情形下并不需要主张，而是表现为生活事实（行为）或关系状态。在风险社会中，权利逻辑发生了重大变化，根本原因在于，当遭遇风险威胁之际，民众或个体必须对安全权利提出诉求，安全权利却只能通过主张和诉求的形式获得保障或实现，而被诉求方通常只能是政府，这是由风险本身的性质所决定，也只有履行公共管理、保障安全供给的政府方能构成安全权利诉求的被请求人。风险形成的原因，用贝克的话说，就是"有组织的不负责任"，即风险生产和制造链条上，经常不是某个单一的个人或组织，造成风险威胁状态的原因从来就不是清晰可辨的，"很多被推上法庭的冲突主题和案例丧失了自身的社会明晰性"。① 个体在遭遇风险威胁境况之际，按照实在法规范，经常缺乏或难以确定相对的加害方，被告在复杂性中消失了，匿名于多节点而复杂难解的风险链条。尤有甚者，某些风险恰恰是由政府决策所造成的事态。在这种风险威胁的情境中，个体获得一项新型权利——安全权，其主要内涵是不受风险威胁和获得帮助阻却、避免或消除风险的权利。个体对安全权的诉求，除了指向风险制造者，更多的是"借助国家公共职能的积极承担来实现风险预防与规避的请求权"。② 安全权利指向风险威胁，而政府通过风险规制和风险治理而保障安全权利的供给责无旁贷，因为风险一旦突变为灾害的后果将不可逆转、恢复或补偿。因此，政府评估、规制、预防、治理风险的权力就不再是一种可以完全垄断或"暗箱操作"的权力，而是必须公开它的过程、措施、制度、决策和效果等多方面信息，并且应吸收个体或非政府组织力量参与。针对社会复杂性不断增长和权力不断分化解组的风险社会中的权力与民主之间的关系，协商性民主论者指出："在很多情况下，复杂的制度只有依靠合作机制才能存在下去。""功能分化和其他形式的分化的区别在于，它缺乏一个可在其中运用权力与权威的中央整合机制。一个功能分化的社会是多中心的，就是说它没有一个中心或顶端能够控制所有的分化了的压系统……即便国家也是功能日益分化的组成

---

① ［德］乌尔里希·贝克：《风险社会》，何博闻译，译林出版社 2004 年版，第 244 页。

② 程岩：《风险规制的刑法理性重构》，载《中外法学》2011 年第 1 期。

部分。"①

风险治理是现代政府的一项新型职责，但是并不构成社会监控的完备性理由。一方面，风险社会形成的重要原因之一，恰恰就是现代政府过度干预和全能管理失效的后果，现代化进程按照一种"从工具理性的胜利中产生"的"自反性"（reflexivity）逻辑，摆脱了现代国家的控制论模式，② 风险一定程度上就是这种控制论模式的负效应后果。另一方面，权力向信息技术的投靠附着能否实现另一种更为高级而有效的控制论模式而实现秩序和安全，是一个无法证实、却可以证伪的问题，因为它没有意义或不是人类的一种终极价值诉求，倘若社会个体处于缺乏私密、独处、安宁、自治、自由的权利状态，人将失去尊严，任何创造力均将消灭，人类就无法进步。权力需要制约的政治哲学命题在风险社会中依然有效，这种有效性除了基于国家合法性的假定和控制论社会的非可欲性以外，还在于风险社会恰恰就是悖逆并溢出控制论逻辑的产物。事实上，社会已经无法为政府权力所完全控制，这种状况甚至还在进一步严重。因此，权力接受监督命题，在风险社会中的逻辑基础或在于社会和个体不应被完全监控的自由诉求，或在于控制论模式的失效。安全和秩序在无法通过全能政府有效保障和供给，意味着权力的民主化要求，即政府管理和风险治理的民众参与。对此，需要更为切合风险秩序和风险治理要求的深刻解释。

权力的技术化、信息化运作所兑现的管控效能并不能充分支撑权力的合法性，甚至这种权力本身就内在风险或制造风险。曼纽尔·卡斯特指出："科技力量会特别加深根植于社会结构和制度的趋势：一个压制型的社会运用新的科技力量会更加压制，而民主参与型的社会借科技力量将政治权力分散化，并增加其社会的开放性和代表性。因此，新信息科技力量对权力和国家的直接影响是一个错综复杂的经验事实。"③ 造成权力日趋强化的监控性状态固然

---

① ［美］詹姆斯·博曼：《多元协商：多元主义、复杂性与民主》，黄相怀译，中央编译出版社 2006 年版，第 131~132 页。

② ［德］乌尔里希·贝克：《再造政治：自反性现代化理论初探》，载［德］乌尔里希·贝克、［英］安东尼·吉登斯、［英］斯各特·拉什著：《自反性现代化》，赵文书译，商务印书馆 2001 年版，第 13 页。

③ ［西］曼纽尔·卡斯特：《认同的力量》，夏铸九、黄丽玲等译，社会科学文献出版社 2003 年版，第 346 页。

要归功于通信信息技术的功效，不过也与政府对信息的垄断和秘密享用有关。政府凭借地位、资源、组织和技术优势，将权力融入信息收集、信息存储、信息加工、信息使用、信息决策等多个环节或流程，监控社会。因为风险秩序的内在逻辑和风险治理的合法化理由不断扩张权力对社会的管控与治理，秩序和安全或许可以因此而真正实现，但是，其中深刻内在着问题。其一，"数字鸿沟"（digital divide）是造成政府权力与公民权利结构日渐失去平衡的重要原因。"数字鸿沟"概念原本是指在互联网时代因为经济、地域、教育、技术、体制和领导等因素而造成的个体在信息获取及运用方面存在的差距。[①]有论者指出："能够有效利用现代通信技术获取信息者，是信息时代的富有者，反之则成为信息时代的穷人。数字鸿沟既存在于不同国家之间，也存在于一国内不同人群之间。"[②] 当前政府凭借其地位、制度、资源和技术优势，相对于社会个体而言，其信息优势突出，政府与个体两者之间的信息不对称或数字鸿沟状况日趋严重。在这种数字鸿沟状况下，不仅社会个体的人身（如指纹）、人格（如银行信誉等级）、财产（如车辆）、行动（如登记住宿）等权利和自由可能录入政府管理部门信息库，而且个体无力也无知于自身处境的信息化入库事实。另外，面对风险，通常状况则是，政府较之个体而言，所掌握的相关信息相对充沛和系统。"个人如果成为一个数据，那么数据没有一个身份去反抗，也没有一个焦点去反对。"[③] 因此，数字鸿沟既是权力监控性的信息论基础，也是造成权利—权力结构彻底失衡的重要原因。其二，权力的技术化、信息化运作本身的风险性在于技术本身，在技术与技术的相互依赖性链条上，只要其中某个节点或特定技术出现故障或瑕疵，技术就将造成故障甚至灾难。有论者指出："任何一个信息、数据、统计模式、操作程序的改动，或对信息、数据的审核'把关'，都可能产生极其严重的政治后果。"[④] 另外，技术只按照技术规则运行，并且指向效能目标。在缺乏严格限

---

① 董礼胜、牛沁红：《传统治理与电子治理融合趋势分析》，载《中国行政管理》2011年第2期。

② 王四新：《网络空间的表达自由》，社会科学文献出版社2007年版，第364~365页。

③ ［英］布莱恩·S. 特纳、克里斯·瑞杰克：《社会与文化——稀缺和团结的原则》，吴凯译，北京大学出版社2009年版，第214页。

④ 孙伟平：《信息时代的社会历史观》，凤凰出版集团2010年版，第311页。

制要求的情况下，技术滥用必将产生负面后果。"电子眼"（监控探头）的大量安装时常出现"斜视"行为，诸多私密生活场景通过监控技术传导为网络图片或视频甚至电视直播。我国大量电子监控设备的安装几乎均缺乏必要的规范对范围、目的、场所等问题进行规定限制，导致"电子眼"经常"斜视"公民隐私的事件发生。① 其三，权力的技术化、信息化结构，将带来一种技术专家和信息工程师夺权的政治后果，进而它不但威胁民主而且消解民主。"由信息链主导、控制的数据网络表明了政治力量对日常生活世界的隐秘侵占，这种侵占正在摧毁着民主政治的重要基础。"② 复杂性是风险社会秩序的根本性质之一，它意味着社会关系的不断分化解组，进而处理社会多元关系和控制社会复杂秩序的政治权威必须求助于专家。知识对应于关系，关系处理和控制需要将知识技术化。因此，不但是政治与技术合谋，而且是政治逐渐完全依赖技术并被技术所绑架，权力再也无法离开技术和专家，"决策行动走出了传统社会对个人权威的依从，演变为对专家体制的依赖"。所谓专家体制，"狭义上是指专家政治模式，广义上是指政府决策体制。其以专家知识的运用为媒介，决策服从于技术工具理性，以精确计算、目的导向、效率优化为准，并且人们依赖专家知识的支撑，决策必然促进社会获得进步和发展"。③ 专家凭借知识和技术对权力的掠夺，即便不去深究权力因为技术的"回归逻辑"——不断检视技术本身的有效性怪圈——所必然内在的风险性，仅从专家角色及专家体制本身的政治判断而言，它不仅掠夺了权力，而且消弭甚至压制了民主。即便是偏向风险规制和治理的专家体制路线的理论家也并不完全认可专家话语权力形态对民主完全替代。在孙斯坦看来，风险规制和治理应当高度重视两个问题，一是政治架构上的协商性民主和深思熟虑的公众意见的重要地位，二是规制体系的有效运转建立在公众的支持和自信的基础之上，后者是最为重要的。④

　　至此，可以对信息公开原则作出如下界定：在行政公开原则继续有效的

---

① 余钊飞：《"电子眼"，请别误伤隐私》，载《法制日报》2011 年 10 月 31 日。

② 曹卫东：《开放社会及其数据敌人》，载《读书》2014 年第 11 期。

③ 李艳红、张培富：《风险社会中的专家体制：困境与出路》，载《山西大学学报》2010 年第 1 期。

④ ［美］凯斯·R. 孙斯坦：《风险与理性——安全、法律及环境》，师帅译，中国政法大学出版社 2005 年版，第 368～369 页。

基础上，因风险秩序而应生出公民的安全请求权，该权利要求政府就社会安全状况及特定安全问题通过相应渠道必要而合理地向社会公布提示，并支持个体和社会在遭遇风险威胁状态情形下，有权要求政府对风险进行评估、规制、制止、防范和治理，并将涉及风险规制和治理的相关权力决策依据、权力运行过程、权力作用方法和机制以及权力实施功效与结果等方面的信息进行必要而合理的公开，尽力消除数字鸿沟，以接受民众评价、监督、意见和建议，并实现风险治理的社会积极参与。

较之一般意义上的公共权力，侦查权的特性在于，犯罪侦查活动的过多公开将导致案件无法破获的结果，或者因为一些侦查技术和手段、犯罪情报的公开将使这些侦查技术和手段在以后的侦查工作中失去效用，使一部分犯罪嫌疑人毁灭证据或逃避追捕。具体表现在以下几个方面：其一，侦查与犯罪之间的博弈对抗关系决定了侦查措施和方法的秘密性要求；其二，犯罪所涉及的某些特殊社会关系，如被害人隐私、商业秘密、国家秘密等，本身即需要保护而不得公开扩散；其三，某些犯罪状况或个案信息的公布易产生社会负效应，如过高的犯罪率对民众安全感的消极影响，再如某些犯罪手段的特殊性和性质的严重性，一旦公开或造成犯罪方法的传导示范效应，或影响民众的心理安全感及社会认同感。另外，也应当认识到，信息公布对于犯罪治理型侦查权的机制目标实现而言，未必完全是一种制约权力的掣肘，而是能够促进侦查权权能更为高效地发挥。例如，公布公共场所监视探头的设施安装情况，本身就是一种警示和抑制犯罪的有效机制，技术设备信息的公布本身就发挥了犯罪防范的功效。因此，侦查权上的公开原则是适度的，在公开对象、内容、方式、时机等方面均需要慎思而行和合理细致谋划。

基于以上信息公开原则的阐释理路，根据信息公开原则的基本要求，针对侦查权的特殊性质，为实现侦查权的适度公开以促进侦查效率，避免权力滥用或懈怠，侦查方面的信息公开原则的主要内容可以归结为以下四项要求：（1）必要而合理地向社会公布犯罪发案数、接报警及处置情况、案件侦破率、特定犯罪威胁和犯罪手段等有关社会安全状况信息和侦查效率信息；（2）特定案件侦破结果向被害人或单位公布；（3）合理而适度地公布公共安全监控设备及纳入警方数据库管理的信息；（4）公布和宣传民众自身开展犯罪防范的技术和方法信息。

（三）公民信息安全权利对信息化侦查权力的阻抗

权利优先和通过权利制约权力是现代法所确立的一种基本价值结构和法治实践价值目标定位。至风险社会阶段，这种权利制约权力的法律元叙事应当继续有效，因为寻求获得新的权力合法性支点理论努力暂时还没有答案，还是一个值得深入探索的理论方向。

在权利制约权力的命题有效性假定之下，侦查权的牵制和阻抗之力来自宪法赋予公民的基本权利：人身自由权、人格尊严权、财产权、住所（住宅）不受侵犯权、通信自由权等，其中隐私权内在于或附着于以上基本权利，或可独立构成。

实施侦查措施是一种诉讼行为，这种诉讼行为就其实际内容而言是一类强制处分行为，其本质是一种"基本权干预"行为。侦查权力的作用对象范畴经常是宪法确立的公民基本权利，因此，侦查干预和处分公民基本权利的基本要求是遵循程序法规则。程序法规则是国家授权并规制侦查部门干预和处分公民基本权利的依据与具体方式、方法。应当认为，宪法确立的以上基本权利的保护以及制约侦查权的制度设计，实践中已经通过程序法规范基本上解决了具体化确定侦查相对人权利以及规制侦查措施的实施方式和方法的大量问题。解决规制侦查权力问题之路径在理论上可以划分为两种形态：强制侦查的规制审查和基本权干预的规制审查。

强制侦查的规制审查路线之根据，首先在于侦查行为是否内在强制性标准。以"侦查行为是否侵害相对人权利"为标准将侦查行为划分为任意侦查和强制侦查是日本学界的贡献。[①] 任意侦查不采用强制手段，不对相对人权利（权益）进行处分或造成损害，而由相对人自愿配合进行；强制侦查通过强制性手段处分、干预或侵害相对人权利和利益，并不以相对人意志为转移。任意侦查不需要严格规制和审查，而强制侦查因为造成处分或侵害相对人权利（利益）的后果，各主要法治国家均建立起程序规制和司法审查制度。

对基本权干预性质的侦查规制审查路线，是德国公法理论的一项成果。

---

① 宋英辉、吴宏耀：《刑事审判前程序研究》，中国政法大学出版社 2002 年版，第 36 页。另参见孙长永：《侦查程序与人权——比较法考察》，中国方正出版社 2000 年版，第 24 页。

根据基本权干预理论，任何国家行为干预和处分公民基本权利，应当符合三个条件：公共利益需要（公益原则）；法律事先明确授权（法律保留原则）；目的与手段之间的比例关系（比例原则）。①

应当认为，以上规制侦查权力的两种路径在实践中无疑发挥了重要功效，但是，在我国论者看来，基本权干预标准较之强制力标准更具有理论优势，其理由包括：基本权干预标准能对强制侦查行为进行较为明确的界定；基本权干预标准能全面涵盖形形色色的侦查行为；基本权干预标准对未来侦查技术的发展具有更广的涵摄力。② 这是一种颇具说服力的理论观点，因为，在遭遇侦查权力技术化、信息化运作的当下语境中，大量侦查行为已经不再表现出明显的强制力，大量基于微电子技术的侦查行为以一种隐匿、无形、无痕的形态对侦查相对人和民众的权利和利益发生作用，经常没有明显的物质性利益后果。强制力标准显然还是一种物理学标准，这在数字化生存和信息化虚拟的时代语境中，显然已经失去了充分而有力的解释张力。对于基本权干预标准，它内在的抽象化解释模式着实具有较高的理论统摄力，但是，它遭遇的一组突出问题在于：何为基本权利？信息化时代的侦查权对何种基本权利发生作用的强度最大？如果这种基本权利如同大量学者所认同的是隐私权，那么这种被界定为隐私权的基本权利形态在风险社会（信息社会）中，又表现为何种形式以及它的本质内涵又嬗变为什么？

将人身自由权、人格尊严权、财产权、住所（住宅）不受侵犯权、通信自由权等权利继续界定为基本权利应当没有太多疑问，因为虽然已经步入风险社会，人的存在依然还无法从人与自然、人与人关系的物质实在性中游离或升华而出，即便信息化带来了一个虚拟世界，那也只是人的存在获得了另一个空间，这个新的数字化虚拟空间"以编码规则取代参照物"的进程不会真的像让·鲍德里亚所宣告的那样会完全取代现实世界和社会，那仅仅是个隐喻。③ 将隐私权从以上权利形态中提炼抽象出来，归结为一种逻辑自洽的独

---

① 参见向燕：《刑事侦查中隐私权领域的界定》，中国政法大学出版社 2011 年版，第 25~26 页。

② 向燕：《刑事侦查中隐私权领域的界定》，中国政法大学出版社 2011 年版，第 25~26 页。

③ ［法］让·鲍德里亚：《消费社会》，刘成富、全志钢译，南京大学出版社 2008 年版，第 117 页。

立的基本权利，并且针对技术化、信息化权力泛滥、如影随形、无处不在的监控性能——让一切真相能够暴露在众目睽睽之下，进而将隐私权视为风险社会（网络社会）中侦查权力最为有力而擅长的侵害对象，是近年来学界开始将视角聚焦其上的一个明显迹象。

隐私权，是一种以独处性、秘密性、自治性、匿名性、亲密性等多向度表征其特征的权利，① 是一种诞生不久的基本权利，② 在法律确认姗姗来迟、理论内涵和外延形态争论不休的状况下，无奈已际遇一个一切均可以数字化编码和予以信息化转译并传播的网络（信息）社会时代。在笔者看来，隐私权作为一个表达"非礼勿视，非礼勿听"之伦理诉求本质的权利，对现代人的人格尊严、行为自由、生活自治、情感孤芳自赏、住所勿扰、决定秘而不宣、亲密不可告人等生活权利、生命质量乃至思想创造力等无疑具有不可或缺的突出重要性。然而，需要看到的是，现代化、科技文明、信息社会、风险社会进程对隐私权的一个影响后果，在两个向度日益凸显出一种悖论：其一，社会的不断分化解组和多元化社会秩序的演化过程，也是应生和繁殖更多形态隐私权的过程，越是单一静谧的社会，隐私权类型及其内涵的丰富程度越是单一而稀薄；其二，科技化和信息社会的根本演化方向就是实现一切真相的昭然若揭——揭示真理与控制自然和社会，这个过程就是一个求真意志的尽情演绎过程，追求真理和控制世界的条件是信息，信息是关于真相方程式的一个基本的、决定性的参数。或者这样简明表达信息社会中隐私权悖论的要旨：隐私权诉求形式越来越多，隐私权实质内涵越来越少。

隐私的本质是个性、自我和尊严，然而，技术尤其是信息技术的发展浪潮所反复验证和兑现的，还是韦伯、霍克海默、马尔库塞、福柯等思想大家

---

① 岑剑梅：《电子时代的隐私权保护——以美国判例法为背景》，载《中外法学》2008 年第 5 期。

② 一般认为，现代法上隐私权的理论缘起事件是 1890 年沃伦和布兰蒂斯发表的《隐私权》一文，他们认为，技术设备使私人言行迅速公之于世，严重侵扰了私人和家庭生活，当时美国立法并未规定私人行为和生活不受干扰的权利，因此，他们主张确立隐私权，以为个人决定在什么程度上向他人转达自己的想法、感受和情感，并且要求普通法应当根据社会和科技发展对侵犯个人隐私的行为提供法律救济。参见罗杰、孔令杰：《美国信息隐私法的发展历程》，载《湖北社会科学》2008 年第 12 期；另参见岑剑梅：《电子时代的隐私权保护——以美国判例法为背景》，载《中外法学》2008 年第 5 期。

们所揭示的技术的非中立性，绝非所谓的"价值自由"（value freedom）。所谓"纯粹性"和"中立性"的技术（信息技术）早就参与了实践理性的事业。马尔库塞指出："如今，统治不仅通过技术而且作为技术来自我巩固和扩大；而作为技术就为扩展统治权力提供了足够的合法性，这一合法性同化了所有文化层次。"① 这就意味着，技术并不以一种客观中立而理性化认识自然的面貌存在，技术早已介入了权力并且构成权力合法性的基础，这种技术融合于权力的作用后果——权力和技术的合谋，构造了几乎所有文化领域和层次，以致这些文化领域和相应层次的价值准则与合法化形式也必须相应顺从和重构。哈贝马斯指出："社会的不断'合理化'是同科技进步的制度化联系在一起的。当技术和科学渗透到社会的各种制度而使各种制度本身发生变化的时候，旧的合法性也就失去了效力。"② 哈贝马斯这种技术融合权力摧毁和改造制度、强行重建制度合法性新的基础的批判理论立场，与福柯的"权力—知识"结构关系论立场总体上一致。传统权力理论总是将权力定性为一种镇压、压抑、否定和强制性力量。在这种逻辑中，信息化技术武装的监控性侦查权力无疑成了隐私权的侵蚀、压制和剥夺性力量。然而，在福柯看来，权力也有其创造性潜能，是一种生产性实践，尤其是权力的实现会激发出知识和技术，知识和技术又反向回馈和支持权力的运作。福柯指出："权力制造知识（而且，不仅仅是因为知识为权力服务，权力才鼓励知识，也不仅仅是因为只是有用，权力才使用知识）；权力和知识是直接相互连带的；不相应地建构一种知识领域就不可能有权力关系，不同时预设和建构权力关系就不会有任何知识。"③ 按照权力与知识（技术）关系的这种哲学逻辑理路，面对信息化监控性侦查权力对隐私权的不断威胁、蚕食和侵犯的现实，解决问题的思路似乎不再是如何根据传统的权力—权利对抗平衡抑或权利制衡权力理论逻辑，继续罗列隐私权的若干权利内容，提出限制和约束信息化监控性侦查权的系列权利主张，无视和脱离信息化社会来临的现实语境。

---

① ［德］马尔库塞：《单向度的人——发达工业社会意识形态研究》，刘继译，上海译文出版社1989年版，第142页。

② ［德］哈贝马斯：《作为"意识形态"的技术与科学》，李黎、郭官义译，学林出版社1999年版，第38～39页。

③ ［法］米歇尔·福柯：《规训与惩罚》，刘北成、杨远婴译，生活·读书·新知三联书店1999年版，第29页。

只有正视这个信息化时代的隐私权诉求悖论，我们才可以继续讨论隐私权概念作为基本权利之论调的问题所在，进而思考如何规制风险社会中侦查权力日益扩张并不断强化监控权能的可行方案。

在笔者看来，首先应当适度质疑风险社会阶段继续认同隐私权作为基本权利的有效性。理由如下：第一，隐私概念在词义上潜隐着不可告人之意，不可告人之事倘若是邪恶意图、危险预谋、肮脏勾当、犯罪行为等，便无所谓权利。第二，隐私概念辐射出对应于心灵、人格、场所、行为、身体、物品等精神意识性范畴或客观实在性范畴，无法指涉信息化虚拟世界中的信息论范畴，从而隐私权概念揭示信息化虚拟实在中的权利形态存在张力上的阙如。第三，隐私意味着不被公众知晓和传播，这种诉求逻辑与信息化社会的秩序性质恰恰相互矛盾对立，以隐私权阻抗公共性传播、扩散，不但效果欠佳，而且不断被新的技术形式或新型社会关系作用方式所穿透和摧毁，致使其经常以一种反事实效果形态存在。只要提出隐私权诉求，信息化的多元媒介将不遗余力地追问这个诉求的真正内容到底是什么，直至真相大白。第四，隐私权建立在限制他人感官关照能力条件基础之上，科技发展恰恰是一种提升、扩张或替代人之感官能力的路线。在科技加速发展趋势中，隐私权的对抗诉求能力将因新型技术发明而不断衰减，其内涵更不断稀释并最终归零，或者需要过于频繁的立法或司法解释以不断赋予其新的内涵。

取代隐私权概念的一个颇具可欲性的权利概念是个人信息安全权，它的基本内涵可以作如下简练界定：个人不因自身任何信息因他人非法泄露或被使用而遭受安全威胁或造成利益损害的权利。需要指出的是，个人信息安全权的基础或实质内容主要是个人信息权，因为从制约和阻却侦查权的扩张要求考虑，才以个人信息安全权的概念表述替代个人信息权概念，也即更为突出个人信息权的安全性要求。不过，由于理论立场的不同，也由于立法传统和体例的差异，一些国家和学者或者对隐私权与个人信息权进行区分，或者将隐私权认作个人信息权的一种特定形态。例如，美国学者 Daniel J. Solove 和 Paul M. Schwartz 就认为个人信息本质上就是一种隐私。[①] 但是，在立法体例上，欧洲模式与美国模式便有所区别。欧洲模式区分了个人信息权与隐私权，

---

① 王利明：《论个人信息权的法律保护——以个人信息权与隐私权的界分为中心》，载《现代法学》2013 年第 4 期。

美国模式则采取了一种隐私权的开放性模式，将个人信息权归入隐私权之中。不过，个人信息权与隐私权还是存在一定差异和区别的。通常认为，个人信息权是一种信息自决权，在德国法语境中，所谓信息自决权，是指"个人依照法律控制自己的个人信息并决定是否被收集和利用的权利"。按照王利明教授的观点，所谓个人信息，是指"与特定个人相关联的、反映个体特征的具有可识别性的符号系统，包括个人身份、工作、家庭、财产、健康等方面的信息"。"隐私权主要是一种私密性的信息或私人活动，如个人健康状况、家庭状况、婚姻状况等，凡是个人不愿公开披露且不涉及公共利益的部分都可以成为隐私。"① 在这种意义上，个人信息权与隐私权着实存在细微差别并且在某些情形中可以进行区分。

在笔者看来，如果将讲隐私权与个人信息权两种存在细微差别的权利概念置于信息社会背景中进行考察，隐私权概念其实也完全可以由个人信息权涵盖和吸收。因为在信息社会中，隐私权的一切存在形式均可以转译为信息形式，或者说，风险社会演变到信息社会阶段中的隐私权，均可以通过信息形式和方法识别、确认或涵盖。不过，无论是个人信息权还是隐私权，无论怎样强调个人信息权的自决性以及隐私权的不被公开性，当监控探头遍布大街小巷、通信信息随时可能遭遇拦截、数据库和云计算技术追踪搜索分析深度运用的时代背景下，仅仅强调个人信息权和隐私权的实质内容与权利主张，自决性和不被公开性在遭遇强力搜索与计算分析的信息化侦查权力而沦为一种无力愿望之际，个人信息权和隐私权在实际内涵上已经受到极大削减与压缩。只有在该类信息面临安全威胁和即将造成可预见的危害后果之时，这两种权利才具有实际内容和现实意义。这正是使用个人信息安全权取代个人信息权和隐私权的真正理由，也是评价该类权利是否受到侵害或面临威胁的根本评价标准。尤其需要直面的一个现实是，信息社会已经进入大数据的云计算时代，在这个时代中，由于人类对网络、各种操作系统乃至云端的过度依赖，没有人能够幸免个人信息遭受搜索、获取以及公开披露，因此，大数据和云计算时代中，一种"'被遗忘的权利'应运而生，换言之，个人有权要求网站、数据公司等数据控制者删除与其有关的个人信息，要求网络服务提供

---

① 王利明：《论个人信息权的法律保护——以个人信息权与隐私权的界分为中心》，载《现代法学》2013 年第 4 期。

者通过默认设置，设计出隐私。此时，'代码即法律'，技术水平决定隐私保护水平，隐私保护要求呼唤技术提高水平。'设计出隐私'的理念已经为多国立法所接纳。欧盟公布的 2014 年出台的《数据保护通则》的草案更是明确规定了通过'设计和默认设置保护隐私'。Snapchat 正是'设计出隐私'的一个成功范例"。① 信息化趋势正以一种过度依赖信息技术和设计技术的态势更为强劲地演绎着风险社会技术理性及其技术成就的自反性（reflexivity）。当隐私权以及个人信息权已经完全依赖信息网络技术和设计技术之时，何以继续实现私生活的安宁、个人秘密不被公开以及私人生活的自主决定？那种所谓的个人依照法律控制自己的个人信息并决定是否被收集和利用的"信息自决权"性质的个人信息权岂不已经成为一种笑谈？

在风险社会中备受关注和争议的侦查权力运行状况在于其监控性的强化，这种监控性的强化主要是因为诸如视频监视、电子监控、电信拦截、短信过滤、GPS 定位、个人信息采集、软件追踪等多种技术的运用造成的。一方面，技术和信息化进程助推和强化了侦查权力的这种倾向和能力；另一方面，犯罪的风险化趋势也客观上要求侦查权必须选择一种更具扩张性、干预性和监控性的权力运行模式。侦查权扩张化和监控化的最大社会后果，学界认定为对隐私权的侵害。以个人信息安全权为逻辑基点，规制侦查权的根本要求，就是限制和防范侦查权对个体信息安全权的威胁状态与危害后果。在具体制度设计上，主要应从以下几个方面进行规制：（1）严格界定犯罪相关信息的性质、范围和类型标准，无关于犯罪的个人信息不得作为侦查部门的采集对象；（2）公民个人有权查询、了解自身信息被侦查部门采集、存储的情况，并有权要求侦查部门消除或严格保密涉及自身安全和合法利益的信息；（3）公民个人信息不被侦查部门用于非犯罪侦查目的；（4）侦查部门对各类相关信息的存储、管理和使用应当限定于法定职责范围，并在内部制定严格的审批、调取、使用制度；（5）侦查部门采集个人或单位信息须以犯罪相关性为前提，并且不得因此损害信息所有人其他合理性利益或对其造成不良影响。

---

① 于志刚：《网络思维的演变与网络犯罪的制裁思路》，载《中外法学》2014 年第 4 期。

结语：
犯罪治理型侦查权理论的初步结论

多年来，犯罪学，尤其是犯罪社会学始终将犯罪的预防、控制和治理政策、制度和对策作为学科终极使命而孜孜不倦地进行研究探讨，认为犯罪既有个体原因，也有社会原因，甚至认为后者更具重要性——犯罪是一种社会病。因此，犯罪学界给出的基本答案，就是将犯罪现象的遏制纳入政治制度改革、社会制度完善、消除贫困、文化建设、完善教育、解决就业、净化传媒、心理治疗、法制建设、主流价值弘扬等多维度、综合化、协同性社会系统工程方案。但是，这些社会工程项目，在制度设计和实践层面上，除了刑事法治建设将犯罪防控、刑事追责、犯罪威慑作为本位使命追求外，其他工程或制度设计和实践，总有其自身本位性目的或多样性社会使命，犯罪预防经常只是其中一个位次很低甚至忽略于无形的目标任务。多元的国家和社会职能部门也鲜有专职性犯罪防控机构，除了警察机关和司法部门。尤其是警察机关，事实上就是国家和社会权力资源系列中，最核心的职能担当机关。因此，研究、探索出一种更为有效的预防、侦查、控制和治理犯罪的权力制度范式，既能更好地履行防控、侦查和治理犯罪，又能在这个风险社会秩序中，更为切合这种犯罪风险化和风险犯罪化的风险社会犯罪演化趋势。唯有创新和变革侦查权范式方为最可行的制度选择。

我们依然在刑事程序法结构中界定侦查权的概念，认为这是现代法治原则下约束和规制权力、实现程序正义、保障自由权利的一种理性选择。但是，这只是一种法治和规制权力的理念，并不意味着刑事程序法结构始终不变地限定于合理怀疑（我国是立案）到犯罪得以追究和惩罚的这个时段。美国警察学者指出："在大部分维持秩序的工作中，警察是在并没有违法迹象的情况下维持秩序。事实上，维持秩序的目的就在于预防发生此类违法现象。因此，维持秩序的警官是在一个'灰色区域'开展工作的，其中并不存在明确规定警察应该何时干预以及如何干预的具体法律依据。"① 这意味着，警察权力并不完全限定于刑事程序法的结构之内，对于那些诸如发现犯罪迹象、调查犯罪线索、收集个人和单位基本信息、犯罪信息数据库建设、重点人员追踪调查、公共场所监控、犯罪防范宣传教育引导等多种与犯罪侦查紧密相关的警务行为，我们并不能从刑事诉讼法结构内进行概念理解和界定。风险社会中的犯罪性质之一，就是它的隐匿于无形、潜伏于表面合法的关系或行为，或者是一种合法经营与违法犯罪混同的性质模糊状态。甚至诸如一些科技探索行为、金融风险行为，因缺乏明确的规范依据或限制，一旦实施其后果将无法挽回或恢复，追诉的意义因滞后而消解。在风险秩序中，面对风险演变的不确定性所可能引发或潜伏的灾难性后果，最优选择是从源头上控制风险的构成因素，而非等到风险已转变为具体危险甚至实害才进行制止和追究。因此，在实体法规制预防维度，"不要求具体危险和侵害结果的抽象危险犯自然就成为立法者的首选"。② 在执行权力层面上，着眼于当前警务实践，诸如惯犯管控、阵地管控、场所监控、网络监控、通信拦截、信息采集搜索、数据库建设、情报研判等诸多形态的权力运作，其根本性质如果不能被界定为侦查行为，那么又该如何界定其法律属性？在我们看来，与其任由事实存在，不如将刑事程序之架构扩张，涵摄这类权力行为，精细制定权力实施程序规则。如此，已然恪守着法治原则所要求的程序法定和权力规制信条，并创新了程序正当的内涵。诚然，尚需对这种理论构想进行初步的理论论证。

刑事诉讼法规范结构内的侦查权概念被列举为讯问犯罪嫌疑人、询问证人和被害人、勘验、检查、搜查、扣押、查封、鉴定、通缉、查询、冻结、辨认、侦查实验等具体行为类型，并且，按照我国刑事诉讼法的有关精神，这些侦查行为只能针对具有犯罪事实、需要追究刑事责任的犯罪行为（刑事案件）。这种立法状况和立法精神所表达的有关侦查权能和价值定位，根本上

---

① ［美］罗伯特·兰沃西、劳伦斯·特拉维斯：《什么是警察——美国的经验》，尤小文译，群众出版社 2004 年版，第 12 页。

② 徐凯：《抽象危险犯正当性问题研究——以德国法为视角》，中国政法大学出版社 2014 年版，第 30 页。

还是一种反应式（回溯调查型）侦查权范式理念，还是按照一种形式法治理念逻辑，静态、僵化地对权力进行理解和规制。这种立法模式和权力理念至少存在以下两个重大疑问：

其一，在实践层面上，侦查权力不可能机械式地恰巧对应于某个犯罪行为或构成犯罪事实的某个要素。犯罪是动态的，也是过程性的，更是多样性的，犯罪有其动机的形成、预备、实施、中止、结果或危害发生等多种过程形态，并且，犯罪总是需要隐蔽形式或掩盖事实，如果立法上对侦查权行为进行严格种类列举规定，并限定其使用对象和条件，势必会造成一种机械僵化的侦查权偶然地与犯罪行为发生耦合遭遇的关系结构，其后果将是，规范化要求的反应式（回溯调查型）侦查权在应对犯罪问题上的权能和效率极为低下，这种实践状况上文已有论述。

其二，风险社会中的大量犯罪因为其危险性以及一旦发生后果十分严重、危害极大的性质，决定了如果犯罪结果已经发生，侦查追诉一定程度上将失去社会价值。

在一种犯罪的风险化和风险的犯罪化时代背景中，迫切需要一种新型侦查权范式，这种权力范式除了能够继续发挥调查、证明和追诉犯罪的权能外，也能够借助电子通信技术和网络技术同步监控犯罪行为，还能够将权力的触角和界限拓展延伸到犯罪的社会原因以及个体的犯罪意图领域。

基于以上原因，我们认为，我国现行刑事诉讼法有关侦查权概念的界定，需要调整完善，侦查概念不应该被界定为一种犯罪已经实施乃至结果已经发生后的调查事实的有关强制性措施。侦查权本质上是一种行政权，立案不是确认和启动侦查权的界限门槛，那些基于发现犯罪线索、介入犯罪原因、防范犯罪发生、为具体侦查活动采集相关信息建立数据库以准备犯罪侦破条件的多类型警务行为，均应该被纳入侦查权概念进行理解、认定和确认。

仅仅从侦查权的技术化运作维度推演侦查权的性质嬗变和未来面貌的理由是不充分的，因为这样做将略去一个重要决定因素：侦查权作用对象——犯罪演化的状况。正是因为风险社会中犯罪演化至一种前所未有的性质和状况，才必然要求调查型侦查权实现变革转型，以实现风险社会中的犯罪侦查和控制的目标。刑法上的危险犯于利害关系人而言本来也是一种风险，但是，在风险社会秩序背景下，犯罪的风险性并不仅指危险犯的危害性质，大量常态犯罪，因为风险秩序作为一个关键参数发生着作用，促使其在性质上突变为一种风险事件。更有甚者，在风险社会中，因为风险生产逻辑的作用机制和风险秩序的助推效应，滋生和孕育着越来越多并难以提前准确预见的危险行为和事件，这些危险行为一旦实施，或者这类危险事件一旦突变，将造成极其严重的社会实害后果。因此，风险社会中的犯罪风险化或风险性，是指诸多行为或事件的危险状态的日益严重和不断增多。风险社会中的犯罪风险化或风险性，也可以从常态犯罪（自然犯罪或传统犯罪）在风险秩序中的性质突变加以解释。例如，暴恐袭击犯罪通过媒体的传播成为其他暴恐袭击犯罪人的学习和效仿对象。正是因为风险社会中犯罪的风险化趋向，侦查权必须逾越刑事诉讼程序结构框架的桎梏而发挥超越犯罪追诉的传统诉讼功能，有效实现犯罪监控功能而监控犯罪和制止犯罪。

长期以来，调查型侦查权只是刑事诉讼程序结构内的一个概念范畴，我们总是从刑事诉讼法学意义上界定侦查权的概念和内涵。这种做法美其名曰法学规范性要求，或权力的法治原则。然而，至少有三个理由足以促动学界突破固有思维，在一个新的结构中对侦查权概念进行定义。其一，侦查权已经依附技术和信息网络运作，侦查权的大量具体形态已经不再表现为警察个体代表警察机关法人的身体行为，不再完全可以由作为自然人的警察个体的意志驱使和操控，大量行为或者已经融合于技术或网络，或者完全通过技术设备或网络技术完成。其二，风险社会中犯罪的风险化趋向，要求侦查权超越追溯犯罪的职能，突破刑事追诉程序结构的限制，实现监控犯罪和制止犯罪的功能。在后果严重的犯罪风险突变为实害现实之后，刑事追责较之公共安全无疑是一个次要目标追求。其三，警务实践事实上已经表现为一种依靠诸如监控视频、网络警察、犯罪信息检索以及人力（线人）卧底调查等技术手段和人力情报方式对犯罪进行监控、干预和制止的现实状况，对于这种实践现实，理论必须予以回应，权力的固有理念必须解放和突破。至此，我们可以对风险社会中的犯罪治理型侦查权理论内涵作出如下界定：

（1）一种侦查权范式的哲学理念，这种侦查权哲学范式因应风险社会中的犯罪状况与趋向，在内在化以实现犯罪事实调查、证据收集和追诉犯罪目标之功能有效性的回溯调查型侦查权基础上，将侦查权价值目标指向犯罪防范和治理，以国家和社会公共安全为最高目标，以个体安全权保障为逻辑基础，遏制犯罪高发状况并化解高度风险性犯罪威胁。

（2）情报主导是犯罪治理型侦查权运作的根本机制，通过侦查权运行的技术化、信息化机制，广泛收集犯罪信息，建立犯罪信息数据库，通过内、外两种网络化模式，进行犯罪情报研判和犯罪防范的安全警示和宣传。

（3）在犯罪防范方案制定和决策、侦查行动计划、侦查重点对象确定、安全警示宣传等问题上，犯罪情报是侦查权力配置的根本依据。

（4）在体制要求上，犯罪治理型侦查权运作要求警察各级机关以及各警察机关内部业务职能部门的协同化和一体性。风险化犯罪是动员和整合全部警力担当犯罪侦查和治理之职责的语境，信息化是消解权力等级制和离散化结构、实现警力协作和权力扁平化驱动的技术条件；分工状态或许甚至必然维续，但分工原则的根本标准是犯罪侦查和治理的职能角色和犯罪类型。

（5）风险社会中的犯罪特征是侦查权突破个体特定权利限制的合法性基础，但是，给予私人自由权利保障的比例原则和给予避免风险性犯罪威胁请求权的信息公开原则，是侦查权合法化实施的掣肘。源于风险性犯罪威胁的个人信息安全权和因为权力监控扩张的个体信息安全权保障，既是侦查权的社会功能目标，也是侦查权运作过程的审慎约束。

（6）社会权力（权利）既是约束和制衡犯罪治理型侦查权的因素，也是该种侦查权范式应当兼容、动员和整合的权力资源。风险社会阶段的参与性、协商性政治秩序在犯罪侦查和治理领域的渗入，要求侦查权也应保持对民众积极参与的开放性。风险化犯罪治理是一项政府专门权力与社会权力协同性担当的事业。

理论犯罪学的基本结论是，犯罪现象有其非常复杂的社会、政治、经济、文化、法律、教育和个体等多重原因，犯罪治理和防控的根本要求是社会构成要素及相互作用机制对犯罪的综合作用和协同遏制。然而，当犯罪兑现为一个个具体而现实的社会事件时，政治制度和法律便将追诉、惩治和控制犯罪的明确责任归属于国家刑事司法系统，其中，警察担当了最为核心的责任角色。恩格斯指出："国家的本质特征，是和人民大众分离的权力……对于公民，这种权力，起初只不过是当作警察来使用的，警察和国家一样古老，所以 18 世纪的质朴的法国人不讲文明民族而讲警察民族（nation policées）。这样，雅典人在创立他们国家的同时，也创立了警察……国家是不能没有警察的。"① 广义上的警察就是国家，或者说，在社会演化的历史上，警察与国家同时诞生。如果说人类社会的演化历程根本上取决于自由和秩序两者之间的动态关系，那么，在自由与秩序发生冲突并向犯罪演变或突变为犯罪事件之际，警察便成为这种冲突的介入力量。随着政府权力职能的分化，国家控制和管理社会的机构林立，但是，仅就现代警察所担当的社会服务、执行法律和维持秩序三项职能而言，可以断言，警察系统构成了通过暴力实现社会控制的核心力量。

对警察侦查权的法律程序化规制是回溯调查型侦查权重塑的契机，它在通过规制权力实现私人权利和消极自由保障、追求权力过程的形式理性价值方面，意图是积极的，意义也是深远的，这是现代法治价值的一个重要表征指标，也是现代社会人类伦理精神和法律文化精神演绎的一种境界标尺。然而，权力或许内在普遍律法——制衡，但是，却无法寻找到一种永恒不变的限制权力的作用方式及对象范围的框架。因为权力内生于社会，是社会关系的一种作用机制和形态，当时代语境变了，社会形态发生了重大变迁，权力范式转型其实只是伴随这种社会变迁的一个内在维度。回溯调查型侦查权的价值除了在形式合理性价值向度显现，更在实质合理性向度承诺。它把视角和焦点指向实施与证据，并引进了科技这具现代性尊神，在客观性和真理舞台演绎出无数精彩动人的故事。但是，回溯调查型侦查权在承诺正当性和客观性的同时，在信奉法律程序化、追求事实真相进行正义与真理价值整合的征程中，遗忘了大量漏网和匿隐的犯罪，并且在逻辑上当社会关系逐级向犯罪演变甚至已经呈现为风险性威胁时，袖手旁观。风险秩序唤醒了回溯调查型侦查权的迷梦，因为当日益风险化的犯罪一旦突变为一个事件，一切调查和追诉均失去了根本意义。

犯罪治理型侦查权理论不会完全否认和放弃回溯调查型侦查权的剩余价值。风险社会是现代性的深度演绎，而现代性的演绎对社会变迁而言，并不意味着新社会形态从过去形态中彻底断裂，吉登斯说，"传统只能坚持到其接受推论式证明的考验时为止，此时的传统已准备与其他传统以及非传统的处

---

① 《马克思恩格斯选集》（第 4 卷），人民出版社 1995 年版，第 116~117 页。

理事情的模式进行公开对话。"① 这意味着，社会变迁并不完全是脱胎换骨，而是反思性的追问和创造。按照这种逻辑，我们认为，在犯罪侦查的权力范式问题上，由于现代社会的反思性演化性质，大量在现代社会中普遍发生的犯罪，如自然犯罪，以回溯调查型侦查权力模式应对依然有效。一方面，这种侦查权力模式能够继续发挥揭露犯罪和打击犯罪的权能，大量犯罪因此而依然处于可控状态；另一方面，这种权力模式无疑也内在着一种保证权力正当性的形式合理性（程序合理性）价值。但是，这种价值在遭遇风险社会中的犯罪态势之际，又因犯罪控制的新型语境而在效能上表现出价值局限性瑕疵。另外，权力的程序正当性在犯罪侦查问题上，不应仅限定于侦查权的启动根据以及其后的运行过程，将侦查权的程序正当性向揭露、干预和控制犯罪孕育、滋生和渐变之过程，其实在理论上是没有障碍的。作茧自缚式的侦查权力和侦查程序思维正是问题的根源，也是风险秩序下犯罪侦查权范式创新的逻辑起点。

---

① ［英］安东尼·吉登斯：《生活在后传统社会中》，载［英］芭芭拉·亚当、［德］乌尔里希·贝克、［英］约斯特·房·龙编著：《风险社会及其超越：社会学理论的关键议题》，赵延东等译，北京出版社 2005 年版，第 325 页。

参考文献

著作

1. ［德］乌尔里希·贝克：《风险社会》，何博闻译，译林出版社 2004 年版。

2. ［德］乌尔里希·贝克、约翰内斯·威尔姆斯：《自由与资本主义》，路国林译，浙江人民出版社 2001 年版。

3. ［德］乌尔里希·贝克、［英］安东尼·吉登斯、［英］斯各特·拉什：《自反性现代化》，赵文书译，商务印书馆 2001 年版。

4. ［英］芭芭拉·亚当、［德］乌尔里希·贝克、［英］约斯特·房·龙编著：《风险社会及其超越：社会学理论的关键议题》，赵延东、马缨译，北京出版社 2005 年版。

5. ［英］安东尼·吉登斯：《现代性的后果》，田禾译，译林出版社 2000 年版。

6. ［英］安东尼·吉登斯：《超越左与右——激进政治的未来》，李惠斌、杨雪冬译，社会科学文献出版社 2003 年版。

7. ［英］安东尼·吉登斯：《气候变化的政治》，曹荣湘译，社会科学文献出版社 2009 年版。

8. ［英］安东尼·吉登斯：《社会学》（第五版），李康译，北京大学出版社 2009 年版。

9. ［法］米歇尔·福柯：《规训与惩罚》，刘北成、杨远婴译，生活·读书·新知三联书店 1999 年版。

10. ［法］米歇尔·福柯：《词与物——人文科学考古学》，莫伟民译，上海三联书店 2001 年版。

11.［法］米歇尔·福柯:《知识考古学》,谢强、马月译,生活·读书·新知三联书店 1998 年版。

12.［法］米歇尔·福柯:《不正常的人》,钱翰译,上海人民出版社 2003 年版。

13.［德］哈贝马斯:《在实施与规范之间:关于法律和民主法治国的商谈理论》,童世骏译,生活·读书·新知三联书店 2003 年版。

14.［德］哈贝马斯:《后形而上学思想》,曹卫东、付德根译,译林出版社 2001 年版。

15.［德］哈贝马斯:《现代性的哲学话语》,曹卫东等译,译林出版社 2004 年版。

16.［德］哈贝马斯:《合法化危机》。刘北成、曹卫东译,上海人民出版社 2000 年版。

17.［德］哈贝马斯:《交往与社会进化》,张博树译,重庆出版社 1989 年版。

18.［德］哈贝马斯:《作为"意识形态"的技术与科学》,李黎、郭官义译,学林出版社 1999 年版。

·19.［法］埃米尔·迪尔凯姆:《社会学方法的规则》,胡伟译,华夏出版社 1999 年版。

20.［法］利奥塔尔:《后现代状态——关于知识的报告》,车槿山译,生活·读书·新知三联书店 1997 年版。

21.［加］大卫·莱昂:《后现代性》(第二版),郭为桂译,吉林人民出版社 2004 年版。

22.［德］卢曼:《权力》,瞿铁鹏译,上海世纪出版集团 2005 年版。

23.［美］弗朗西斯·福山:《大分裂:人类本性与社会秩序的重建》,刘榜离等译,中国社会科学出版社 2002 年版。

24.［英］齐格蒙特·鲍曼:《全球化——人类的后果》,郭国良、徐建华译,商务印书馆 2001 年版。

25.［西］曼纽尔·卡斯特:《千年终结》,夏铸久、黄慧琦等译,社会科学文献出版社 2003 年版。

26.［西］曼纽尔·卡斯特:《认同的力量》,夏铸九、黄丽玲等译,社会科学文献出版社 2003 年版。

27. ［美］曼纽尔·卡斯特：《网络社会的崛起》，夏铸九、王志弘译，社会科学文献出版社 2003 年版。

28. ［英］斯各特·拉什：《信息批判》，杨德睿译，北京大学出版社 2009 年版。

29. ［德］彼得·科斯洛夫斯基：《后现代文化：技术发展的社会文化后果》，毛怡红译，中央编译出版社 1999 年版。

30. ［法］让·鲍德里亚：《消费社会》，刘成富、全志钢译，南京大学出版社 2008 年版。

31. ［英］戴维·赫尔德等编：《治理全球化：权力、权威与全球治理》，曹英湘等译，社会科学文献出版社 2004 年版。

32. ［美］詹姆斯·博曼：《多元协商：多元主义、复杂性与民主》，黄相怀译，中央编译出版社 2006 年版。

33. ［英］布莱恩·S. 特纳、克里斯·瑞杰克：《社会与文化——稀缺和团结的原则》，吴凯译，北京大学出版社 2009 年版。

34. ［美］戴维·波普诺：《社会学》（第十一版），李强等译，中国人民大学出版社 2007 年版。

35. ［法］涂尔干：《社会分工论》，渠东译，生活·读书·新知三联书店 2000 年版。

36. ［意］贝卡利亚：《论犯罪与刑罚》，黄风译，中国大百科全书出版社 1993 年版。

37. ［法］孟德斯鸠：《论法的精神》（上册），张雁深译，商务印书馆 1959 年版。

38. ［英］波普尔：《历史主义贫困论》，何林、赵平等译，中国社会科学出版社 1998 年版。

39. ［英］罗素：《西方哲学史》（上卷），何兆武、李约瑟译，商务印书馆 1963 年版。

40. ［奥］维特根斯坦：《哲学研究》，李步楼译，商务印书馆 1996 年版。

41. ［德］马尔库塞：《单向度的人——发达工业社会意识形态研究》，刘继译，上海译文出版社 1989 年版。

42. ［英］哈特：《法律的概念》，张文显等译，中国大百科全书出版社 1996 年版。

43. ［美］沃尔德、伯纳德、斯奈普斯：《理论犯罪学》，方鹏译，中国政法大学出版社 2005 年版。

44. ［意］菲利：《实证派犯罪学》，郭建安译，中国政法大学出版社 1987 年版。

45. ［美］埃德温·萨瑟兰、唐纳德·克雷西、戴维·卢肯比尔：《犯罪学原理》（第十一版），吴宗宪等译，中国人民公安大学出版社 2009 年版。

46. ［德］汉斯·约阿西姆·施耐德：《犯罪学》，吴鑫涛、马君玉译，中国人民公安大学出版社、国际文化出版公司 1990 年版。

47. ［古希腊］亚里士多德：《政治学》，吴寿彭译，商务印书馆 1983 年版。

48. ［美］熊彼特：《资本主义、社会主义和民主主义》，绛枫译，商务印书馆 1979 年版。

49. ［美］法伊尔阿本德：《自由社会中的科学》，兰征译，上海译文出版社 2005 年版。

50. ［美］维纳：《人有人的用处——控制论与社会》，陈步译，商务印书馆 1978 年版。

51. ［德］阿图尔·考夫曼：《法律哲学》，刘幸义等译，法律出版社 2004 年版。

52. ［德］阿图尔·考夫曼：《后现代法哲学——告别演讲》，米健译，法律出版社 2000 年版。

53. ［美］伯尔曼：《法律与革命——西方法律传统的形成》，贺卫方等译，中国大百科全书出版社 1993 年版。

54. ［美］诺内特、塞尔兹尼克：《转变中的法律与社会：迈向回应型法》，张志铭译，中国政法大学出版社 2004 年版。

55. ［美］德沃金：《法律帝国》，李常青、徐宗英译，中国大百科全书出版社 1996 年版。

56. ［美］德沃金：《认真对待权利》，信春鹰、吴玉章译，中国大百科全书出版社 1998 年版。

57. ［德］马克斯·韦伯：《经济与社会》（上卷），林荣远译，商务印书馆 1997 年版。

58. ［奥］凯尔森：《法与国家的一般理论》，沈宗灵译，中国大百科全书出版社 1996 年版。

59. ［英］哈特：《法律的概念》，张文显等译，中国大百科全书出版社 1996 年版。

60. ［德］卡尔·拉伦茨：《法学方法论》，商务印书馆 2003 年版。

61. ［美］凯斯·R. 孙斯坦：《风险与理性——安全、法律及环境》，师帅译，中国政法大学出版社 2005 年版。

62. ［英］罗伯特·雷纳：《警察与政治》，易继苍、朱俊瑞译，知识产权出版社 2008 年版。

63. ［美］罗伯特·兰沃西、劳伦斯·特拉维斯：《什么是警察——美国的经验》，尤小文译，群众出版社 2004 年版。

64. ［美］菲利普·P. 普尔普拉：《警察与社区——概念和实例》，杨新华译，中国人民公安大学出版社 2009 年版。

65. ［英］杰瑞·莱特克里菲：《情报主导警务》，崔嵩译，中国人民公安大学出版社 2010 年版。

66. ［美］路易丝·谢利：《犯罪与现代化——工业化与城市化对犯罪的影响》，何秉松译，中信出版社 2002 年版。

67. ［美］罗纳德·J. 博格等：《犯罪学导论——犯罪、司法与社会》，刘仁文等译，清华大学出版社 2009 年版。

68. ［美］查尔斯·R. 斯旺森等：《刑事犯罪侦查》，但彦铮、郑海译，中国检察出版社 2007 年版。

69. ［美］W. 杰瑞·奇泽姆、布伦特·E. 特维：《犯罪重建》，刘静坤译，中国人民公安大学出版社 2010 年版。

70. ［苏联］瓦西里耶夫主编：《犯罪侦查学》，原因译，群众出版社 1984 年版。

71. ［英］麦高伟、杰弗里·威尔逊：《英国刑事司法程序》，姚永吉等译，法律出版社 2003 年版。

72. ［美］伟恩·R. 拉费弗等：《刑事诉讼法》（上册），卞建林等译，中国政法大学出版社 2003 年版。

73. ［美］克雷格·布拉德利：《刑事诉讼革命的失败》，郑旭译，北京大学出版社 2009 年版。

74. ［澳］欧文·E. 休斯：《公共管理导论》（第三版），张成福等译，中国人民大学出版社 2007 年版。

75. 张凤阳：《现代性的谱系》，南京大学出版社 2004 年版。

76. 孙伟平：《信息时代的社会历史观》，凤凰出版集团 2010 年版。

77. 刘北成：《福柯思想肖像》，上海人民出版社 2001 年版。

78. 邬焜：《信息哲学——理论、体系、方法》，商务印书馆 2005 年版。

79. 王雨田：《控制论、信息论、系统科学与哲学》，中国人民大学出版社 1988 年版。

80. 沈宗灵：《现代西方法理学》，北京大学出版社 1992 年版。

81. 张文显：《法哲学范畴研究》（修订版），中国政法大学出版社 2001 年版。

82. 周光权：《刑法学的向度》，中国政法大学出版社 2004 年版。

83. 向燕：《刑事侦查中隐私权领域的界定》，中国政法大学出版社 2011 年版。

84. 艾明：《新型监控侦查措施法律规制研究》，法律出版社 2013 年版。

85. 程雷：《秘密侦查比较研究》，中国人民公安大学出版社 2008 年版。

86. 夏菲：《论英国警察权的变迁》，法律出版社 2011 年版。

87. 何家弘：《外国犯罪侦查制度》，中国人民大学出版社 1995 年版。

88. 宋英辉、吴宏耀：《刑事审判前程序研究》，中国政法大学出版社 2002 年版。

89. 孙长永：《侦查程序与人权——比较法考察》，中国方正出版社 2000 年版。

90. 王四新：《网络空间的表达自由》，社会科学文献出版社 2007 年版。

91. 王沙骋：《信息共享环境：情报主导警务》，中国人民公安大学出版社 2010 年版。

92. 黄荣坚：《刑罚的极限》，台湾月旦出版股份有限公司 1998 年版。

93. 张明楷：《法益初论》，中国政法大学出版社 2000 年版。

94. 王彦吉主编：《中国公安科技发展简史》，中国人民公安大学出版社 2009 年版。

95. 孙文德主编：《论五大警务——构建现代警务机制的实践与思考》，群众出版社 2011 年版。

96. 杨燮蛟：《现代犯罪学》，浙江大学出版社 2010 年版。

97. 于志刚、郭旨龙：《网络刑法的逻辑与经验》，中国法制出版社 2015 年版。

98. 张晶：《风险刑法：以预防机能为视角的展开》，中国法制出版社 2012 年版。

99. 徐凯：《抽象危险犯正当性问题研究——以德国法为视角》，中国政法大学出版社 2014 年版。

100. 管斌：《金融法的风险逻辑》，法律出版社 2015 年版。

论文

1. ［德］乌尔里希·贝克：《风险社会政治学》，刘宁宁、沈天霄编译，载《马克思主义与现实》2005 年第 3 期。

2. ［德］乌尔斯·金德霍伊泽尔：《安全刑法：风险社会的刑法危险》，刘国良编译，载《马克思主义与现实》2005 年第 3 期。

3. ［德］雅各布斯：《刑法保护什么：法益还是规范适用?》，王世洲译，载《比较法研究》2004 年第 1 期。

4. ［美］亨利·N. 蓬特尔、威廉·K. 布莱克、吉尔伯特·盖斯：《忽视极端的犯罪率：理论、实践及全球经济崩溃》，蔡雅奇译，载《中国刑事法杂志》2011 年第 1 期。

5. ［德］克劳斯·罗克辛：《刑法的任务不是法益保护吗》，樊文译，载《刑事法评论》（第 19 卷），中国政法大学出版社 2006 年版。

6. 孙和平：《"风险社会"的传媒哲学阐释——简论"应急响应机制"的新传媒视域》，载《哲学研究》2009 年第 4 期。

7. 季卫东：《依法风险管理论》，载《山东社会科学》2011 年第 1 期。

8. 段永朝：《瞄准笛卡尔：信息技术思想困境的根源——云计算的"台词"与"潜台词"》，载《读书》2011 年第 2 期。

9. 劳东燕：《公共政策与风险社会的刑法》，载《中国社会科学》2007 年第 3 期。

10. 劳东燕：《危害性原则的当代命运》，载《中外法学》2008 年第 3 期。

11. 程岩：《风险规制的刑法理性重构——以风险社会理论为基础》，载《中外法学》2011 年第 1 期。

12. 夏勇：《"风险社会"中的"风险"辨析——刑法学研究中"风险"

误区之澄清》，载《中外法学》2012 年第 2 期。

13. 党秀云、李丹婷：《有效的风险管制：从失控到可控》，载《中国人民大学学报》2009 年第 6 期。

14. 岑剑梅：《电子时代的隐私权保护——以美国判例法为背景》，载《中外法学》2008 年第 5 期。

15. 罗杰、孔令杰：《美国信息隐私法的发展历程》，载《湖北社会科学》2008 年第 12 期。

16. 王立志：《风险社会中的刑罚范式之转换——以隐私权刑法保护切入》，载《政法论坛》2010 年第 2 期。

17. 杨雪冬：《全球化、风险社会与复合治理》，载《马克思主义与现实》2004 年第 4 期。

18. 张成岗：《技术风险的现代性反思》，载《华东师范大学学报》2007 年第 4 期。

19. 李艳红、张培富：《风险社会中的专家体制：困境与出路》，载《山西大学学报》2010 年第 1 期。

20. 赵延东：《解读"风险社会"理论》，载《自然辩证法研究》2007 年第 6 期。

21. 余钊飞：《"电子眼"，请别误伤隐私》，载《法制日报》2011 年 10 月 31 日。

22. 李晓辉：《信息权利———一种权利类型分析》，载《法治与社会发展》2004 年第 4 期。

23. 党秀云、李丹婷：《有效的风险管制：从失控到可控》，载《中国人民大学学报》2009 年第 6 期。

24. 刘俊祥：《行政公开的权利保障功能》，载《现代法学》2001 年第 5 期。

25. 王丽萍、刘鹏：《信息社会中的隐私权保护》，载《山东大学学报》2009 年第 3 期。

26. 王大伟、马丽芸：《欧美情报导向警务研究》，载《中国人民公安大学学报》2006 年第 2 期。

27. 万川、陈竹君：《西方情报主导警务概观》，载《北京人民警察学院学报》2007 年第 3 期。

28. 吕雪梅：《情报主导警务模式探析》，载《中国人民公安大学学报》2008 年第 4 期。

29. 万川：《英国、加拿大、欧盟情报主导警务实践》，载《北京人民警察学院学报》2007 年第 6 期。

30. 强世功：《法律移植、公共领域与合法性——国家转型中的法律（1840—1980）》，载苏力、贺卫方主编：《20 世纪的中国：学术与社会》（法学卷），山东人民出版社 2001 年版。

31. 于志刚：《网络犯罪与中国刑法应对》，载《中国社会科学》2010 年第 3 期。

32. 刘铁光：《风险社会中技术规制基础的范式转换》，载《现代法学》2011 年第 4 期。

33. 张成岗：《技术风险的现代性反思》，载《华东师范大学学报》2007 年第 4 期。

34. 李本森：《破窗理论与美国的犯罪控制》，载《中国社会科学》2010 年第 5 期。

35. 邓新建、曾祥龙、刘晓鹏：《特大电信诈骗"专业"程度令人震惊》，载《法制日报》2011 年 10 月 12 日。

36. 徐珠宝：《公安机关社会管理创新的实践与思考》，载《公安研究》2011 年第 2 期。

37. 陈小波：《犯罪率的制造》，载《江苏公安专科学校学报》2001 年第 3 期。

38. 董礼胜、牛沁红：《传统治理与电子治理融合趋势分析》，载《中国行政管理》2011 年第 2 期。

39. 黄锦就、梅建明、黄慧霞：《论白领犯罪》，载《中国人民公安大学学报》2004 年第 2 期。

40. 黄赞松：《居家环境与住宅窃盗被害之研究》，载《警学丛刊》（第 41 卷）2011 年第 5 期。

41. 林灿璋、廖有禄、陈瑞基：《连续住宅窃盗犯的作案手法与空间行为模式之实证剖析》，载《警学丛刊》（第 41 卷）2011 年第 5 期。

42. 林钰雄：《干预预留与门槛理论——司法警察（官）一般调查权限之理论检讨》，载《政大法学评论》2007 年第 96 期。

43. 王利明：《论个人信息权的法律保护——以个人信息权与隐私权的界分为中心》，载《现代法学》2013 年第 4 期。

44. 于志刚：《网络思维的演变与网络犯罪的制裁思路》，载《中外法学》2014 年第 4 期。

45. 于志刚、李源粒：《大数据时代数据犯罪的制裁思路》，载《中国社会科学》2014 年第 10 期。

46. 刘少杰：《网络化时代的权力结构变迁》，载《江淮论坛》2011 年第 5 期。

47. 段伟文：《大数据知识发现的本体论追问》，载《哲学研究》2015 年第 11 期。

48. 段虹、徐苗苗：《论大数据分析与认知模式的重构》，载《哲学研究》2016 年第 2 期。

49. 曹卫东：《开放社会及其数据敌人》，载《读书》2014 年第 11 期。

50. 刘志伟：《〈刑法修正案（九）〉的犯罪化立法问题》，载《华东政法大学学报》2016 年第 2 期。